中国社会科学院中国式现代化研究专项成果

中国式现代化与新质生产力

CHINESE MODERNIZATION AND
NEW QUALITY PRODUCTIVITY

马峰 著

图书在版编目（CIP）数据

中国式现代化与新质生产力 / 马峰著. -- 北京：当代中国出版社，2025.3. -- ISBN 978 - 7 - 5154 - 1470 - 6（2025.6 重印）

Ⅰ. D61；F120.2

中国国家版本馆 CIP 数据核字第 2024NH6968 号

出 版 人	蔡继辉
责任编辑	乔镜茧
责任校对	高元元
印刷监制	刘艳平
封面设计	宋 涛 鲁 娟
出版发行	当代中国出版社
地　　址	北京市地安门西大街旌勇里 8 号
网　　址	http：//www.ddzg.net
邮政编码	100009
编 辑 部	（010）66572744
市 场 部	（010）66572281　66572157
印　　刷	北京润田金辉印刷有限公司
开　　本	710 毫米×1000 毫米　1/16
印　　张	14 印张　206 千字
版　　次	2025 年 3 月第 1 版
印　　次	2025 年 6 月第 2 次印刷
定　　价	78.00 元

版权所有，翻版必究；如有印装质量问题，请拨打（010）66572159 联系出版部调换。

目 录

导言：进一步全面深化改革开辟中国式现代化广阔前景 …………（001）
  一、以进一步全面深化改革推进中国式现代化 …………（001）
  二、开放是中国式现代化的鲜明标识 …………（005）
  三、中国式现代化体现了中国对人类未来发展的责任担当 ……（007）
  四、中国式现代化在改革开放中开辟广阔前景 …………（008）

上编　中国式现代化

第一章　中国式现代化创造人类现代化新蓝图 …………（013）
  一、西方现代化批判性反思 …………（014）
  二、中国式现代化形成对西方现代化的超越 …………（026）
  三、中国式现代化开创人类现代化新蓝图 …………（032）

第二章　中国式现代化理论体系具有划时代品格 …………（034）
  一、中国式现代化理论体系是对时代发展的回应 …………（035）
  二、中国式现代化理论体系体现划时代的理论品格 …………（038）
  三、中国式现代化理论体系体现理论创新新维度 …………（042）

第三章　中国式现代化的文明底蕴
　　——习近平文化思想 …………………………………（048）
一、习近平文化思想表明我们的历史自信、文化自信达到了新高度 …………………………………………（048）
二、习近平文化思想的思想品格 …………………………（049）
三、习近平文化思想的思想价值 …………………………（054）
四、习近平文化思想引领中华文明以现代文明的姿态走向复兴 ……………………………………………（057）

第四章　中国式现代化的独特文明观
　　——"全球文明倡议" ……………………………………（060）
一、对西方资本主义文明观及其全球文明主张的批判与反思 …………………………………………………（061）
二、"全球文明倡议"实现对西方全球文明主张的超越 ……（067）
三、中国式现代化创造人类文明新形态 …………………（077）
四、构建更加紧密的人类命运共同体 ……………………（079）

第五章　中国式现代化建设成果更多惠及人民 …………（083）
一、中国式现代化是全体人民共同富裕的现代化 ………（084）
二、在高质量发展中促进共同富裕 ………………………（088）
三、以高质量发展建设共同富裕示范区 …………………（093）
四、中国式现代化不断实现人民对美好生活的向往 ……（097）
五、把人民至上落实到每一个具体行动中 ………………（106）
六、在高质量发展中创造高品质生活 ……………………（108）

第六章　中国式现代化与人民城市建设 …………………（114）
一、人民城市建设的中国式现代化价值意涵 ……………（115）
二、人民城市建设的中国式现代化实践意涵 ……………（123）
三、人民城市是展现中华民族现代文明形态的载体 ……（129）

第七章　中国式现代化的社会治理 ……………………（ 131 ）
　　一、中国式现代化的社会治理是时代发展之需 …………（ 132 ）
　　二、中国式现代化的社会治理路径 ………………………（ 136 ）
　　三、中国式现代化的社会治理新格局 ……………………（ 141 ）
　　四、加强和创新社会治理　建设更高水平的平安中国 …（ 142 ）

下编　新质生产力

第八章　新质生产力与我国社会结构发展 …………………（ 149 ）
　　一、改革开放后传统生产力对我国社会结构现代化的影响 ……（ 151 ）
　　二、新质生产力与我国社会结构现代化新趋向 …………（ 157 ）
　　三、新质生产力引领我国未来发展 ………………………（ 166 ）

第九章　新质生产力与智能时代的社会结构 ………………（ 168 ）
　　一、新质生产力带来人工智能时代的社会结构变革 ……（ 169 ）
　　二、生产力发展与西方社会结构现代化反思 ……………（ 172 ）
　　三、新质生产力与我国智能社会结构的形成 ……………（ 176 ）
　　四、新质生产力、新型社会结构与全球智能社会 ………（ 182 ）

第十章　新质生产力与我国青年高质量发展 ………………（ 185 ）
　　一、新质生产力与青年发展新机遇 ………………………（ 185 ）
　　二、第四次工业革命与青年发展 …………………………（ 188 ）
　　三、新质生产力与我国青年发展 …………………………（ 190 ）

第十一章　新质生产力是绿色生产力，体现习近平生态文明思想的
　　　　　　国家治理意蕴 ……………………………………（ 200 ）
　　一、新质生产力体现"四个一"的生态文明建设思想 ……（ 201 ）
　　二、新质生产力体现生态文明领域国家治理体系变革
　　　　意涵 ………………………………………………………（ 205 ）

三、新质生产力体现生态文明领域国家治理能力变革
意涵 ……………………………………………………（208）
四、新质生产力体现引领全球生态文明领域治理体系
和能力变革意涵 ………………………………（214）

导言：进一步全面深化改革开辟中国式现代化广阔前景

当前和今后一个时期，是以中国式现代化全面推进强国建设、民族复兴伟业的关键时期。面对纷繁复杂的国际国内形势，面对新一轮科技革命和产业变革，面对人民群众新期待，必须继续把改革推向前进，必须在党的十八届三中全会开启的全面深化改革时代的基础上，进一步全面深化改革，坚决破除妨碍推进中国式现代化的思想观念和体制机制弊端，着力破解深层次体制机制障碍和结构性矛盾，不断为中国式现代化注入强劲动力、提供有力制度保障。

一、以进一步全面深化改革推进中国式现代化

习近平总书记强调，"进一步全面深化改革，要紧扣推进中国式现代化这个主题，突出改革重点，把牢价值取向，讲求方式方法，为完成中心任务、实现战略目标增添动力。"[①] 中国共产党第二十届中央委员会第三次全体会议通过了《中共中央关于进一步全面深化改革 推进中国式现代化的决定》（以下简称《决定》）。全党必须自觉把改革摆在更加突出位置，紧紧围绕推进中国式现代化进一步全面深化改革，以进一步全面深化改革开辟中国式现代化广阔前景，不断为中国式现代化注入强劲

[①] 《习近平主持召开企业和专家座谈会强调 紧扣推进中国式现代化主题 进一步全面深化改革》，《人民日报》2024年5月24日。

动力。

以进一步全面深化改革推进强国建设、民族复兴伟业

改革开放是党和人民事业大踏步赶上时代的重要法宝，是决定当代中国命运的关键一招，也是决定实现"两个一百年"奋斗目标、实现中华民族伟大复兴的关键一招。党的十八届三中全会以来，习近平总书记以强烈的政治气魄和历史担当，对全面深化改革作出一系列重大战略部署，推动党和国家各项事业取得历史性成就、发生历史性变革。在涉及人民群众切身利益的就业、教育、收入分配、医药卫生、社会保障、养老托幼、公共文化、基层治理等民生领域，以全面深化改革的办法破解民生难题，坚持改革为了人民、改革依靠人民、改革成果由人民共享，不断满足人民对美好生活的向往，着力破解发展不平衡不充分问题，体现了我们党全心全意为人民服务的根本宗旨和全面深化改革的价值取向。

党的十一届三中全会是划时代的，开启了改革开放和社会主义现代化建设历史新时期；党的十八届三中全会也是划时代的，开启了全面深化改革、系统整体设计推进改革的新时代，开创了我国改革开放全新局面。以中国式现代化全面推进强国建设、民族复兴伟业，要准确把握进一步全面深化改革所处的历史方位和重大意义，顺应时代发展新趋势、实践发展新要求、人民群众新期待，进一步全面深化改革，不断解放和发展社会生产力、解放和增强社会活力，以促进社会公平正义、增进人民福祉为出发点和落脚点，推动生产关系和生产力、上层建筑和经济基础、国家治理和社会发展更好相适应，为在日趋激烈的国际竞争中赢得战略主动奠定坚实的制度保障。

以进一步全面深化改革推动高质量发展

高质量发展是全面建设社会主义现代化国家的首要任务，也是新时代的硬道理。新时代新征程，必须牢牢把握中国式现代化的科学内涵和本质要求，必须牢牢把握高质量发展这个首要任务，把高质量发展的要求贯穿我国经济社会发展全过程，以高质量发展的成果为中国式现代化构筑强大物质技术基础。

中国特色社会主义进入了新时代，我国经济发展也进入了新时代。受劳动力成本上升、资源环境约束增大、粗放的发展方式难以为继等因素影响，我国经济必然要实现由高速增长阶段向高质量发展阶段的转变。而且，世界新一轮科技革命和产业变革方兴未艾、多点突破，也要求我们必须将经济增长的模式转向高质量发展，以此带动我国制造业整体转向中高端。此外，20世纪60年代以来，全球100多个中等收入经济体中只有十几个成功跻身高收入经济体。那些取得成功的国家，就是在经历高速增长阶段后实现了经济发展从量的扩张转向质的提高，走向了高质量发展阶段，从而实现了国家经济社会发展的蝶变。可见，我们必须牢记高质量发展是新时代的硬道理，完整、准确、全面贯彻新发展理念，加快建设现代化经济体系、推进高水平科技自立自强、加快构建新发展格局、统筹推进深层次改革和高水平开放。

当下，我国社会主要矛盾已经转化为人民日益增长的美好生活需要和不平衡不充分的发展之间的矛盾。伴随着我国进入高质量发展阶段，转变发展方式、优化经济结构、转换增长动力也处在攻关期，这就需要我们进一步全面深化改革，促进生产力与生产关系、经济基础与上层建筑相匹配、相适应，从而推动经济发展质量变革、效率变革、动力变革，为高质量发展营造更好的制度环境。此外，世界大变局加速演进，世界之变、时代之变、历史之变正以前所未有的方式展开，世界进入新的动荡变革期，我国发展不平衡不充分问题仍然突出，国内外环境的深刻变化带来一系列新机遇新挑战，需要我们站在统筹中华民族伟大复兴战略全局和世界百年未有之大变局的高度，准确识变、科学应变、主动求变，通过进一步全面深化改革，深入转变发展方式，以效率变革、动力变革促进质量变革，加快形成可持续的高质量发展体制机制，开辟高质量发展新赛道，坚持系统观念，处理好经济和社会、政府和市场、效率和公平、活力和秩序、发展和安全等重大关系，增强改革系统性、整体性、协同性，在新一轮国与国之间，特别是大国之间综合国力竞争态势面前，牢牢掌握发展的主动权和主导权，坚持把国家和民族发展放在自己力量的基点上，坚持把中国发展进步的命运牢牢掌握在自己手中。

以进一步全面深化改革发展新质生产力

当前,新一轮科技革命和产业变革深入发展。与此同时,世界百年未有之大变局加速演进,科技革命与大国博弈相互交织,高技术领域成为国际竞争最前沿和主战场,深刻重塑全球秩序和发展格局。技术创新进入前所未有的密集活跃期,人工智能、量子技术、生物技术等前沿技术集中涌现,引发链式变革,并不断突破人类认知边界。新质生产力主要由技术革命性突破催生而成,发展新质生产力是推动高质量发展的内在要求和重要着力点。

生产关系必须与生产力发展要求相适应。发展新质生产力,必须进一步全面深化改革,形成与之相适应的新型生产关系。因此,一方面要按照发展新质生产力要求,畅通教育、科技、人才的良性循环,完善人才培养、引进、使用、合理流动的工作机制。要根据科技发展新趋势,优化高等学校学科设置、人才培养模式,为发展新质生产力、推动高质量发展培养急需人才;另一方面要发挥政府"有形之手"和市场"无形之手"共同培育和驱动的作用,打通束缚新质生产力发展的堵点卡点,深化经济体制、科技体制改革,以政府超前规划引导、科学政策支持为牵引,市场机制调节、企业等微观主体不断创新为驱动,加快推动新型生产关系演化发展,形成新质生产力发展新格局。

生产力的变革是全局性的变革,新质生产力的形成和发展对促进我国高质量发展,助推我国社会结构现代化发挥着巨大的牵引性作用。新质生产力的本质是先进生产力,将对人类社会交往方式、生活方式和社会结构现代化进程产生颠覆性影响。新质生产力可以推动形成我国发展新动能,为破解"并联式"现代化背景下我国发展不平衡不充分问题提供了历史性的发展机遇。当前,新质生产力已经在实践中形成并展示出对高质量发展的强劲推动力、支撑力,并展现出蓬勃的活力。通过进一步全面深化改革催生新型生产关系,必然为新质生产力的发展提供新的契机,也必然带动中国经济社会发展整体的转型升级。

方向决定前途,道路决定命运。党的领导是进一步全面深化改革、推进中国式现代化的根本保证。进一步全面深化改革必须坚持党中央的集中统一领导，以钉钉子精神抓好改革落实，把战略部署转化为推进中国式现代化的强大力量，向着完善和发展中国特色社会主义制度、推进国家治理体系和治理能力现代化这一总目标稳步前进。要坚持深入学习贯彻习近平总书记关于全面深化改革的重要论述精神，紧扣推进中国式现代化主题，从人民的整体利益、根本利益、长远利益出发谋划和推进改革，使改革能够让人民群众有更多获得感、幸福感、安全感，以进一步全面深化改革开辟中国式现代化广阔前景。

二、开放是中国式现代化的鲜明标识

近一段时期，很多外国朋友通过免签入境政策，第一次接触中国，感受到"一个真实的中国"，并在与中国人民的接触中，体会到开放自信的中国。今天的中国，从打开国门主动走向世界，到自主扩大开放，以高水平制度性开放引领新全球化，不但开放的大门越开越大，而且在欢迎世界共享中国发展机遇过程中，与世界各国携手构建人类命运共同体，实现全球的开放发展。外国游客视频中展现的北京亮马河夜间的灿烂灯火，上海街头的家常美食，深圳"硬核"无人机外卖服务，"赛博武汉"充满科技感的光谷空轨和无人驾驶出租车，这些"沉浸式"的"随手拍"展现了中国发展的勃勃生机，展现了开放自信的中国人民。《决定》指出，"开放是中国式现代化的鲜明标识。必须坚持对外开放基本国策，坚持以开放促改革，依托我国超大规模市场优势，在扩大国际合作中提升开放能力，建设更高水平开放型经济新体制。"[①] 中国在开放发展中更好造福中国人民，造福世界人民。

在当前世界经济增长乏力，保护主义盛行的时代背景下，中国的开放发展成为引领时代发展的国际公共产品。"一带一路"倡议作为中国向世界提供的开放的中国共享发展的国际公共产品，一经推出即受到国际社会的广泛欢迎，并成为逆全球化背景下国际合作共赢的一盏明灯。10

[①] 《中共中央关于进一步全面深化改革推进中国式现代化的决定》，《人民日报》2024年7月22日。

多年来，共建"一带一路"合作成果亮点频频。中国与150多个国家、30多个国际组织签署共建"一带一路"合作文件。去年，中国与共建国家货物贸易额达到19.5万亿元，增长2.8%，占进出口总额的比重达到46.6%。① 而且，作为"一带一路"倡议的标志性项目，中欧班列更是取得长足发展。今年以来，中欧班列已累计开行1万列，发送货物超百万标箱，同比增长11%；西、中、东三条运输主通道中欧班列开行量同比分别增长13%、20%和5%，南通道中欧班列累计开行量同比增长15倍，② 为保障产供链稳定、促进中欧经贸往来注入新动能。面向未来，中国式现代化前景广阔，在开放发展中中国将为世界各国共同发展创造更多发展新机遇，党的二十届三中全会指出，"要稳步扩大制度型开放，深化外贸体制改革，深化外商投资和对外投资管理体制改革，优化区域开放布局，完善推进高质量共建'一带一路'机制。"这一立足当前，谋划长远的决策，必将为高质量共建"一带一路"和世界各国应对逆全球化逆风，实现共同开放发展做出新的贡献。中国大市场必将成为世界发展大机遇。

党的二十届三中全会强调，"中国式现代化是走和平发展道路的现代化。"今日之中国，中国人民在中国共产党的领导下走出了中国式现代化道路，这条道路在改革开放中越走越宽。在世界主要大国中，只有中国保持了最完美的和平记录。也只有坚持和平发展，才能真正建立起互利共赢的开放发展世界体系。中国不但是这样说的，也是这样做的。和平深刻镌刻进了中华民族的基因之中。近期访问我国的几内亚比绍总统恩巴洛指出，"中国从不搞殖民，从不干涉别国内政，从不对其他国家颐指气使，从来给予小国平等和尊重，从来说到做到、言行一致。中国给非洲国家带来的是学校、医院、公路等造福非洲人民的合作项目。"③ 中国的开放发展代表的是中国式现代化彻底摒弃了西方现代化的老路。因为，

---

① 此处关于"一带一路"倡议建设数据来源于外交部发言人7月18日答记者问，外交部：https://www.mfa.gov.cn/web/fyrbt_673021/202407/t20240718_11456253.shtml。
② 此处关于中欧班列的数据来源于外交部发言人7月16日答记者问，外交部：https://www.mfa.gov.cn/web/fyrbt_673021/202407/t20240716_11454700.shtml。
③ 《习近平同几内亚比绍总统恩巴洛会谈》，《人民日报》2024年7月11日。

中华民族经历了西方列强侵略、凌辱的悲惨历史，与全球南方国家命运相似，感同身受，更深知和平的宝贵，绝不可能重复西方国家的老路。

在世界百年未有之大变局加速演化的时代背景下，历史和现实一再雄辩地证明，开放带来繁荣进步，封闭必然带来衰退、落后。在西方日渐走向国家利己主义和封闭，开启逆全球化进程，在世界范围内拱火、加油、煽动战争的时候。和平发展的中国式现代化，开放发展的中国式现代化，给人类现代化事业提供了新的稳定性、确定性因素和新的希望。7月4日，国家主席习近平在阿斯塔纳出席上海合作组织峰会期间会见联合国秘书长古特雷斯时，古特雷斯秘书长指出，"感谢中方支持联合国的事业，践行多边主义，为促进世界和平与发展发挥着关键和建设性作用。人类的未来很大程度上取决于中国。"[1] 中国式现代化坚持独立自主、自力更生，依靠全体人民的辛勤劳动和创新创造发展壮大自己，通过激发内生动力与和平利用外部资源相结合的方式来实现国家发展，不以任何形式压迫其他民族、掠夺他国资源财富，而是为广大发展中国家提供力所能及的支持和帮助。

三、中国式现代化体现了中国对人类未来发展的责任担当

这个时代，世界正经历百年未有之大变局，世界进入新的动荡变革期。回首一百年来的人类历史，人类经历了血腥的两次世界大战，冰冷的"冷战"让人类社会分裂为两大对抗的阵营，并时时处在核战争的阴霾之下。"冷战"结束后，随着西方资本主义阵营走向"胜利"，在"历史终结"的喧嚣中，西方模式被推向世界，很多发展中国家无论主动，还是被动被卷入这波"民主化浪潮"之中，植入了全套的西方制度、价值观、市场化等新自由主义意识形态主导的"民主自由制度"，丧失了国家发展的主动权和主导权。求和平、求发展，始终是发展中国家的主要诉求，实现现代化也是这些国家人民的共同追求。中国坚持和平发展道

---

[1] 《习近平会见联合国秘书长古特雷斯》，《人民日报》2024年7月5日。

路，希望自己发展好的同时，也希望世界各国发展得好。中国提出的一系列全球倡议和主张，代表了人类真正的进一步价值和方向，中国自身的成功发展，体现了对人类发展的担当，提供了全新的选择。

党的二十届三中全会指出，"必须坚定奉行独立自主的和平外交政策，推动构建人类命运共同体，践行全人类共同价值，落实全球发展倡议、全球安全倡议、全球文明倡议，倡导平等有序的世界多极化、普惠包容的经济全球化，深化外事工作机制改革，参与引领全球治理体系改革和建设，坚定维护国家主权、安全、发展利益。"① 在以进一步全面深化改革推进中国式现代化历史进程中，中国将以高水平制度性开放引领新全球化，赢得主动，赢得未来，与全球南方国家一起重塑世界经济格局，走出人类平等开放包容互利的全球化新路。全面深化改革开放，为中国式现代化持续注入强劲动力，也必将为人类文明延续发展做出的新的更大贡献。

四、中国式现代化在改革开放中开辟广阔前景

党的二十届三中全会高度评价新时代以来全面深化改革的成功实践和伟大成就，研究了进一步全面深化改革、推进中国式现代化问题，认为当前和今后一个时期是以中国式现代化全面推进强国建设、民族复兴伟业的关键时期。中国式现代化是在改革开放中不断推进的，也必将在改革开放中开辟广阔前景。

进一步全面深化改革的总目标是继续完善和发展中国特色社会主义制度，推进国家治理体系和治理能力现代化。进一步全面深化改革，要聚焦构建高水平社会主义市场经济体制，聚焦发展全过程人民民主，聚焦建设社会主义文化强国，聚焦提高人民生活品质，聚焦建设美丽中国，聚焦建设更高水平平安中国，聚焦提高党的领导水平和长期执政能力，继续把改革推向前进。中国式现代化坚持把国家和民族发展放在自己力量的基点上，把国家发展进步的命运牢牢掌握在自己手中。当前和今后

---

① 《中共二十届三中全会在京举行》，《人民日报》2024年7月19日。

一个时期是以中国式现代化全面推进强国建设、民族复兴伟业的关键时期。党的二十大擘画了全面建设社会主义现代化国家的宏伟蓝图，确立了以中国式现代化全面推进强国建设、民族复兴伟业的中心任务。要紧扣推进中国式现代化这个主题，锚定继续完善和发展中国特色社会主义制度、推进国家治理体系和治理能力现代化这个总目标。破除妨碍推进中国式现代化的思想观念和体制机制弊端，着力破解深层次体制机制障碍和结构性矛盾，形成推进中国式现代化的强大力量。

党的领导是进一步全面深化改革、推进中国式现代化的根本保证。一方面，要深刻认识中国式现代化是中国共产党领导的社会主义现代化。党的性质宗旨、初心使命、信仰信念、政策主张决定了中国式现代化是社会主义现代化，而不是别的什么现代化。党的领导直接关系中国式现代化的根本方向、前途命运、最终成败。另一方面，改革开放是一场深刻革命，必须坚持正确方向，沿着正确道路推进。进一步全面深化改革、推进中国式现代化，要坚持党的全面领导，发挥党总揽全局、协调各方的领导核心作用，把党的领导贯穿改革各方面全过程，确保改革始终沿着正确政治方向前进。

坚持以人民为中心，尊重人民主体地位和首创精神。没有人民支持和参与，任何改革都不可能取得成功。只要有人民支持和参与，就没有克服不了的困难，就没有越不过的坎。中国式现代化是人口规模巨大、全体人民共同富裕、物质文明和精神文明相协调、人与自然和谐共生、走和平发展道路的现代化，既基于自身国情、又借鉴各国经验，既传承历史文化、又融合现代文明，既造福中国人民、又促进世界共同发展。进一步全面深化改革要总结和运用改革开放以来特别是新时代全面深化改革的宝贵经验，注重从人民群众的创造中汲取创新创造的智慧，以更宽广的视野、更长远的眼光把握世界历史的发展脉络和正确走向，坚持人民有所呼、改革有所应，做到改革为了人民、改革依靠人民、改革成果由人民共享。

坚持守正创新，为中国式现代化建设提供不竭动力。实践发展永无止境，改革开放也永无止境，停顿和倒退没有出路。新中国成立特别是改革开放以来，我们用几十年时间走完西方发达国家几百年走过的工业化历程,创造了经济快速发展和社会长期稳定的奇迹,为中华民族伟大复兴开辟了广阔前景。推进中国式现代化,是一项前无古人的开创性事业。进一步全面深化改革,要以经济体制改革为牵引,以促进社会公平正义、增进人民福祉为出发点和落脚点,更加注重系统集成,更加注重突出重点,更加注重改革实效,推动生产关系和生产力、上层建筑和经济基础、国家治理和社会发展更好相适应,为中国式现代化提供强大动力和制度保障。

以习近平同志为核心的党中央团结带领全党全军全国各族人民,以伟大的历史主动、巨大的政治勇气、强烈的责任担当,冲破思想观念束缚,突破利益固化藩篱,敢于突进深水区,敢于啃硬骨头,敢于涉险滩,坚决破除各方面体制机制弊端,实现改革由局部探索、破冰突围到系统集成、全面深化的转变,各领域基础性制度框架基本建立,许多领域实现历史性变革、系统性重塑、整体性重构,总体完成党的十八届三中全会确定的改革任务,实现到党成立一百周年时各方面制度更加成熟更加定型取得明显成效的目标,为全面建成小康社会、实现党的第一个百年奋斗目标提供有力制度保障,推动我国迈上全面建设社会主义现代化国家新征程。到二〇三五年,全面建成高水平社会主义市场经济体制,中国特色社会主义制度更加完善,基本实现国家治理体系和治理能力现代化,基本实现社会主义现代化,为到本世纪中叶全面建成社会主义现代化强国奠定坚实基础。

上 编

中国式现代化

第一章　中国式现代化创造人类现代化新蓝图*

中国式现代化是对西方以资本为中心、两极分化、物质主义膨胀、对外扩张掠夺的现代化路径的摒弃与超越。中国坚持走自己的路，自信自强走向现代化，为广大发展中国家形成了自然的吸引力。《决定》提出："中国式现代化是走和平发展道路的现代化。""对外工作必须坚定奉行独立自主的和平外交政策，推动构建人类命运共同体，践行全人类共同价值，落实全球发展倡议、全球安全倡议、全球文明倡议，倡导平等有序的世界多极化、普惠包容的经济全球化，深化外事工作机制改革，参与引领全球治理体系改革和建设，坚定维护国家主权、安全、发展利益，为进一步全面深化改革、推进中国式现代化营造良好外部环境。"① 当前，世界进入新的变革动荡期的大变局中，"中国之治"与"西方之乱"对比更加鲜明。中国式现代化的成功实践，为人类社会未来发展提供可供选择、可供借鉴的经验和制度文明，为人类社会创造更美好的发展未来提供了可能性，创造了人类社会面向未来更好发展的"中国蓝图"。

习近平总书记指出："我们党领导人民不仅创造了世所罕见的经济快速发展和社会长期稳定两大奇迹，而且成功走出了中国式现代化道路，创造了人类文明新形态。这些前无古人的创举，破解了人类社会发展的

---

* 本文曾发表于《哲学研究》2022年第6期，入书有修改。
① 《中共中央关于进一步全面深化改革推进中国式现代化的决定》，《人民日报》2024年7月22日。

诸多难题，摒弃了西方以资本为中心的现代化、两极分化的现代化、物质主义膨胀的现代化、对外扩张掠夺的现代化老路，拓展了发展中国家走向现代化的途径，为人类对更好社会制度的探索提供了中国方案。"① 习近平总书记这一重要论述，不但科学论述了中国式现代化在人类社会发展中的历史方位，而且深刻揭示了中国式现代化与西方现代化的本质区别，对于我们正确全面认识西方现代化本质，全面领会和把握中国式现代化科学内涵实质，提供了科学的方法论视角。

一、西方现代化批判性反思

一提到现代化以及实现现代化的路径，很多人自然把实现现代化等同于"西化"。最早产生现代化的欧洲，采用了资本主义制度，创造了资本主义的现代化路径，形成了西方现代化的路径。西方现代化，无疑曾经对促进人类社会发展，推动社会生产力的进步，加强全球经济的联系，产生了巨大的历史推动作用。"自从西方发达国家实现现代化之后，一批又一批发展中国家都争先恐后地踏上了追求自身现代化的道路，但这条道路不是处处洒满鲜花和阳光的道路，往往会遍布荆棘和阴霾，无数矛盾、悖论将会显现在人们面前。"② 实际上，西方的现代化过程，并不像某些人美化的那么美好。在西方资本主义现代化的整个过程中，始终伴随着的是给人类社会带来的无尽的灾难。无论早期，通过"羊吃人"的圈地运动，还是贩卖黑奴、屠杀印第安人，以及进行残酷的、血腥的殖民掠夺，使得"资本来到世间，从头到脚，每个毛孔都滴着血和肮脏的东西"。③

今天，表面上看西方资本主义现代化的"图景"非常"美好"，但事实远非如此。西方现代化，在推动人类历史向前发展方面有着一些积极意义，但是资本主义几百年的发展，直至今天始终难以破解其与生俱来

---

① 习近平：《以史为鉴、开创未来 埋头苦干、勇毅前行》，《求是》2022年第1期。
② 辛向阳：《中国式现代化对世界发展的重大影响》，《理论与评论》2021年第5期。
③ 马克思：《资本论》第1卷，人民出版社2004年版，第871页。

的发展难题和困境。以资本为中心、两极分化、物质主义膨胀、对外扩张掠夺成为西方现代化的鲜明特征和本质。"资本主义文明由于制度的深层矛盾,各个领域不可能协调发展,造成了资本与劳动的对立、物的世界与人的世界的分裂、生产与生态的冲突,酿成资本主义社会发展危机。"①

西方以资本为中心的现代化漠视人的存在。西方国家现代化的过程,也是资本主义起源及发展的过程,西方现代化实际上也是资本推动的现代化,是一种资本模式的现代化。资本在其发展过程中有其"文明面"的表现,马克思即认为在历史发展的进程中,"资本的文明面之一是,它榨取这种剩余劳动的方式和条件,同以前的奴隶制、农奴制等形式相比,都更有利于生产力的发展,有利于社会关系的发展,有利于更高级别的新形态的各种要素的创造。"② 事实上,资本主义现代化与它之前的奴隶制、封建制时代相比,确实给人类社会发展带来了现代化文明发展的"成就",极大地提高了人类社会生产力的发展水平,促进了人类社会发展进步,使得劳动者可以有更多的自由劳动时间,可以也可能去追求自身的发展价值。但是,资本的"文明面"是与过往的历史发展相对比,在以资本为中心的现代化过程中它的"反文明面",以及由此给人类社会造成的灾难,更加巨大。追求利润最大化是资本的天性,资本向政治、社会、精神等领域的大肆扩张,一切以金钱、利润、物质为导向的现代化模式,把人类社会的所有一切都物质化,泯灭了发展的人性。即使是人的感情和灵魂都可以被资本任意操纵,以达到获取"利润",榨取剩余价值的目的。资本从市场领域,向经济、社会、政治领域的渗透,向政治权力的扩张,使得西方现代化成了漠视人的存在的现代化,是人的物化的现代化。实际上,"资本的本性是追求利润最大化,在实现'资本的世界化'扩张过程中,必然会导致一系列的生态问题('自然的异化')、社会财富差距问题('社会的分化')、世界和平和全球治理问题('全球

---

① 陶文昭:《创造人类文明新形态》,《中国高校社会科学》2021年第6期。
② 《马克思恩格斯文集》第7卷,人民出版社2009年版,第927—928页。

冲突') 以及人的发展问题（'人的物化'）。"①

此外，资本在给劳动者带来自由时间，可以让其去追求实现自身发展机会空间的同时，实际上，表面上这是一种"文明的表现"，但是在无处不在的资本的渗透下，所谓的个人自由，以及由此衍生出来的"平等、自由、博爱"的"普世价值"，也是资本化的一部分。事实上，在资本的渗透和推动下，个人自由只不过是个人主义的泛化，"顽固的个人主义和市场原教旨主义相结合的模式，不仅改变了个人如何考虑自己及其偏好，还同时改变了他们与其他人的联系方式。在一个充斥着顽固个人主义的社会中，几乎不需要任何的团体和信任，"② 只需要资本发挥作用。

这种资本为中心现代化导致的结果，不会是偶然的出现，而是必然的结果。无论外在表现形式如何变化，都改变不了资本的本质。2008 年国际金融危机之后，"数百万贫穷的美国人已经失去或者正在失去他们的房子"，美国"国内的一些借款人发现他们的房子被拍卖出去，不再属于他们，导致了这些人自杀和婚姻破裂"。③ 银行的肆无忌惮，"让数十亿人为其承担承担成本、血本无归"，④ 美国人面临经济灾难和"社会悲剧"之时，银行资本却使用大量金钱购买"政治影响"，不但攫取了上万亿美元的救助资金，而且利用对政治的渗透和扩张，以道德风险为理由，反对救助普通人和穷人，但"它们自己无节制地索要救助资金"。⑤ 而且，"当美国纳税人将数十亿美元投向银行的时候，银行却将这些钱用于分红和发放奖金，而它们还声称这样做是为了他们能够重新房贷。"除此之外，疫情之中，美国拜登政府以"重建美好生活"之名，塑造了一个重建美好美国的图景，但是也难以掩盖美国以资本为中心的发展现实和资

---

① 唐爱军：《唯物史观视域中的中国式现代化新道路》，《哲学研究》2021 年第 9 期。
② [美] 约瑟夫·E·斯蒂格里茨：《自由市场的坠落》，李俊青、杨玲玲等译，机械工业出版社 2017 年版，第 287 页。
③ [美] 约瑟夫·E·斯蒂格里茨：《自由市场的坠落》，李俊青、杨玲玲等译，机械工业出版社 2017 年版，第 79 页。
④ [美] 约瑟夫·E·斯蒂格里茨：《自由市场的坠落》，李俊青、杨玲玲等译，机械工业出版社 2017 年版，第 15 页。
⑤ [美] 约瑟夫·E·斯蒂格里茨：《自由市场的坠落》，李俊青、杨玲玲等译，机械工业出版社 2017 年版，第 40 页。

本的"伪善"。资本在政治领域的高度渗透,使得美国政客可以不计其数的美国普通民众的生命为代价,将疫情视为攫取权力和党派利益的契机。联合国极端贫困与人权问题特别报告员菲利普·奥尔斯顿指出,美国穷人正受到新冠病毒的"最严重打击","由于长期的忽视和歧视,低收入和贫困人口面临着更高的受到冠状病毒侵害的风险,而一个混乱的、注重企业的联邦应对措施未能完全照顾到他们的利益"。①

以资本为中心的现代化,必然结果是建构起一个"资本的世界",在这个世界里,资本的"文明面目"只是与历史相比,资本的"反文明面"才是它的真实写照。当西方的政客以及他们背后的资本集团在运作他们的"资本项目"之时,自由、民主只是一个"画皮"。当它们以自由、民主之名而将疫情防控中的"拒绝戴口罩""拒绝接种疫苗"作为彰显所谓"个人自由"的形式,并宣扬为对"人"和"人权"的尊重案例之时,其背后却是资本的政治算计和对人和人权存在的漠视。在这个资本塑造的"着了魔的、颠倒的、倒立着的世界",②资本的目的就是把一切关系简单化为冰冷的金钱关系,而西方以资本为中心的现代化也可以说是金钱关系的现代化。而这种现代化道路,在给人类社会发展带来灾难的同时,也在反噬西方社会自身。

西方两极分化的现代化无视社会发展的正义。两极分化的现代化是以资本为中心的现代化发展的必然结果。两极分化在西方社会中最终以不平等的形式表现出来。法国著名经济学家托马斯·皮凯蒂认为不平等是资本主义的自然产物,他的《21世纪资本论》"用翔实的数据证明,美国等西方国家的不平等程度已经达到或超过了历史最高水平,认为不加制约的资本主义加剧了财富不平等现象,而且将继续恶化下去。"③两极分化的现代化在制造直接的收入、财富不平等的同时,也在制造社会动荡。这直观地反映到社会现实层面,影响到每一个社会成员,一条巨大的鸿沟横亘在社会成员之间,社会成员之间的分裂、对抗,政治的分

---

① 中国人权研究会:《新冠肺炎疫情凸显"美式人权"危机》,《人民日报》2020年6月12日。
② 《马克思恩格斯文集》第7卷,人民出版社2009年版,第940页。
③ 习近平:《在哲学社会科学工作座谈会上的讲话》,《人民日报》2016年5月19日。

裂、对抗，成为今天西方发达国家社会发展的一大特征。

不平等深刻影响到社会发展的方方面面。以美国为例，阶层固化日益严重，不断侵蚀社会发展动力。以机会平等为代表的"美国梦"日渐消逝，中产阶层塌陷，不但进入中产阶层愈发困难，能保住中产阶层经济地位也十分地困难。"2017年，在25岁以上的美国人口中，将近40%的人拥有的最高文凭是高中文凭。"① 同样是在2017年，"只拥有高中文凭的人口的失业率几乎是拥有学术学位的人口的两倍"，"而只拥有高中文凭、没有接受高等教育的人口中，仅有68%的人有工作。"② 自1980年以来，"美国国民收入中有相当一部分（大约15%）从最贫穷的90%人口转向了最富有的10%人口。"③ 美国人口普查局报告显示，"2010年占美国总人口48%的1.464亿美国人要么生活在贫困线以下（4910万人），要么属于低收入人群的范畴之内（9730万人，他们的收入是贫困线的100%到199%）"④。而且，美国也是公认的种族不平等，种族歧视最严重的国家。"我不能呼吸了"不是始自弗洛伊德，在埃里克·加纳被锁喉时即已经出现。⑤ 2013年，美国白人家庭拥有的平均财富是黑人家庭的13倍，是西班牙裔家庭的10倍。⑥ 今天，美国的阶级两极化与阶级固化日渐成为一套成熟完整的机制，"阶级两极化是指美国日益分化成两大极端的阶级：特权阶级和新工人阶级"，而"中产阶级作为这个阶级体系中的一个重大组成部分将逐渐消亡"。⑦ 美国社会结构出现了人数"不断增

---

① ［美］安妮·凯斯、安格斯·迪顿：《美国怎么了：绝望的死亡与资本主义的未来》，杨静娴译，中信出版社2020年版，第36页。
② ［美］安妮·凯斯、安格斯·迪顿：《美国怎么了：绝望的死亡与资本主义的未来》，杨静娴译，中信出版社2020年版，第37页。
③ ［法］托马斯·皮凯蒂：《21世纪资本论》，巴曙松译，中信出版社2014年版，第303页。
④ ［美］厄尔·怀松、罗伯特·卢佩奇、大卫·赖特：《新阶级社会：美国梦的终结?》，张东海等译，社会科学文献出版社2019年版，第99页。
⑤ ［美］基思·佩恩：《断裂的阶梯：不平等如何影响你的人生》，李大白译，中信出版集团2019年版，第146页。
⑥ ［美］基思·佩恩：《断裂的阶梯：不平等如何影响你的人生》，李大白译，中信出版集团2019年版，第141页。
⑦ ［美］厄尔·怀松、罗伯特·卢佩奇、大卫·赖特：《新阶级社会：美国梦的终结?》，张东海等译，社会科学文献出版社2019年版，第97页。

长的底层阶级"① 和财富不断增长而人数较少的"顶层阶级",中间层逐渐消亡。社会日渐成为直接对抗的"两个世界",一个穷人的世界,一个富人的世界。

两极分化的现代化实质是无视社会发展的正义,只是在图利处于财富顶端的人群。无论是在美国,还是欧洲,不平等正在让那里的人们经历"绝望的死亡"(即自杀、药物过量使用、酒精性肝病和肝硬化),特别是在受教育程度低的人群和劳工阶层层面,仅2017年美国就有多达15.8万人死于绝望。②造成美国以及整个西方社会陷入两极分化导致的社会冲突之中的根本原因还在于以资本为中心的现代化模式,资本在占据了经济权力之后,开始向政治权力扩张,反过来更加将这种趋势机制化、规则化,"实现民主政治的前提是政治平等,而政治平等总是处于经济不平等的威胁之下。经济越不平等,则民主政治所受到的威胁也就越大。"③而且,两极分化之后,使得处于财富顶端的人,越来越善于利用规则增加财富,使得社会发展更加的不公平,社会发展的正义更加难以实现。"那些处于底层的民众,却饱受经济歧视、教育缺乏的痛苦,将近1/5的孩子就医困难,整个基层看不到希望。"④ "从国际金融危机看,许多西方国家经济持续低迷、两极分化加剧、社会矛盾加深,说明资本主义固有的生产社会化和生产资料私人占有之间的矛盾依然存在,但表现形式、存在特点有所不同。"⑤

实际上,两极分化的出现及导致的严重社会发展后果,不但是美国等西方国家政策放任的结果,也是政治选择的结果。当资本与政治权力绑定的那一天开始,就必然会导致这样的结果。财富的两极分化与政治

---

① [美] 厄尔·怀松、罗伯特·卢佩奇、大卫·赖特:《新阶级社会:美国梦的终结?》,张东海等译,社会科学文献出版社2019年版,第97页。
② [美] 安妮·凯斯、安格斯·迪顿:《美国怎么了:绝望的死亡与资本主义的未来》,杨静娴译,中信出版社2020年版,第83页。
③ [美] 安格斯·迪顿,《逃离不平等:健康、财富及不平等的起源》,崔传刚译,中信出版集团2014年版,第175页。
④ [美] 约瑟夫·E·斯蒂格里茨:《巨大的鸿沟》,蔡笑译,机械工业出版社2017年版,第83页。
⑤ 习近平:《在哲学社会科学工作座谈会上的讲话》,《人民日报》2016年5月19日。

的极化是如影随形的。美国的政治献金制度就是最好的例子。"政治献金的存在让华尔街能够对政府产生更大的影响力,以摆脱监管,并参与任命那些相信自由市场的人为监管者——这样的结果不言自明。"① 美国式的腐败代表了西方发达社会的"文明外衣"之下的群像。美国政府乃至西方的政府,缺乏扭转贫富分化趋势的政治意愿。因为,西方的政治制度和西方政府所代表的资本利益密切相关,愈演愈烈的金钱政治使得政府已经成为富豪的代言人。斯蒂格里茨认为:美国的"经济不平等不是由经济规律导致的,而是由我们政治和政策导致的。在这种情况下,我们陷入了一种恶性循环——经济不平等导致政治不平等,而政治不平等又反过来加强了经济不平等。"② 2018 年 5 月,联合国极端贫困与人权问题特别报告员菲利普·奥尔斯顿发布报告所指出,"美国是世界上最富有、最强大和最具科技创新能力的国家之一,但无论是财富、权力还是技术都没有被用来解决约 4000 万人持续贫困的局面。'极端贫困的持续存在是当权者做出的政治选择。'"③ 而且,收入和财富不平等的扩大不只是在美国,"这股浪潮在 20 世纪 80 年代末不断扩大","在最近的 10 年里,收入不平等让德国、瑞典、丹麦等老牌资本主义国家无一幸免。"④

西方物质主义膨胀的现代化蔑视人性和自然的法则。资本主义制度与它之前的奴隶制、封建制相比,无疑是具有进步意义的,特别是在人性的解放方面。欧洲近代文艺复兴,以及后来的宗教改革、启蒙运动等引领的思想解放运动对于将人和人性从封建和宗教的束缚中解放出来发挥了重要历史作用,而且这些思想解放运动也确立了资本主义的人文精神和理性主义观念,资本主义精神的形成,成为引领欧洲地区最早迈入现代化社会的原动力,也带来了自然科学的产生和技术发展,为人类社

---

① [美] 约瑟夫·E·斯蒂格里茨:《巨大的鸿沟》,蔡笑译,机械工业出版社 2017 年版,第 47 页。
② [美] 约瑟夫·E·斯蒂格里茨:《巨大的鸿沟》,蔡笑译,机械工业出版社 2017 年版,第 57 页。
③ 中国人权研究会:《贫富分化导致美国人权问题日益严重》,《人民日报》2020 年 7 月 15 日。
④ [美] 约瑟夫·E·斯蒂格里茨:《巨大的鸿沟》,蔡笑译,机械工业出版社 2017 年版,第 93 页。

会巨变提供了助推力,进而把资本所到之处,特别是率先把欧洲和北美带入了以工业化革命为特征的现代化进程中。在以人文精神和理念主义观念引导的西方现代化进程中,资本主义的精神看似是"激动人心"的,但是当西方式的现代化以资本为其中心和逻辑主导之后,资本的野蛮生长和向各领域的无限渗透,就使得西方社会的经济危机、社会危机、精神危机、生态危机难以避免,而且失序、混乱、对立就成为资本主义现代化发展的常态。在资本主义制度完全确立后,资本带来了物欲的无限放大,物质主义膨胀的结果,是对人性的蔑视,而且是掩盖在人文精神和理性主义"外衣"之下的。无论是在资本主义发展早期对印第安人、黑奴作为人存在的蔑视,对生命的蔑视,还是今天西方国家对本国人民和他国人民一再制造的人道主义灾难,物质主义膨胀,使得占有欲、掠夺欲表现的更加赤裸。

物质主义膨胀的背后,使得西方政客们可以一边大谈民主和人权,占据所谓"道德"和"道义"制高点,为人类社会发展树立"灯塔"的同时,一边可以放任民众"绝望的死亡",任由不平等导致的社会悲剧一再上演。以美国为例,它是"一个富有的国家,却有成百上千万的贫困人口。一个以机遇之地自称的国家,却不能像其他发达国家那样让孩子脱离父母的地位生活;一个相信公平的国家,富人缴的税却比穷人少;一个孩子们为司法公正而向国旗致敬的国家,却只给有钱的人提供正义"。[①] 而那个激动人心,塑造美国精神的"美国梦",也日渐成为破灭的"神话",物质主义膨胀,资本渗透的美国社会,"奉行金钱至上的、赢者通吃的游戏信条,在这个游戏里最富有的人注定会赢而其余人不得不以巨额贷款为赌注,并且得不到任何关于报酬的保障"。[②] 因此,"美国梦对特权阶级来说是一种安慰,但对非特权阶级来说更多的是一种幻

---

① [美]约瑟夫·E·斯蒂格里茨:《巨大的鸿沟》,蔡笑译,机械工业出版社2017年版,第82页。
② [美]约瑟夫·E·斯蒂格里茨:《巨大的鸿沟》,蔡笑译,机械工业出版社2017年版,第131页。

觉。"① 马克思在《资本论》中，对给富人带来财富和幸福，给无产阶级和劳动人民带来贫困、不幸和道德堕落的物欲主义膨胀的资本主义文明进行了深刻的批判。资本主义文明不仅不会给人类社会带来人的全面发展和社会全面进步，实现人的真正自由发展，而且将人类社会置于无尽的苦难和异化之中。马克思、恩格斯在《神圣家族》中即对物质主义膨胀的资本主义制度所形成的现代社会"非人性"特征给无产阶级带来的困苦进行了深刻的批判。他们认为：无产阶级的生活条件，是现代社会非人性生活条件的最集中、最尖锐的表现和发展。"如果无产阶级不消灭它本身的生活条件，它就不能解放自己。如果它不消灭集中表现在它本身处境中的现代社会的一切非人性的生活条件，它就不能消灭它本身的生活条件。"② 资本逻辑是资本主义文明发展的核心，资本主义社会中金钱关系是维系全部关系的纽带，资本造成人的异化和物化，物质主义膨胀的现代化，使得人类社会的所有矛盾都在资本主义社会内部达到了人类社会历史上从未有过的高度，西方现代化成为"道德天堂"与"人间悲剧"并存的蔑视人性的现代化。

除此之外，对自然法则的蔑视也是物质主义膨胀的资本主义现代化发展的一大特征。以影响全人类发展的气候变化为例，资本的利益和力量在美国也超过了全人类的利益。认为气候变化是骗局的所谓"气候变化否认派"，它们就像"长期的宣传攻势迷惑公众、掩盖吸烟带来危害的烟草公司"，以阻止公众了解事实，以便继续获取利润。它们"通过蒙蔽公众能获得财务利益的企业是主要的鼓动者，这次是化石燃料公司。"而且，"在气候问题上持怀疑论的几乎所有知名科学家都从这些企业收取了大笔的资金，或者通过'捐助者信托基金'（Donors Trust）之类的黑钱渠道得到好处。"③ 在气候问题上，资本坚持了一贯的做法，将其与美国政治深度绑定，让否认气候变化在共和党成为了一种政治正确，甚至是

---

① ［美］厄尔·怀松、罗伯特·卢佩奇、大卫·赖特：《新阶级社会：美国梦的终结?》，张东海等译，社会科学文献出版社 2019 年版，第 219 页。
② 《马克思恩格斯文集》第 1 卷，人民出版社 2009 年版，第 262 页。
③ ［美］保罗·克罗格曼：《克鲁格曼的经济讲义》，余江译，中信出版集团 2020 年版，第 320 页。

在整个西方将其高度意识形态化，成为民粹的诉求。而实质上，在资本的裹挟之下，"我们今天的统治者竟愿意为了政治上的权宜之计而置人类文明于危险境地，更不用说能给他们在话是燃料产业的朋友送去丰厚的利润了。"① 这无疑是对美国特朗普时期物质主义膨胀追求利润的资本与政治绑定的深刻诠释，自然法则也要让渡于资本，让渡于资本孕育出的物质主义膨胀的价值观，即使人类文明面临生存的危机。实际上，物质主义膨胀的现代化，一直以来都是西方资本主义国家的行为准则，而且它们还把这套准则随着资本主义全球化的发展带向世界，使得"国家间的商业竞争被一再鼓励，而这带来的只是国家对企业税收的减少，是对环境和个人健康保护的忽视，更是对劳动者核心权益的损害"。② 事实上，今天看似环境优美、人与自然和谐的西方国家，实质上是建立在以牺牲发展中国家环境利益基础上实现的。人性和自然法则，在资本带动的物质主义膨胀面前，都是可以蔑视的。

西方对外扩张掠夺的现代化泯灭人类的价值。资本主义现代化的历史也可以说是一部对外扩张掠夺的历史，一直延续到今天。马克思在《共产党宣言》中指出："资产阶级，由于一切生产工具的迅速改进，由于交通的极其便利，把一切民族甚至最野蛮的民族都卷到文明中来了……它迫使一切民族——如果它们不想灭亡的话——采用资产阶级的生产方式；它迫使它们在自己那里推行所谓的文明，即变成资产者。一句话，它按照自己的面貌为自己创造出一个世界。"③ "按照自己的面貌为自己创造出一个世界"的过程，实质也是资本扩张的世界，它们打着"普世价值"的幌子，不断为资本主义的掠夺和扩张创造条件，几百年来不断制造人道主义的灾难。即使不提殖民时期的罪恶，仅仅二战后的对外扩张掠夺亦凸显出它的反人类性。同样是一项关于美国的研究表明："自1776年7月4日宣布独立以来，在240多年的历史中，美国没有参与

---

① ［美］保罗·克罗格曼：《克鲁格曼的经济讲义》，余江译，中信出版集团2020年版，第316页。
② ［美］约瑟夫·E·斯蒂格里茨：《巨大的鸿沟》，蔡笑译，机械工业出版社2017年版，第73页。
③ 《马克思恩格斯文集》第2卷，人民出版社2009年版，第35—36页。

战争的时间不足 20 年。据不完全统计，从 1945 年第二次世界大战结束到 2001 年，世界上 153 个地区发生了 248 次武装冲突，其中美国发起的就有 201 场，约占 81%。"① 这些战争方式的对外扩张掠夺不但给所在国的人民带来了无尽的灾难，而且也反噬了美国自身。以阿富汗战争为例，2021 年美国撤出阿富汗引发的"喀布尔时刻"震惊世界，"一般认为，自美军 2001 年 10 月 7 日进入阿富汗以来，当地已有 3 万多名平民被美军打死、炸死或因美军带来的战乱死亡，受伤人数超过 6 万，约 1100 万人沦为难民。"② 2021 年，美国不负责任地从阿富汗一走了之，不但给阿富汗人民留下深重的人道危机，也给地区稳定带来巨大的安全挑战。"喀布尔机场混乱不堪甚至人性泯灭的一幕，将永远被定格在人类的记忆中，成为所谓'民主改造'失败的历史标记。"③

除了直接战争手段的对外扩张掠夺，它们也创造了新的形式，对获得民族独立的发展中国家，采用另一种它们认为更文明的方式去掠夺。"国际货币基金组织的官员就以这种帮助的名义，让发展中国家实行金融市场自由化，并打开当地的市场让发达国家的商品融入，而与此同时，发达国家却不会这些发展中国家开放它们的农产品市场"，而这些"带着华尔街的影子，承载着他们利益的东西"，被推广到了发展中国家。④ "当然，发展中国家也没有什么选择，殖民统治已经把它们的家资源榨干、剥削殆尽，让国家奄奄一息，却并没有帮助它们发展经济。"⑤ 这样就完成了资本的渗透和对发展中国家的"掠夺"过程。在发展中国家走向现代化的过程中，事实上成为西方对外扩张掠夺现代化的牺牲品，被"设计"的现代化最终的结果是逐步丧失了国家经济政治主权的独立性。此

---

① 中国人权研究会：《美国对外侵略战争造成严重人道主义灾难》，《人民日报》2021 年 4 月 10 日。
② 中国人权研究会：《美国对外侵略战争造成严重人道主义灾难》，《人民日报》2021 年 4 月 10 日。
③ 《王毅国务委员兼外长就 2021 年国际形势和外交工作接受新华社和中央广播电视总台联合采访》，2021 年，外交部网站，https://www.mfa.gov.cn/wjbzhd/202112/t20211230_10477288.shtml。
④ [美]约瑟夫·E·斯蒂格里茨：《巨大的鸿沟》，蔡笑译，机械工业出版社 2017 年版，第 9—10 页。
⑤ [美]约瑟夫·E·斯蒂格里茨：《巨大的鸿沟》，蔡笑译，机械工业出版社 2017 年版，第 9 页。

外，为了达到这一目的，通过不公开的战争已达到控制和掠夺一国的目的，美国也是轻车熟路，"以支持代理人战争、煽动国内叛乱、暗杀、提供武器弹药、培训反政府武装等直接或间接方式频频对其他国家进行干涉，给相关国家社会安定和民众安全带来严重伤害。"[1] 在美国政客口口声声尊崇"普世价值"的眼里，"天赋给他们的人权"也只不过是掩盖他们对外扩张掠夺的"遮羞布"。这样的现代化道路也加深了西方自身的社会危机。"西方国家一再出现危机的原因，就在于将情况看得过于简单。而这也是金融资本主义的成就所在，其帮凶就是那些新自由主义机构——美联储、美国财政部、国际货币基金组织、欧洲央行、国际专利保护法案等——以及由企业与金融寡头对政府的取而代之。"[2] 当今世界，新冠肺炎疫情仍在肆虐，气候变化、恐怖主义等全球性问题层出不穷。"国际社会应当'更团结'。各国唯有团结合作，一起向未来，才能有效加以应对。"[3] 而此时，美国却在制造和煽动乌克兰危机，不断制造国际社会的分裂和动荡，全然无视美国人民在新冠危机和高通胀之下的生存危机和生命危机。

西方现代化在高扬"人道主义"旗帜同时，其实质是"霸权主义"。人道主义与霸权主义之间是根本对立的。西方现代化缔造的资本主义文明无论多么"伟岸"，也难以掩盖给人类带来的无尽灾难，以资本为中心的现代化，以资本为中心缔造的文明，在文明的背后是最大的不文明，是对人类价值的泯灭和对人性的蔑视。资本主义文明为代表的现代化必将被摒弃，也必将被人类社会发展缔造的新的文明形态和现代化路径所取代。

---

[1] 中国人权研究会：《美国对外侵略战争造成严重人道主义灾难》，《人民日报》2021 年 4 月 10 日。

[2] ［挪］乔根·兰德斯：《2052：未来四十年的中国与世界》，秦雪征、谭静、叶硕译，译林出版社 2019 年版，第 25 页。

[3] 习近平：《在北京 2022 年冬奥会欢迎宴会上的致辞》，《人民日报》2022 年 2 月 6 日。

二、中国式现代化形成对西方现代化的超越

新中国成立以来,特别是改革开放以来,在中国特色社会主义道路的指引下,中国人民开创出了一条中国式现代化道路,实现了人类历史上的一次伟大变革。"我们建设的现代化必须是具有中国特色、符合中国实际的,我在党的十九届五中全会上特别强调了5点,就是我国现代化是人口规模巨大的现代化,是全体人民共同富裕的现代化,是物质文明和精神文明相协调的现代化,是人与自然和谐共生的现代化,是走和平发展道路的现代化。"① 在庆祝中国共产党成立100周年大会上的讲话中,习近平总书记指出:"我们坚持和发展中国特色社会主义,推动物质文明、政治文明、精神文明、社会文明、生态文明协调发展,创造了中国式现代化新道路,创造了人类文明新形态。"②

中国式现代化首先它是具有中国特色、符合中国实际的现代化,在中国特色社会主义制度下,它实现了"五个文明"协调发展,摒弃和超越了西方现代化路径,创造了人类文明新形态。"'人类文明新形态'不只是专属于中国的范畴,也是对人类文明发展的一切有价值的思想资源的借鉴和吸收,体现了对人类文明形态探索的中国智慧。"中国式现代化是在人口规模巨大的国情条件中,努力奋斗全体人民共同富裕、全面推进物质文明和精神文明协调发展、努力实现人与自然和谐共生、坚定走和平发展道路中实现的,其难度可想而知。也正是如此,中国人民用新中国成立七十多年的时间,创造了人类社会发展史的奇迹,实现了前无古人的创举,破解了人类社会发展的诸多难题,奠定了摒弃和超越西方现代化的历史自信。

中国式现代化是一个人口规模巨大的现代化,坚持以人民为中心,促进人的全面发展。中国式现代化是全体人民的现代化,破解了资本无

---

① 习近平:《把握新发展阶段,贯彻新发展理念,构建新发展格局》,《求是》2021年第9期。
② 习近平:《在庆祝中国共产党成立100周年大会上的讲话》,《人民日报》2021年7月2日。

序发展、野蛮泛滥，导致的人类社会发展难题，让资本为人类的文明发展服务。在14亿多人口规模的基础上实现现代化，其规模将超过现在发达国家人口的总和，14亿多人口进入现代化社会，其本身带来的示范效应是巨大的。如何实现14亿多人口规模的现代化，其路径、其方法，每一个步骤，每一个方略，都是中国为人类对更好社会制度的探索提供的现代化中国方案。因此，"只有坚持以人民为中心的发展思想，坚持发展为了人民、发展依靠人民、发展成果由人民共享，才会有正确的发展观、现代化观。"① 中国式现代化是社会主义的道路，中国式现代化是社会主义性质的现代化。社会主义天然具有对资本主义制度的优越性，中国共产党的领导和以人民为中心是它的本质特征。作为中国式现代化核心领导的中国共产党，没有任何自己的特殊利益，人民至上的人民利益是中国共产党唯一坚持的利益所在。"正因为无私，才能本着彻底的唯物主义精神经常检视自身、常思己过，才能摆脱一切利益集团、权势团体、特权阶层的围猎腐蚀，并向党内被这些集团、团体、阶层所裹挟的人开刀。"② 这是不被资本驾驭而驾驭资本的根本制度保证，构建起了驾驭资本的现代化模式。"中国成功的特质是他们的国家领导人可以在他们需要时，不顾既得利益者的反对而修正国家经济的发展模式。"③ 在社会主义市场经济条件下发挥资本的积极作用，而遏制其消极作用，社会主义制度和党的领导是机制性的结构保障。在社会主义市场经济这一伟大创造之中，有为政府与有效市场紧密结合，有效提高了对社会主义市场经济中必然存在的各种形态的资本驾驭能力。在社会主义市场经济中要发挥资本作为生产要素的积极作用，同时有效控制其消极作用。为资本设置"红绿灯"，依法加强对资本的有效监管，防止资本野蛮生长。④ 而这避免了资本对政治的渗透和绑架，彻底杜绝了权力服务于金钱的西方政治

---

① 习近平：《把握新发展阶段，贯彻新发展理念，构建新发展格局》，《求是》2021年第9期。

② 习近平：《以史为鉴、开创未来 埋头苦干、勇毅前行》，《求是》2022年第1期。

③ ［美］约瑟夫·E·斯蒂格里茨：《巨大的鸿沟》，蔡笑译，机械工业出版社2017年版，第261页。

④ 《中央经济工作会议在北京举行 习近平李克强作重要讲话 栗战书汪洋王沪宁赵乐际韩正出席会议》，《人民日报》2021年12月11日。

弊端。

中国式现代化是全体人民共同富裕的现代化,坚持包容、普惠、均衡发展,促进人民共同团结奋斗。中国式现代化破解了西方现代化两极分化无视社会发展正义,导致社会分裂、对抗、撕裂、冲突的社会发展难题,让全体人民团结发展成为一国实现现代化的可能。西方国家走向现代化不但是一个国内民众分裂的现代化,也是一个分裂国际社会的现代化。很多发展中国家,在"西化"式的现代化道路中,也陷入西方两极分化、社会分裂的陷阱。要么现代化的成果只是惠及了少数的所谓"现代精英",要么沦为寡头之下的畸形经济社会结构,不但丧失了独立性,而且政治、经济、社会发展动荡不止,让两极分化成为人类社会发展中从发达国家到发展中国家难以逾越的发展难题。共同富裕是社会主义的本质要求,是中国式现代化的重要特征。作为中华民族的主心骨,在涉及人民现实利益的根本问题上,中国共产党不断夯实全国各族人民团结奋斗的经济基础、政治基础,围绕明确奋斗目标形成最牢固的团结。在实现共同富裕的问题上,中国共产党有着清醒的认识,"在我国社会主义制度下,既要不断解放和发展社会生产力,不断创造和积累社会财富,又要防止两极分化。实现共同富裕目标,首先要通过全国人民共同奋斗把'蛋糕'做大做好,然后通过合理的制度安排把'蛋糕'切好分好。"[①] "实现共同富裕不仅是经济问题,而且是关系党的执政基础的重大政治问题。我们决不能允许贫富差距越来越大、穷者愈穷富者愈富,决不能在富的人和穷的人之间出现一道不可逾越的鸿沟。"[②] 一百年来,中国人民始终紧紧围绕在中国共产党周围,以团结谋发展,以团结谋振兴。可以说,"一百年来,党和人民取得的一切成就都是团结奋斗的结果,团结奋斗是中国共产党和中国人民最显著的精神标识"。[③] 我们全面建成小康社会,全面小康一个都没有少,历史性破解了绝对贫困问题,向着全

---

① 《中央经济工作会议在北京举行 习近平李克强作重要讲话 栗战书汪洋王沪宁赵乐际韩正出席会议》,《人民日报》2021年12月11日。
② 习近平:《把握新发展阶段,贯彻新发展理念,构建新发展格局》,《求是》2021年第9期。
③ 习近平:《在二〇二二年春节团拜会上的讲话》,《人民日报》2022年1月31日。

体人民共同富裕扎实迈进。全面建设社会主义现代化国家的新发展阶段，中国式现代化的优势将会更加有力地发挥出来，自觉主动解决地区差距、城乡差距、收入差距，推动社会全面进步和人的全面发展，促进社会公平正义，发展成果将会更多更公平惠及全体人民。

中国人民在实现全体人民共同富裕的现代化过程中，不但让人民群众真真切切感受到共同富裕不仅仅是一个口号，而是看得见、摸得着、真实可感的事实，而且全体人民的团结在国内得以实现的同时，也把这份团结带到了世界上。中国式现代化，让"富裕"不再是制造分裂、惠及财富顶端人群的代名词，而是全体人民共同走向美好生活的共同奋斗目标，并将之融入中国实现现代化和中华民族伟大复兴更大的发展目标与成就之中，并进而上升到促进人类团结谋发展的现代化发展新境界，以中国发展带动世界共同发展，以中国人民的幸福带动世界人民的共同幸福，这也是中国共产党初心所在，价值所在。百年来，中国共产党致力于为中国人民谋幸福、为中华民族谋复兴，致力于为人类谋进步、为世界谋大同。

中国式现代化是物质文明和精神文明相协调的现代化，坚持人与自然和谐共生。中国式现代化破解了西方物质主义膨胀的现代化，给人类带来的发展难题，为人类社会未来发展树立了新的物质文明、精神文明、生态文明现代化发展路径。中国式现代化坚持物质文明与精神文明协调发展，内嵌于实现共同富裕的进程之中，人民的团结性从根本上杜绝了西方现代化资本对社会各领域渗透，以制造社会分裂和推行物质主义至上的各种可能。而且，"我们说的共同富裕是全体人民共同富裕，是人民群众物质生活和精神生活都富裕，不是少数人的富裕，也不是整齐划一的平均主义"。[①] 不同于西方国家在物质富裕的同时，人民却处在两极分化的社会环境中处境困难，在精神层面要么陷入物质主义膨胀之中，要么陷入虚假的民主、人权的精神信仰之中，精神颓废，在种族歧视、白人至上的意识形态对立中，靠精神药物麻醉自我。表面上看是物质文明与精神文明之下人的"自由发展"，但是这是以牺牲人的代价而实现的极

---

① 习近平：《扎实推动共同富裕》，《求是》2021年第20期。

端个人自由。在《德意志意识形态》中，马克思认为："只有在共同体中，个人才能获得全面发展其才能的手段，也就是说，只有在共同体中才可能有个人自由。"① 在打破资本主义虚假民主与虚假自由的枷锁，最终实现全人类的彻底解放事业中，马克思将共产主义社会描述为"建立在个人全面发展和他们共同的、社会的生产能力成为从属于他们的社会财富这一基础上的自由个性"。② 马克思强调人的自由与社会发展的关系是一种真正的、全面的自由与进步，是建立在全人类彻底解放基础之上的，不是少数人单纯自由意志的体现，而多数人被剥夺的过程。中国式现代化之所以可以超越物质主义膨胀的西方现代化，根本在于作为共产主义的初级阶段，在社会主义的条件下，中国人民结成了基于共同信仰和追求，共同团结奋斗目标的共同体，在这里个人的全面发展成为可能，人民创造的物质文明与精神文明也必然是超越西方现代化物质文明与精神文明的，人的发展是真正的自由发展。

在追求人的自由发展，实现物质文明与精神文明协调发展的过程中，基于共同的意识和追求，中国人民在处理人类社会发展的问题上提出了人类命运共同体的理念，在处理人与自然关系方面提出了共同构建地球生命共同体的理念，倡导人与自然和谐共生。提倡建设生态文明。因为，"生态文明是人类文明发展的历史趋势。"③ 中国的现代化主张为人类社会可持续发展和人类文明永续发展提供了超越西方现代化的历史性选择。在当今时代涉及人类命运的应对气候变化问题上，中国始终如一。"实现'双碳'目标，不是别人让我们做，而是我们自己必须要做。"④ 它不但是中国破解资源环境约束突出问题、实现可持续发展，顺应技术进步趋势、推动经济结构转型升级的迫切需要，而且也是满足人民群众日益增长的优美生态环境需求、促进人与自然和谐共生的迫切需要，主动担当

---

① 《马克思恩格斯文集》第1卷，人民出版社2009年版，第571页。
② 《马克思恩格斯文集》第8卷，人民出版社2009年版，第52页。
③ 习近平：《共同构建地球生命共同体——在〈生物多样性公约〉第十五次缔约方大会领导人峰会上的主旨讲话》，《人民日报》2021年10月13日。
④ 《习近平在中共中央政治局第三十六次集体学习时强调 深入分析推进碳达峰碳中和工作面临的形势任务 扎扎实实把党中央决策部署落到实处》，《人民日报》2022年1月26日。

大国责任、推动构建人类命运共同体的迫切需要。而与之形成鲜明对比的是，"当美国坚称它们对此毫无办法的时候，中国高层采取了更有责任的回应。"① 无论是退出应对气候变化，还是重新"回归"，都是西方政治的需要，实质上是不同资本集团的经济利益与政治利益的需求。

中国式现代化是走和平发展道路的现代化，弘扬全人类共同价值。中国式现代化破解了国强必霸的历史怪圈，推动发展中国家走向自信自强的现代化，壮大了世界支持和平、主持正义的力量。中国始终站在世界正义的一方，在自身获得发展的同时，也希望别人也获得同样的发展。中国式现代化是和平发展的现代化，这不但在当今时代世界主要大国现代化发展历程中是罕见的，而且在人类社会现代化的全部发展史中也是罕见的。这构成对西方对外扩张掠夺现代化的超越。中华文明没有对外扩张掠夺的历史，对外扩张掠夺也不存在于中华民族的基因中。"中国从一个积贫积弱的国家发展成为世界第二大经济体，靠的不是对外军事扩张和殖民掠夺，而是人民勤劳、维护和平。"② 新中国在联合国恢复合法席位50年来，"中国人民始终同世界各国人民团结合作，维护国际公平正义，为世界和平与发展作出了重大贡献。"③ 新冠疫情肆虐世界时，中国始终支持团结抗疫，为世界走出疫情的阴霾奉献了中国力量。联合国秘书长古特雷斯认为"中国努力向世界提供20亿剂疫苗，为世界应对疫情作出巨大贡献"。④ 中国倡议以和平、发展、公平、正义、民主、自由的全人类共同价值，促进不同文明交流互鉴，构建人类命运共同体，超越了西方"普世价值"，团结人类社会。中国提出坚持发展优先、坚持以人民为中心、坚持普惠包容、坚持创新驱动、坚持人与自然和谐共生、坚持行动导向的全球发展倡议，超越了"华盛顿共识"新自由主义给人类发展带来的混乱，为人类社会一起向未来发展，践行全人类共同价值

---

① ［美］约瑟夫·E·斯蒂格里茨：《巨大的鸿沟》，蔡笑译，机械工业出版社2017年版，第260页。
② 习近平：《共同构建人类命运共同体》，《求是》2021年第1期。
③ 习近平：《在中华人民共和国恢复联合国合法席位50周年纪念会议上的讲话》，《人民日报》2021年10月26日。
④ 《习近平会见联合国秘书长古特雷斯》，《人民日报》2022年2月6日。

提供了实施的路径。

中国坚持走自己的路,自信自强走向现代化,为与中国命运相似而依然徘徊在现代化路径选择的广大发展中国家提供了天然的示范,形成了自然的吸引力,给世界上那些既希望加快发展又希望保持自身独立性的国家和民族提供了全新选择。事实上,很多发展中国家在摆脱殖民统治、获得民族独立之后,并没有实现真正意义上的独立,依然处于对发达国家经济的依附状态,走了西化的"被现代化"道路,再次成为西方被掠夺的对象。"当所有其余发展中国家都追随'华盛顿共识'的步伐而狂热的追求着GDP的增长时,中国一再清晰地认识到,它应该追求一种可持续的和更加平等的提高居民生活水平的经济增长模式。"① 实际上,"世界没有定于一尊的制度样板,没有放之四海而皆准的发展模式。各国都有权选择符合本国国情和人民需要的道路。"② 中国走自己的路,形成了独特的中国式现代化模式,在坚持和发展中国特色社会主义制度中,创造了人类文明的新形态。

三、中国式现代化开创人类现代化新蓝图

党和人民事业是人类进步事业的重要组成部分。中国式现代化创造和开拓,不是中国历史文化母版的简单延续,不是马克思主义经典作家设想模板的简单套用,不是其他国家社会主义实践的再版,也不是国外现代化发展的翻版。中国式现代化是对西方现代化的摒弃和超越,中国的成功为人类带来希望,为人类发展创造美好未来提供可能,也为人类对更好社会制度的探索提供了中国方案。当前百年未有之大变局深刻演化,世界进入新的动荡变革期。"人类发展指数30年来首次下降,世界新增1亿多贫困人口,近8亿人生活在饥饿之中,粮食安全、教育、就业、医药卫生等民生领域面临更多困难。一些发展中国家因疫返贫、因

---

① [美]约瑟夫·E·斯蒂格里茨:《巨大的鸿沟》,蔡笑译,机械工业出版社2017年版,第259页。
② 《习近平会见联合国秘书长古特雷斯》,《人民日报》2022年2月6日。

疫生乱,发达国家也有很多人陷入生活困境。"① 经济增长新动能、社会生活新模式、人员外来新路径成为不同制度和文明都在适应、都在探索的现代化新内涵,新一轮国家间竞争的新模式也呼之欲出,它不但涉及综合国力,科技实力,更涉及谁能更好地为人类社会未来发展找到出路,提供可供选择、可供学习、可供借鉴的经验和制度文明,为人类点亮未来发展的希望明灯。

在迈向第二个百年奋斗目标的前进道路上,仍然存在可以预料和难以预料的各种风险挑战,"党的十八大以来,我们清醒认识到,新时代坚持和发展中国特色社会主义是一场艰巨而伟大的社会革命,各种敌对势力绝不会让我们顺顺利利实现中华民族伟大复兴。"② 而且,我国仍处于并将长期处于社会主义初级阶段,我国仍然是世界最大的发展中国家。新征程,推进中国式现代化不断发展,必须坚持和发展中国特色社会主义,必须坚定走自己的路,以中国式现代化推进中华民族伟大复兴。习近平总书记曾指出"为人民谋幸福、为民族谋复兴,这既是我们党领导现代化建设出发点和落脚点,也是新发展理念的'根'和'魂'。"③ 习近平总书记科学地回答了中国式现代化建设的精神实质和价值归一,这是中国式现代化与西方以资本为中心忽视人民的现代化最本质的不同。这也是在国际社会上中国式现代化与西方现代化给人类社会带来不同发展结果的最本质区分的来源。可以期待,中国式现代化的未来发展蓝图,在为中国人民谋幸福、为中华民族谋复兴的进程中,也一定可以为世界发展提供稳定的中国预期,为世界人民"一起向未来"提供更多中国方案、"中国蓝图",用中国的成功,继续创造人类社会发展新的希望。

---

① 习近平:《坚定信心 勇毅前行 共创后疫情时代美好世界——在2022年世界经济论坛视频会议的演讲》,《人民日报》2022年1月18日。
② 习近平:《以史为鉴、开创未来 埋头苦干、勇毅前行》,《求是》2022年第1期。
③ 习近平:《把握新发展阶段,贯彻新发展理念,构建新发展格局》,《求是》2021年第9期。

第二章　中国式现代化理论体系具有划时代品格*

中国式现代化理论体系是划时代的理论，在人类现代化走向十字路口的今天，为人类现代化走向新的未来提供了中国方案，打破了"现代化＝西方化"的迷思，展现了现代化的另一幅图景。中国式现代化理论体系展现了破解现代化时代难题的理论品格，代表了真正的人类进步价值，体现了马克思主义中国化时代化最新理论创新维度，揭示了人类现代化发展的规律，具有世界历史意义，是重要理论创新成果，具有鲜明的人民属性，是从人民群众的创造中汲取的理论创新智慧，是用以观察时代的理论，也是反映时代的声音。

习近平总书记在学习贯彻党的二十大精神研讨班开班式上指出："我们进一步深化对中国式现代化的内涵和本质的认识，概括形成中国式现代化的中国特色、本质要求和重大原则，初步构建中国式现代化的理论体系，使中国式现代化更加清晰、更加科学、更加可感可行。"① "初步构建中国式现代化的理论体系"这一重大科学判断的提出，本身就说明我们党在中国式现代化的理论和实践认识上达到了一个新的高度，党的理论创新达到了一个新维度。可以说，"这一重要论断，不仅是对中国式现代化在理论体系上作出的精辟概括，而且也是从中国共产党百年奋斗的

---

* 本文曾发表于《世界社会科学》2024年第2期，入书有修改。
① 《习近平在学习贯彻党的二十大精神研讨班开班式上发表重要讲话强调　正确理解和大力推进中国式现代化》，《人民日报》2023年2月8日。

大历史观和中华民族伟大复兴的时代主题上作出的深刻概括。"① 中国式现代化形成理论体系，是马克思主义中国化时代化的产物，标志着我们不断深化对共产党执政规律、社会主义建设规律、人类社会发展规律的认识，不断开辟马克思主义中国化时代化新境界。

一、中国式现代化理论体系是对时代发展的回应

今天，人类现代化发展，已经面临西方现代化发展带来的"最终困境"，人类社会向何处去？人类现代化向何处去？亟待破局。"当今世界，多重挑战和危机交织叠加，世界经济复苏艰难，发展鸿沟不断拉大，生态环境持续恶化，冷战思维阴魂不散，人类社会现代化进程又一次来到历史的十字路口。"②

冷战后，特别是2008年国际金融危机以来，美西方独霸世界的秩序就已经在它们的恣意妄为之中，走向西方现代化的"最终困境"。西方民粹主义的崛起，发自西方社会内部的逆全球化思潮和行动，就已经说明新自由主义的"华盛顿共识"带来的全球范围内的严重不平等，不但侵蚀了广大发展中国家民众的权益，而且也反噬美国为代表的西方发达国家自身。因此，为转嫁自身日益激化的社会矛盾和发展危机，走向国家利己主义，就成为美西方垄断资产阶级及其代理人的必然选择。但是，这让世界各国，特别是发展中国家深受其害，并再次沦为西方转嫁矛盾和掠夺的对象，实现现代化不但无从谈起，甚至变得更加遥遥无期。事实上，今天我们生活在一个矛盾的世界之中："一方面，物质财富不断积累，科技进步日新月异，人类文明发展到历史最高水平。另一方面，地区冲突频繁发生，恐怖主义、难民潮等全球性挑战此起彼伏，贫困、失

---

① 顾海良：《中国式现代化"理论体系"对重大时代课题的创造性探索》，《红旗文稿》2023年第5期。
② 习近平：《携手同行现代化之路——在中国共产党与世界政党高层对话会上的主旨讲话》，《人民日报》2023年3月16日。

业、收入差距拉大,世界面临的不确定性上升。"① 世界进入新的动荡变革期,推动世界变得更加动荡、不确定的动因,主要还是来自西方现代化发展的困境。

西方主导的"新自由主义"资本主义模式,也在冷战结束 30 年后更强烈的反噬西方社会自身。以资本为驱动的西方现代化,也已经走到了它的极限,主要表现在"积累和持续性的指数增长、社会不平等的爆炸性增长、日益增长的雇佣奴役和债务奴役,以及迅速恶化的环境条件"。对于西方的普通民众而言,"这些人的生活方式很失败,他们也在自暴自弃。随之而来的是毒品和酒精成瘾、阿片类药物依赖等。"② 这些问题的存在成了催生西方极右翼民粹主义势力的崛起催化剂。极右翼民粹政治势力利用这些问题,煽动社会不满情绪,最终的结果是"试图在专制、新法西斯主义政治的基础上重新建立资本的力量"。③ 而这会给这个时代的世界带来更大的混乱。西方发达国家不愿意再承担它们本应要承担的对人类现代化发展承担的责任和义务,在资本的裹挟下,它们的现代化模式日渐成为这个时代动荡的根源,而不再是某种"文明的呈现"。当资本逻辑主导之后,西方的现代化模式、制度、价值观,还有它们引以为豪的"普世价值",也日渐破产并丧失"感召力"。

这个时代,世界正经历百年未有之大变局,世界进入新的动荡变革期。回首一百年来的人类历史,人类经历了血腥的两次世界大战,冰冷的"冷战"让人类社会分裂为两大对抗的阵营,并时时处在核战争的阴霾之下。20 世纪五六十年代以来,殖民地人民普遍觉醒,摆脱枷锁、争取独立,成为时代的潮流。但是,国家的独立并没有为他们赢得实现现代化的条件,甚至有的国家重新成为美西方压榨、掠夺和制造危机、发动战争的对象,陷入国家发展内乱,而无法自拔,刚获得的独立地位,也面临丧失的危险。冷战结束后,随着西方资本主义阵营走向"胜利",

---

① 习近平:《共担时代责任,共促全球发展》,《求是》2020 年第 24 期。
② [英]大卫·哈维:《反资本世界简史》,陈诺译,广东人民出版社 2023 年版,第 220—221 页。
③ [英]大卫·哈维:《反资本世界简史》,陈诺译,广东人民出版社 2023 年版,第 221 页。

在"历史终结"的喧嚣中,西方模式被推向世界,很多发展中国家或主动或被动卷入这波"民主化浪潮"之中,植入了全套的西方制度、价值观、市场化等"新自由主义"意识形态主导的"民主自由制度",但是结果不是政治上陷入内乱,就是经济上被西方金融垄断资本所控制,成为资本的附庸,丧失了国家发展的主动权和主导权。实际上,冷战结束后,求和平、求发展,成为发展中国家的主要诉求,实现现代化成为这些国家人民的共同追求。但是,真正的现代化是不可能在依附于人的条件下实现的。西方现代化的输出,给刚刚摆脱"冷战"阵营对抗的发展中国家,又带来了无尽的灾难。而世界各国也越来越期待,能够有一条现代化新路出现,将这个世界重新带回稳定和共享繁荣的轨道上来。

以上事实告诉人们,人类社会的现代化发展又走到了一个十字路口。人类现代化向何处去,成为这个时代的人们必须回答的时代问题:"两极分化还是共同富裕?物质至上还是物质精神协调发展?竭泽而渔还是人与自然和谐共生?零和博弈还是合作共赢?照抄照搬别国模式还是立足自身国情自主发展?我们究竟需要什么样的现代化?怎样才能实现现代化?"① 这些划时代的现代化问题摆在了人类社会面前,西方现代化回答不了这些问题,因为它们的现代化是两极分化的现代化、物质至上的现代化、竭泽而渔的现代化、零和博弈的现代化和霸权主义的现代化。

在这个时代,中国式现代化理论体系应运而生,这是时代发展的客观产物,也是对时代发展的回应。"时代是思想之母,实践是理论之源。一切划时代的理论,都是满足时代需要的产物。"② 中国式现代化及其理论不是凭空出现的,它是在新中国成立特别是改革开放以来长期探索和实践基础上,经过党的十八大以来在理论和实践上的创新突破的条件下产生的。

一方面,中国式现代化理论体系是中国人民在创造性实践中走出来而凝结成的时代思想精华。中国走出了很多发展中国家想走而没有走出

---

① 习近平:《携手同行现代化之路——在中国共产党与世界政党高层对话会上的主旨讲话》,《人民日报》2023年3月16日。
② 《习近平在中共中央政治局第六次集体学习时强调 不断深化对党的理论创新的规律性认识 在新时代新征程上取得更为丰硕的理论创新成果》,《人民日报》2023年7月2日。

的独立自主实现现代化的道路，克服了西方现代化的种种弊端，在共同富裕、物质文明与精神文明协调、人与自然和谐共生、推动合作共赢构建人类命运共同体、立足自身国情自主发展等方面给出了不同的答案，打破了现代化等于西方化的时代迷思，塑造了人类走向现代化的崭新路径和现实可能。

另一方面，中国式现代化给了广大发展中国家摆脱西方现代化束缚，立足自身国情，实现现代化的现实案例，也给西方社会内部真正的进步力量，提供了化解西方社会内部矛盾、对立、冲突的参照对象。美国共产党秘书长克里斯托弗·赫拉利（Christopher Helali）认为，"中国式现代化和可持续发展不仅提升了中国人民的生活水平，助益于中国社会发展，也促进了全球繁荣。"而且，"中国式现代化植根于以人为本的政治理念，中国共产党愿同各国政党分享现代化建设的经验，以增进世界人民的福祉，丰富现代化理论与实践，为世界现代化进程贡献中国智慧。"[①]中国式现代化的成功拓展和推进，让世人看到了人类社会向何处去的希望。中国式现代化是一场前无古人的伟大实践，它的科学内涵及理论体系十分丰富，是中国共产党百年奋斗和实践探索形成、创造的人类文明新形态的构成要件。它体现了历史和现实、理论和实践的深度契合。中国式现代化理论体系是划时代的理论，也是满足当今时代需要的产物。中国式现代化理论形成完整的科学体系，并在中国式现代化实践探索中不断地发展和完善，其本身就是对我们所处时代社会存在升华为社会意识的客观反映，并成为这个时代指明人类社会发展方向和未来的希望。

二、中国式现代化理论体系体现划时代的理论品格

"用以观察时代、把握时代、引领时代的理论，必须反映时代的声音，绝不能脱离所在时代的实践，必须不断总结实践经验，将其凝结成

[①] 赵斌：《海外学界对中国式现代化理论体系的认知——基于海外中共学视角》，《人民论坛》2023年第6期。

时代的思想精华。"① 中国式现代化理论体系在百年未有之大变局加速演化的时代背景下凝结成时代的思想精华，成为观察时代、把握时代、引领时代的理论，反映了时代的声音，体现出了划时代的理论品格。

第一，中国式现代化理论体系为人类社会摆脱和摒弃已经陷入现代化"最终困境"的西方现代化理论的时代课题提供了契机和可能性。继续沿着西方现代化的道路走下去，其结果只会比现在的处境更加艰难，而不会有根本性的扭转。早期西方资本主义现代化发展给人类社会带来的成果、展现出来的"资本的文明面"，在今天已经日渐消磨殆尽，只剩下了资本的反文明面。两极分化无法克服，物欲横流无法克制，生态恶化无法逆转，零和博弈和阵营对抗，将成为人类社会又一场灾难的开始。在西方资本逻辑驱动的现代化已经达到大卫·哈维笔下"极限"的情况下，资本"追求无限的'扩张和增长'并不能带来精神上的满足和人类渴望的幸福，也无法解决地球资源存在极限的问题与贫富差距加剧的问题"，② 人类现代化的新路和未来，已然不掌握在西方垄断资本主义手中，一条发展的新路只有在摒弃西方现代化老路的过程中，才能创造出来。这个过程，也是摆脱西方现代化理论支配地位，西方文明强势主导时代发展的过程。中国式现代化成功拓展的经验在于：中国坚持把全体人民共同富裕、物质文明和精神文明相协调、人与自然和谐共生、走和平发展道路作为其内在底蕴，实现了为中国人民谋幸福、为中华民族谋复兴、为世界发展谋大同的现代化内在统一，并以此作为解开和超越西方现代化"最终困境"和"极限"问题的中国答案，给出了人民逻辑而非资本逻辑，人民至上而非资本至上作为现代化根本之途的时代命题。可以说，"中国共产党领导的社会主义现代化，始终坚持以人民为中心的发展思想。民族性与世界性相结合、立足本土又胸怀天下的中国式现代化及其成功实践，印证了成功的现代化并非由资本主宰的逻辑理路。"③

---

① 《习近平在中共中央政治局第六次集体学习时强调 不断深化对党的理论创新的规律性认识 在新时代新征程上取得更为丰硕的理论创新成果》，《人民日报》2023 年 7 月 2 日。
② ［日］广井良典：《后资本主义时代》，张玲译，四川人民出版社 2021 年版，第 V 页。
③ 刘志刚：《中西方现代化的不同逻辑起点、模式选择与价值追求》，《马克思主义研究》2023 年第 1 期。

第二，中国式现代化理论体系深深植根于中华大地，走出了很多非西方国家想走而没有走出的现代化道路，回答了很多国家，特别是非西方国家长期困惑的怎样走向属于本国、本民族现代化的时代难题。在摆脱殖民统治，赢得国家独立后，很多非西方国家以为同时赢得了走向现代化的机会，但是西方的道貌岸然让这些国家以全球贸易体系、金融体系、分工体系的方式重新沦为资本主义世界体系的依附对象。实质上，西方现代化的发展道路，西方文明的发展模式，归根到底是西方压榨发展中国家，用发展中国家廉价资源支撑西方现代化发展的不平等道路，广大发展中国家不但无法复制，也不能复制。① 事实上，这构成了发展中国家走向现代化的双重迷思，一是何以打破西方现代化的束缚和迷思，二是何以走出自己的现代化道路。这成为摆在发展中国家面前走向现代化的时代难题。

中国式现代化的实践，以及实践经验理论化、体系化、学理化后形成的中国式现代化理论体系给出了破解这一时代难题的中国经验，为广大发展中国家独立自主迈向现代化树了典范。中国式现代化一是基于自己的国情走自己的路，形成了中国特色的现代化道路。二是不盲目照搬照抄别人的路，同时勇于借鉴人类一切优秀文明成果。从中国共产党百年来带领中国人民奋斗现代化的历史经验可以概括为："中国式现代化，是中国共产党领导的社会主义现代化，既有各国现代化的共同特征，更有基于自己国情的中国特色。"② 而且，中国共产党和中国人民深刻地认识到："人类历史上没有一个民族、一个国家可以通过依赖外部力量、照搬外国模式、跟在他人后面亦步亦趋实现强大和振兴。那样做的结果，不是必然遭遇失败，就是必然成为他人的附庸。"③ 今天，中国式现代化道路在西方环伺的时代背景下，能够以社会主义现代化的形态突出重围，

---

① 孙熙国、陈绍辉：《人类文明新形态的创造与世界意义》，《中国社会科学》2022年第12期。

② 习近平：《高举中国特色社会主义伟大旗帜 为全面建设社会主义现代化国家而团结奋斗——在中国共产党第二十次全国代表大会上的报告》，《人民日报》2022年10月26日。

③ 《中共中央关于党的百年奋斗重大成就和历史经验的决议》，人民出版社2021年版，第67页。

为处于低潮的世界社会主义运动和发展中国家自立自强的时代要求，注入生机与活力，根本原因还是在于坚持走自己的路，独立自主的建设现代化。

第三，中国式现代理论体系代表我们所处的这个时代人类真正的进步价值。习近平总书记指出，"当今世界不同国家、不同地区各具特色的现代化道路，植根于丰富多样、源远流长的文明传承。"① 可见，现代化不可能是千篇一律的，现代化的价值也一定是蕴含人类不同文明色彩的。不能因为在人类现代化进程中，西方最早完成现代化，就将现代化简单为西化，全人类价值简单为"普世价值"。这个时代的人类进步价值已经不掌握在存在百年的"普世文明"，以及由此而生的"普世价值"之中。西方文明优越论、西方中心主义、"民主与专制"的叙事是西方现代化的话语，而不是人类现代化的话语。"普世价值"它所篆刻的曾经指引人类社会摆脱封建统治枷锁的价值，已经荡然无存。即使在西方民众中，"普世价值"也被淹没在此起彼伏的社会对抗性冲突中，丧失了它的感召力，"民主、自由、平等、博爱"的价值被资本所异化，被垄断资本的利润和不断制造的危机所玷污。即使是在美国、英国这样公认的"世界上最古老的民主国家"，它们的"政权被有道德瑕疵的人窃取，社会变得特别不公正，反民主、民族主义和种族主义盛行肆虐。民众的利益和人权，特别是社会和劳工权利，正受到比以往更为严重的侵犯"。② 可见，西方现代化所孕育的"普世价值"必然要让渡于新的现代化实践产生的新的现代化价值，必然让渡于全人类共同价值。

中国式现代化理论体系作为一种人类文明新形态的理论体系，反思并超越了西方资本主义现代化所提出的文明主张及其价值，突破了将一种单一现代化模式建立的文明主张和价值观体系强加给全人类社会的思想桎梏，体现了全人类真正进步性的时代价值，这是一种全人类共同的价值，而不是专属于某一种文明的价值。习近平总书记在"全球文明倡

---

① 习近平：《携手共行现代化之路——在中国共产党与世界政党高层对话会上的主旨讲话》，《人民日报》2023年3月16日。
② [德] 维尔纳·吕格默尔：《21世纪新资本主义》，肖蕾译，东方出版社2023年版，第3—4页。

议"中明确提出:"我们要共同倡导弘扬全人类共同价值,和平、发展、公平、正义、民主、自由是各国人民的共同追求,要以宽广胸怀理解不同文明对价值内涵的认识,不将自己的价值观和模式强加于人,不搞意识形态对抗。"① 中国式现代化理论体系具有"美人之美、美美与共"的世界意义,体现现代化文明层次的建构,是全人类共同价值的代表。中国式现代化作为人类文明新形态,与全球其他文明相互借鉴,必将极大丰富世界文明百花园。中国式现代化"超越了西方现代化社会的对抗性矛盾,摒弃了资本占支配地位的生产关系,在以共同富裕为目标的实践中遵循创造现代文明的劳动逻辑,将马克思关于现代文明转型的构想在中国具体化,初步形成了发展中国家走现代化道路的实践经验",② 并将这种实践经验科学地内化为带有文明建构层级的理论体系,不但成为新时代中国全面建设社会主义现代化国家新征程的科学指导,也为人类现代化文明向着更高层级的阶段演化和发展提供了路径,具有面向未来的时代价值。

三、中国式现代化理论体系体现理论创新新维度

中国式现代化理论体系体现了 21 世纪马克思主义的先进性、科学性特征。习近平总书记强调:"推进理论的体系化、学理化,是理论创新的内在要求和重要途径。"③ 中国式现代化理论体系是体系化、学理化的构成,体现了马克思主义中国化时代化最新理论创新成果维度和"又一次思想解放"的理论创新新维度,二者实现了马克思主义这个魂脉与中华优秀传统文化这个根脉的有机统一。"马克思主义中国化时代化这个重大命题本身就决定,我们决不能抛弃马克思主义这个魂脉,决不能抛弃中

---

① 习近平:《携手同行现代化之路——在中国共产党与世界政党高层对话会上的主旨讲话》,《人民日报》2023 年 3 月 16 日。
② 臧峰宇:《中国式现代化的文明底蕴及其世界历史意义》,《哲学研究》2023 年第 1 期。
③ 《习近平在中共中央政治局第六次集体学习时强调 不断深化对党的理论创新的规律性认识 在新时代新征程上取得更为丰硕的理论创新成果》,《人民日报》2023 年 7 月 2 日。

华优秀传统文化这个根脉。坚守好这个魂和根，是理论创新的基础和前提。"① 此外，中国式现代化理论体系还体现了马克思主义理论创新不竭源泉——人民创造性实践的创新维度，并在人民创造历史的进程中赋予中国式现代化以鲜明的人民属性。

第一，中国式现代化理论体系是21世纪马克思主义——习近平新时代中国特色社会主义思想的重要组成部分，体现了马克思主义中国化时代化最新理论创新成果维度，揭示了人类现代化发展的规律。习近平新时代中国特色社会主义思想是中国式现代化的根本遵循。习近平总书记指出："我们在认识上不断深化，创立了新时代中国特色社会主义思想，实现了马克思主义中国化时代化新的飞跃，为中国式现代化提供了根本遵循。"② 恩格斯曾经指出："每一历史时代主要的经济生产方式和交换方式以及必然由此产生的社会结构，是该时代政治的和精神的历史所赖以确立的基础，并且只有从这一基础出发，这一历史才能得到说明。"③ 当今时代，对这一时代历史作出最好说明的是21世纪马克思主义。在世界百年未有之大变局与中华民族伟大复兴战略全局加速演进与深度互动的时代背景下，一方面，世界进入新的动荡变革期，"全球南方国家"崛起为重要的国际政治经济新力量，西方老牌资本主义国家长期把持和仰赖的支配性规则，日渐受到冲击和瓦解，人类社会需要反映这一历史时代的政治和历史思想产物，以帮助人类社会破解发展的困局，指明通向未来的路。另一方面，我国改革发展稳定、内政外交国防、治党治国治军等各个领域也都面临着一系列新的重大课题。人类社会发展面临的诸多亟待解决的共同问题和我国发展面临的重大课题，共同构成了这个历史时代背景下要回答的中国之问、世界之问、人民之问、时代之问。因此，"我们要坚持把马克思主义基本原理同中国具体实际相结合、同中华优秀传统文化相结合，深入探索中国式现代化建设规律，不断回答实践遇到

---

① 《习近平在中共中央政治局第六次集体学习时强调 不断深化对党的理论创新的规律性认识 在新时代新征程上取得更为丰硕的理论创新成果》，《人民日报》2023年7月2日。
② 《习近平在学习贯彻党的二十大精神研讨班开班式上发表重要讲话强调 正确理解和大力推进中国式现代化》，《人民日报》2023年2月8日。
③ 《马克思恩格斯文集》第2卷，人民出版社2009年版，第14页。

的崭新课题,以理论创新引领实践创新。"① 中国式现代化理论体系和中国式现代化实践,从中国实践出发,解答人类共同发展难题,为"乱"字当头的世界局势注入来自中国确定性的同时,催动世界格局和人类现代化格局发生质的裂变,让马克思主义不断展示出新的生机与活力。

第二,中国式现代化理论体系体现"又一次思想解放"的理论创新新维度,具有世界历史意义。"'第二个结合'是又一次的思想解放,让我们能够在更广阔的文化空间中,充分运用中华优秀传统文化的宝贵资源,探索面向未来的理论和制度创新。"② 在文化传承发展座谈会上,习近平总书记从中华文明突出特性和"两个结合",特别是"第二个结合"的理论维度,阐明:"中国式现代化赋予中华文明以现代力量,中华文明赋予中国式现代化以深厚底蕴。"③ 中国式现代化有着深厚的中国特色,同时也具有世界历史的意义。

一方面,马克思主义与中华优秀传统文化"结合"的结果是互相成就,造就了一个有机统一的新的文化生命体,让马克思主义成为中国的,中华优秀传统文化成为现代的,让经由"结合"而形成的新文化成为中国式现代化的文化形态。这为马克思主义真理的光辉和中华优秀传统文化彰显的中华文明底蕴,共同催生的理论创新成果指明方向。我们"以马克思主义为指导对中华五千多年文明宝库进行全面挖掘,用马克思主义激活中华优秀传统文化中富有生命力的优秀因子并赋予新的时代内涵,将中华民族的伟大精神和丰富智慧更深层次地注入马克思主义,有效把马克思主义思想精髓同中华优秀传统文化精华贯通起来,聚变为新的理论优势,不断攀登新的思想高峰。"④ 中国式现代化蕴含的独特世界观、价值观、历史观、文明观、民主观、生态观等及其伟大实践,是对世界

---

① 习近平:《在纪念毛泽东同志诞辰130周年座谈会上的讲话》,《人民日报》2023年12月27日。
② 《习近平在中共中央政治局第六次集体学习时强调 不断深化对党的理论创新的规律性认识 在新时代新征程上取得更为丰硕的理论创新成果》,《人民日报》2023年7月2日。
③ 《习近平在文化传承发展座谈会上强调 担负起新的文化使命 努力建设中华民族现代文明》,《人民日报》2023年6月3日。
④ 《习近平在中共中央政治局第六次集体学习时强调 不断深化对党的理论创新的规律性认识 在新时代新征程上取得更为丰硕的理论创新成果》,《人民日报》2023年7月2日。

现代化理论和实践的重大创新。这也彰显在马克思主义与中华优秀传统文化的结合之中。可以说，"中国式现代化反映了在以马克思主义为指导的百年奋斗历程中实现的中华民族优秀传统文化的创造性转化和创新性发展，体现了中华文明的时代内涵。"① 马克思主义这个魂脉，中华优秀传统文化这个根脉，构成了中国式现代化理论创新的基础和前提，也为中国式现代化理论体系筑牢了体系化、学理化的科学根基和文明底蕴。

另一方面，中国共产党领导的中国人民解放事业和现代化事业，是为绝大多数人谋利益，而不是少数人。马克思在《共产党宣言》中指出："过去的一切运动都是少数人的，或者为少数人谋利益的运动。无产阶级的运动是绝大多数人的，为绝大多数人谋利益的独立的运动。"② 而"无产阶级只有在世界历史意义上才能存在，就像共产主义——它的事业——只有作为'世界历史性的'存在才有可能实现一样"。③ 作为无产阶级的现代化运动，中国式现代化在立足中华大地探索现代化路径和实践过程中，创造了超越西方资产阶级现代化的文明形态，成为世界历史意义上的存在。中国式现代化是和平发展的现代化，中华民族没有对外侵略扩张的基因，中国今天取得的发展成就是靠中国人民双手创造的，而不是靠掠夺得来的。作为世界主要大国，新中国成立 70 多年来，中国从来没有主动对外发起一场战争。40 多年来，世界主要大国中只有中国坚持和平发展，与世界各国合作共赢谋发展。这种为绝大多数人谋利益的现代化，也只有在中国共产党领导下的中国式现代化道路中才能实现，才可以实现。这样在"第二个结合"过程中就实现了中华文明和平性的突出特性与中国式现代化和平发展特征的完美契合，成为中华民族现代文明和平属性的天然构成。

第三，中国式现代化理论体系是从人民群众的创造中汲取的理论创新智慧，体现了马克思主义理论创新不竭源泉人民创造性实践维度，具有鲜明的人民属性。一方面，中国式现代化理论体系是在中国人民现代

---

① 臧峰宇：《中国式现代化的文明底蕴及其世界历史意义》，《哲学研究》2023 年第 1 期。
② 《马克思恩格斯选集》第 1 卷，人民出版社 2012 年版，第 151 页。
③ 《马克思恩格斯选集》第 1 卷，人民出版社 2012 年版，第 166—167 页。

化实践中产生的。习近平总书记指出："马克思主义是为人民立言、为人民代言的理论，是为改变人民命运而创立、在人民求解放的实践中丰富和发展的，人民的创造性实践是马克思主义理论创新的不竭源泉。"① 人民群众是历史的创造者，不仅是物质财富的创造者，也是精神财富的创造者。中国式现代化理论体系也是中国人民创造的重要精神财富，是这个时代物质活动的直接产物和反映。马克思在《德意志意识形态》中曾经指出："思想、观念、意识的生产最初是直接与人们的物质活动，与人们的物质交往，与现实生活的语言交织在一起的。人们的想象、思维、精神交往在这里还是人们物质行动的直接产物。"② 中国仅用几十年时间就走完发达国家几百年走过的工业化历程，创造了经济快速发展和社会长期稳定两大奇迹。在中国人民创造"两大奇迹"的过程中，中国式现代化理论体系应运而生。

另一方面，中国式现代化是以人民为中心的现代化，被赋予了现代化的人民属性。这是中国式现代化与西方现代化最显著的区别。"现代化的最终目标是实现人自由而全面的发展。现代化道路最终能否走得通、行得稳，关键要看是否坚持以人民为中心。"③ 中国式现代化坚持发展为了人民，发展依靠人民，发展成果由人民共享。党的十八大以来，全面建成小康社会，顺利实现第一个百年奋斗目标，破除了困扰中华民族几千年的绝对贫困问题，中国在实现全体人民共同富裕的过程中建设中国式现代化。西方现代化是资本逻辑的现代化，坚持资本至上推行的西方现代化始终代表的是少数人的利益，不会真正惠及大多数人，更不会促进人的全面自由发展和社会全面进步。最终不是陷入两极分化的陷阱，就是深陷社会成员之间激烈的对抗而难以自拔。一些照搬西方模式的发展中国家，也没有解决好现代化中为什么人的问题，国家发展成为资本围猎的对象，即使有的接近过发达国家的门槛，也陷入"中等收入陷阱"，经济长期发展停滞，受困于两极分化。而有幸越过发达国家门槛的

---

① 习近平：《开辟马克思主义中国化新境界》，《求是》2023年第20期。
② 《马克思恩格斯选集》第1卷，人民出版社2012年版，第151页。
③ 习近平：《携手同行现代化之路——在中国共产党与世界政党高层对话会上的主旨讲话》，《人民日报》2023年3月16日。

一些国家,也在发展中不同程度上受制于西方国家特别是美国,政治上无法完全实现独立自主,成为西方依附体系的一部分,同样受制于资本主义现代化必然导致的贫富差距、政治斗争、社会分裂的影响。可见,只有在人民创造中生成的现代化,坚持现代化的人民性,其成果才能真正被人民所享有。

"我们处在一个充满挑战变化的时代,也处在一个充满希望的时代。"① 任何一个时代的发展,背后总是会蕴含着时代发展的逻辑。中国式现代化理论体系是用以观察时代的理论,也是反映时代的声音,具有划时代的理论品格。中国式现代化理论体系作为一个科学的整体,其所蕴含的历史的逻辑、理论的逻辑、实践的逻辑、文明的逻辑,统一于中国人民创造现代化发展的历史进程之中,让中国人民创造的现代化物质财富和精神财富,在推动中华民族走向复兴的同时,也在造福世界,为人类社会的存续和永续发展提供了新的契机。

在可以预知的未来,实现第二个百年奋斗目标,以中国式现代化全面推进中华民族伟大复兴是我们的中心任务。中华民族伟大复兴进入了不可逆转的历史进程。随着时代的不断发展,推动理论创新,要更加注重从人民群众中汲取前进的智慧和力量,人民性是马克思主义的本质属性,也是中国式现代化理论体系的本质属性。"中国式现代化是全体中国人民的事业,必须紧紧依靠人民,汇聚蕴藏在人民中的无穷智慧和力量,才能不断创造新的历史伟业。"② 中国式现代化理论体系也必然会在马克思主义中国化时代化的进程中,不断展现出其划时代的理论品格和理论创新新维度,为人类现代化事业,提供来自中国的理论成果和方案。

---

① 习近平:《汇聚两国人民力量 推进中美友好事业——在美国友好团体联合欢迎宴会上的演讲》,《人民日报》2023 年 11 月 17 日。

② 习近平:《在纪念毛泽东同志诞辰 130 周年座谈会上的讲话》,《人民日报》2023 年 12 月 27 日。

第三章　中国式现代化的文明底蕴
——习近平文化思想

习近平文化思想作为习近平新时代中国特色社会主义思想的文化篇章，其诞生于百年未有之大变局与中华民族伟大复兴战略全局激荡世界的时代背景下，代表了对人类未来发展深邃的文化思考，是党推进理论创新，并掌握强大真理力量的体现，具有划时代的思想品格，表明我们党的历史自信、文化自信达到了新高度，是用以观察时代、把握时代、引领时代的思想，是新时代的文化思想精华，彰显了指引中华民族伟大复兴战略全局，建设中华民族现代文明，创造人类文明新形态的新时代精神价值。在百年未有之大变局背景下，习近平文化思想的诞生，为世界范围内思想文化激荡的时代，指明了人类文明向何处去的时代价值，以宏阔的历史视野和世界关怀，在创造人类文明新形态的过程中，展示了中华民族现代化文明的独特时代魅力，彰显了中国式现代化的文明底蕴。

一、习近平文化思想表明我们的历史自信、文化自信达到了新高度

2023年10月7日至8日在北京召开的全国宣传思想文化工作会议上，首次提出了习近平新时代中国特色社会主义思想的文化篇——习近平文化思想，"标志着我们党对中国特色社会主义文化建设规律的认识达

到了新高度,表明我们党的历史自信、文化自信达到了新高度。"① 一方面,习近平文化思想彰显了新时代的思想品格。它深刻回答了中华文明这样一个古老的文明在走向现代化的过程中,如何实现自身优秀传统文化的创造性转化、创新性发展;它深刻回答了非西方国家如何独立自主地在坚持文化主体性的基础上走向现代化,摆脱对西方现代化文化的迷思;它深刻回答了摒弃西方现代化老路而走向人类现代化新路——中国式现代化进程中创造人类文明新形态,引领人类文明发展新未来的重大时代和历史课题。

另一方面,习近平文化思想也凸显了新时代思想价值。习近平文化思想全面反映了新时代十年文化建设上的显著成就,展示了全党全军全国各族人民文化自信显著增强的精神面貌。② 它是中国式现代化精神价值的体现,赋予中国式现代化以丰富的现代化精神内核;它是文明价值的体现,赋予中华文明和世界其他文明在现代化交流互鉴中展现出鲜明文化特性价值;它是人民文化创造者主体地位的体现,赋予新时代新文化以人民为中心的根本价值。

可以说,习近平文化思想是党推进理论创新,并掌握强大真理力量的体现,具有新时代思想品格与价值,表明我们党的历史自信、文化自信达到了新高度,是用以观察时代、把握时代、引领时代的思想,是新时代的文化思想精华,彰显了指引中华民族伟大复兴战略全局,建设中华民族现代文明,创造人类文明新形态的新时代精神价值。

二、习近平文化思想的思想品格

习近平文化思想是在百年未有之大变局,导致的世界范围内文化思想激荡和交锋,以及新时代中国特色社会主义伟大实践的时代背景下产

---

① 《习近平对宣传思想文化工作作出重要指示强调 坚定文化自信秉持开放包容坚持守正创新 为全面建设社会主义现代化国家 全面推进中华民族伟大复兴提供坚强思想保证强大精神力量有利文化条件》,《人民日报》2023年10月9日。
② 齐卫平:《习近平文化思想为实现新文化使命提供指南》,《中南民族大学学报(人文社会科学版)》2023年第11期。

生的,不但具有划时代的思想意义,而且彰显了新时代思想品格。马克思恩格斯曾经指出:"一切划时代的体系的真正的内容都是由于产生这些体系的那个时期的需要而形成起来的。"① 一个时代的思想,必然要反映一个时代的发展特征,并在引领这个时代的同时,指明人类走向未来的方向。这是时代赋予思想产生的使命,也是思想存在的时代品格所在。在东升西降大的世界格局转换,乌克兰危机持续影响,发达国家内顾倾向加剧等世界大变革的序幕徐徐拉开的时代背景下,人类社会向何处去?人类现代化向何处?在引发人类未来认知性问题的同时,新的思想文化激荡也必然会随着时代洪流滚滚向前而产生。

一方面,美国总统特朗普、阿根廷总统米莱等引领的资本主义极右翼民粹主义潮流崛起,与资本主义自由主义潮流的对抗持续激荡,代表资本主义世界意识形态的文化思想斗争持续,不但制造相关国家内部激烈的文化思想冲突和政治分裂对抗,同时也在制造国际文化思想对立,并持续输出动荡。人类文明的存续如果沿着这条道路走下去,既看不到未来,也看不到希望,更不会对"全球南方"的广大发展中国家带来任何的吸引力,只能证明西方发达资本主义国家更加自私的国家利益主义和经济民族主义的特征。另一方面,中国式现代化的成功实践,让世界各国,特别是"全球南方"国家看到了未来发展的希望和全新的选择,对于世界各国来说,中国发展经验已经从一个现象级的叙事,日渐转向一种全新的文明、文化级的存在,理解中国必然要从文明的层面加以感知,人类文明新形态,预示的不只是人类现代化发展未来的一种可能性,更是人类文明存续的可能。这些体现在习近平文化思想博大精深的深邃思考与总结之中,可以说习近平文化思想为世界谋求和平发展、实现人类可持续发展指明了道路。②

第一,习近平文化思想深刻回答了中华文明这样一个古老的文明在走向现代化的过程中,如何实现自身优秀传统文化的创造性转化、创新

---

① 《马克思恩格斯全集》第3卷,人民出版社1960年版,第544页。
② 牛喜平:《习近平文化思想的中华文明底蕴——以构建人类命运共同体为视角》,《深圳社会科学》2023年第6期。

性发展。很多非西方国家在走向现代化的过程中，面对西方现代化形成的强势话语设置，不是丧失对自身优秀传统文化的自信，就是盲目引入西方价值观和西方文化，在西方中心主义和文明优越论包裹下，对本国文化进行西化式的现代化改造，这不但开启了这些国家陷入意识形态混乱和社会动乱的大门，也失去了让本国优秀传统文化传承和激活现代化活力的可能性，从根本上失去了独立自主走向现代化的机会。在习近平文化思想的指引下，中国式现代化进程中，中华优秀传统文化不断实现创造性转化、创新性发展，使得"中国式现代化赋予中华文明以现代力量，中华文明赋予中国式现代化以深厚底蕴"。① 中华文明以现代化文明的形态展示在世人面前，显示出中华民族现代化文明的熠熠光辉。习近平文化思想扎根于中华大地，展示了深厚的历史底蕴与宏阔的世界视野。② 而且，中国这一经过实践检验的成功经验和路径，经过"全球文明倡议"的倡导，成为中国贡献给世界各国，特别是发展中国家优秀传统文化传承的重要智慧。在实现中华优秀传统文化创造性转化、创新性发展过程中，我们党创造性地提出了具有思想原创性贡献的"第二个结合"，即把马克思主义基本原理同中华优秀传统文化相结合，带来了又一次的思想解放。

第二，习近平文化思想深刻回答了非西方国家如何独立自主地在坚持文化主体性的基础上走向现代化，打破对西方现代化的文化迷思。文化主体性是一个国家和民族精神独立的根本前提和基础。一个国家、一个民族坚持文化主体性是有其内在的文明逻辑和行动逻辑的。只有在坚持文化主体性的基础上，才能实现真正的精神独立，守住文化根脉。

走自己的路不但是中华文明具有连续性这一突出特性的体现，也是百年来党奋斗得出的历史结论，是党的全部理论和实践立足点。这也奠定了走自己的路是中国走出中国式现代化道路的根本前提和保障，也决定了中华文明走自己的路不是故步自封的，而是对世界文明兼收并蓄的开放胸怀，在借鉴人类一切文明成果的基础上，让中华文明熠熠生辉。

---

① 习近平：《在文化传承发展座谈会上的讲话》，《求是》2023年第17期。
② 胡艺华：《准确把握习近平文化思想的鲜明特性》，《湖南社会科学》2024年第1期。

习近平总书记指出："如果没有中华五千年文明，哪里有什么中国特色？如果不是中国特色，哪有我们今天这么成功的中国特色社会主义道路？只有立足波澜壮阔的中华五千多年文明史，才能真正理解中国道路的历史必然、文化内涵与独特优势。"① 坚持中华文化的主体性对于我们守住文化的根脉，走自己的路开创中国式现代化事业，具有极其重要的历史逻辑、现实逻辑和实践逻辑。在一些非西方国家走向现代化的过程中，由于领导国家前进方向的精英要么被西方培养成其利益代言人，要么成为西方殖民统治的代理人，使得他们不可能坚持本国文化的主体性，成为精神不独立的代表和象征。即使在二战后，很多非西方国家摆脱殖民统治获得独立后，在追寻实现现代化的过程中，也以西方模式为模式，西方文化为范例，西方价值观为圭臬，以为只要照搬照抄就能快速走向西方现代化的发展道路，仿佛西方的现在就是自己的未来。实际上，在资本主义不能再通过扩大生产实现可持续积累，而进入以掠夺式积累为代表的新型帝国主义阶段，② 非西方国家以为自己在满怀希望拥抱西方现代化的时候，实际上成为了资本主义掠夺式积累的对象，不但丧失了本国文化的主体性，被置入了西方文化主体性的现代化，而且导致国家发展成为西方链条上的一个环节，成为依附性国家，再次沦为西方文化殖民和经济殖民的对象，彻底丧失了国家发展的独立性，精神上高度仰视西方，不但本国优秀传统文化创造性转化、创新性发展失去了可能性，而且也失去了走向现代化的机会，为社会动乱打开了大门。

正是在习近平新时代中国特色社会主义思想的引领下，党的十八大以来，我们党成功拓展和推进了中国式现代化事业，创造了人类文明新形态，为广大发展中国家走向现代化提供了一幅不同于西方现代化的新图景，为广大发展中国家坚持和巩固本国文化主体性，提供了可资借鉴的中国经验。

第三，习近平文化思想深刻回答了摒弃西方现代化文化迷思而走向人类现代化新路——中国式现代化进程中创造人类文明新形态，引领人

---

① 习近平：《在文化传承发展座谈会上的讲话》，《求是》2023年第17期。
② [美]大卫·哈维：《世界的逻辑》，周大昕译，中信出版社2017年版，第296页。

类文明发展新未来的重大时代和历史课题。人类现代化向何处去？人类文明向何处去？是当今时代绕不过去的时代课题、历史课题。而这背后深层次的历史逻辑实际上是从文化层面对人类未来的思考问题——人类社会作为一种文明可否延续？怎么延续？当今时代，战乱不止、纷争不断，国际社会和发达国家内部高度的意识形态化正在从文化层面分割世界、分裂人类社会，西方文明胁迫国际社会选边站队，一再搞"双标"的做法，西方仇恨政治的散播，都让人类社会的发展和存在不但面临近在眼前的生存危机，也面临精神枯竭的文化危机。西方的"普世价值"流行百年，没有给人类社会带来创造更高级文明跃升的机会和文化价值，带来的是工具化后的人类社会发展灾难。甚至在新自由主义崛起后，貌似在"自由主义"的狂飙中，人类社会在一种所谓的"最终制度"中走向"历史终结"，而且在"华盛顿共识"中迷惑了不少非西方国家，以为按照西方提供的药方就可以在"自由的终结"中走向现代化的成功，并产生绚烂的文化成果。但这些背后，实际上是西方帝国主义文化入侵在当代社会的新变种。哈姆、斯曼戴奇在《论文化帝国主义：文化统治的政治经济学》中指出，西方在将其价值观推向全球的过程中，不管是在早期西班牙、葡萄牙的殖民阶段，还是进入资本主义全球殖民时代，帝国主义的文明策略始终是它们的必然选择。这也可以说是一种文化帝国主义的表现，它"违背受众的自觉意愿而将文化包裹强加给他们"在文化帝国主义中还出现了新的角色，例如非政府组织现象，以及攫取第三世界灵魂的基督教改良策略"。①

面对裹挟而来强势的西方文化入侵，对于广大非西方国家来说，坚守"文化主权"，树立文化自信、历史自信，才能真正开辟迈向未来的属于本国、本民族独立自主的现代化之路。习近平文化思想的价值在于它是在中华民族探索实现现代化的过程中，中国人民独立自主探索出来的，走向现代化的文化自主之路的全部思想集成，这种思想集成属于中国人民创造精神成果的过程。同时，也深刻回答了具有同样经历和相似命运

---

① ［德］哈姆、［加］斯曼戴奇：《论文化帝国主义：文化统治的政治经济学》，曹新宇、攀淑英译，商务印书馆2015年版，第91页。

的广大发展中国家面临的共同的时代和历史课题。而在坚持走"新自由主义"之路40年之后，不但西方自身陷入了新自由主义的陷阱难以自拔，文化危机近在眼前，撕裂的西方民众在异化的资本主义文化面前，困顿于各种意识形态对抗之中，而这也给一些发展中国家带来了不利的发展后果。以资本为中心，秉持资本逻辑的西方文化必然服务于西方垄断资本攫取财富的需要。

在中国式现代化成功拓展和推进的基础上，习近平文化思想凸显了中国共产党人坚持胸怀天下的品格和中国人民、中华民族对全人类发展未来的文化关怀。中国倡导弘扬全人类共同价值，提出"全球文明倡议"，努力践行"全球发展倡议"，让人类社会共享中国发展机遇，搭乘中国发展便车，为世界分享更多中国发展的文化成果和经验。"中国式现代化，深深植根于中华优秀传统文化，体现科学社会主义的先进本质，借鉴吸收一切人类优秀文明成果，代表人类文明进步的发展方向。"[①] 中国式现代化在创造人类现代化新图景的同时，也在创造新的现代化文化图景。习近平文化思想无疑深刻回答了中国式现代化进程中创造人类文明新形态、引领人类文明发展新未来的重大时代和历史课题，具有惠及世界的文化价值和意义。

三、习近平文化思想的思想价值

习近平文化思想凸显了新时代精神价值的独特魅力。新时代精神价值蕴含于实现中华民族伟大复兴的梦想之中。这个梦想是近代百年以来中华民族最伟大的奋斗目标，也是党百年奋斗的目标所在。民族复兴离不开文化的复兴和文明的复兴。习近平文化思想指明了中华民族伟大复兴进程中实现中华民族文化复兴的前进道路、新时代文化强国建设的根本路径和新时代新征程新的文化使命。"习近平文化思想指明，建设文化强国是在新的历史起点上肩负起新的文化使命的重大任务，是全面建设

[①] 《习近平在学习贯彻党的二十大精神研讨班开班式上发表重要讲话强调 正确理解和大力推进中国式现代化》，《人民日报》2023年2月8日。

社会主义现代化国家不可或缺的重大战略任务。实践证明,现代化建设、强国建设与文化建设紧密关联。"①

第一,习近平文化思想是中国式现代化精神价值的体现,赋予中国式现代化以丰富的现代化精神内核。中国式现代化精神内核集中体现在"两个结合",特别是"第二个结合"之中。这是中国原创性、原生性的现代性文明力量的展现。实现这种现代化文明力量的展现,对于中国这样曾经经历半殖民、半封建历史的国家和民族来说,是极其不容易的。一是要突破传统文化带来的根深蒂固的影响,摆脱传统文化中落后、腐朽的内容对吸收人类一切先进文明成果的桎梏,进而提取出优秀传统文化,对其进行现代化的创造性转化、创新性发展,激活优秀传统文化的现代活力。二是坚持独立自主的精神内核,不被同化、不被洋化,坚守住文化自信、历史自信,唯有如此,才能缔造更加宏阔的文化发展空间,文明创造空间,也就是要守住根脉。根脉和魂脉的存在和结合,激活了中华文明的内生动力,在中国式现代化经济长期快速发展与社会长期稳定两大奇迹奠定的物质基础之上,自然结合为一个现代化的精神内核,驱动着中华民族现代文明复兴的动力,并在探索破除"中西古今之争"中,为各国优秀传统文化创造性转化、创新性发展,提供中国经验。

中国式现代化是全体人民共同富裕的现代化,这必然决定了中国人民在现代化进程中获取的现代化成果不但是物质富裕的,也一定是精神富足的,这不但与"仓廪实而知礼节"的传统文化相契合,也与社会主义的共享发展相一致。物质富裕与精神富足是相辅相成的,而这又内嵌于现代化的精神内核之中。习近平文化思想指引中国人民很好地跨越了西方现代化物质膨胀与精神萎靡的发展陷阱,让以资本为中心的精神内核,被以人民为中心的价值所取代,让现代化的文化力量真正被人民所享有,而不是成为少数人谋取财富的工具化手段。这就奠定了社会成员共同的精神信仰,进而奠定了社会成员团结的精神基础,避免了西方现代化导致社会成员分裂对抗的矛盾,凝聚起社会成员共同的文化追求和

---

① 方世南:《习近平文化思想指明新的文化使命》,https://www.cssn.cn/skgz/bwyc/202310/t20231020_5691566.shtml。

实现中华民族伟大复兴的梦想追求。这实际上也给西方国家解决自身现代化进程中的文化危机，发展中国家实现现代化进程中摆脱现代化精神内核的西方化提供了现实的范例。导致这一结果出现的根本原因，还是文化根脉和魂脉上出了问题，盲目引进西方理论，照搬西方模式，盲从"新自由主义"的药方，最终也失去了国家发展的主动权和主导权，精神价值的内核被西化所替换、所窃据，必然导致西方现代化弊病的输入，陷入文化信仰危机与冲突之中。

第二，习近平文化思想是文明价值的体现，赋予中华文明和世界其他文明在现代化交流互鉴中展现出鲜明文化特性价值。习近平文化思想是在新时代以中国式现代化全面推进中华民族伟大复兴的历史进程中产生的，不但深刻体现了中国式现代化作为人类文明新形态的现代文明价值，也深刻蕴含"第二个结合"互相成就结果而出的中华民族现代文明的价值。这在今天人类社会现代化大发展的时代背景下显现出中华文明鲜明的现代文化特性。

在现代化的进程中，中国坚持走自己的路，坚持独立自主的推进中国特色社会主义现代化，形成中国特色社会主义现代化文明。尽管现代化有着共同特征，但是由于各国历史、国情、文化等各自发展的背景不同，也让人类现代化大家庭中的成员各具特色，这成为世界不同文明之间相互交流和互鉴的基础。可以说，"一个国家选择什么样的现代化道路，是由其历史传统、社会制度、发展条件、外部环境等诸多因素决定的。国情不同，现代化途径也会不同。"[①] 社会主义的现代化锻造了中国式现代化摒弃西方现代化老路，创造超越资本主义现代化文明形态的底气，打破了"现代化＝西方化"的迷思，使得"现代化＝西方化"的西方文明中心论、优越论的叙事被打破，为各国独立自主的探索基于本国优秀传统文化的现代化，起到了思想解放的启示作用和引领作用，壮大了世界社会主义的发展力量，壮大了"全球南方"国家独立自主谋发展的文化力量。

习近平文化思想不但承载了中华民族文化复兴的希望，也是对中华

---

① 习近平：《中国式现代化是强国建设、民族复兴的康庄大道》，《求是》2023年第16期。

文明从古代走向现代化最深刻的总结、凝练和升华，它让一个古老的民族在经历了文明蒙尘和砥砺奋斗之后，在文化自信和历史自信中，为人类更好发展正在作出新的更大的历史贡献。

第三，习近平文化思想是人民文化创造者主体地位的体现，赋予新时代新文化以人民为中心的根本价值。人民群众是历史的创造者，在人民群众创造历史的过程中，不但创造出丰富的物质成果，也创造出璀璨的精神成果，人民群众是物质成果与精神成果的真正的创造者和真正的主人。习近平文化思想是对新时代人民群众历史创造成果的深刻总结，是马克思主义中国化时代化的文化篇章。不但体现了人民文化创造者主体地位，表明习近平文化思想是从人民伟大的精神成果创造中产生的时代精华。同时，也表明属于人民的文化思想，也一定是为人民所有的思想，是真正源自人民、属于人民的思想，奠定了习近平文化思想的人民属性，赋予新时代中国式现代化创造而生的新文化以人民为中心的根本价值。

人民的文化是习近平文化思想真正的价值体现所在。它不但是引领中国人民在中国式现代化征程中不断创造新文化的真理，而且伴随着中国式现代化创造人类现代化新选择、新路径的过程，更加具有惠及人类文化成果的意义，对于广大发展中国家在现代化进程中创造属于自己的新文化，属于自己人民的新文化，提供了科学的指南和可参考、可借鉴的路径。

四、习近平文化思想引领中华文明以现代文明的姿态走向复兴

面对西方 500 年现代化崛起形成的强势话语地位和比较优势，经过百年的奋斗，中国人民在中国共产党的领导下，经过几代人的接续努力、砥砺奋斗，付出了鲜血和生命铸就了今天的发展成就，成果得来不易。中华民族走向复兴不但是历史的必然，也已经进入了不可逆转的历史进程。而且，伟大的实践造就伟大的精神，在中国式现代化宏大而独特的实践创新中产生的习近平文化思想标志着我们党对中国特色社会主义文

化建设规律的认识达到了新高度。

习近平文化思想凝聚了中国人民精神财富创造的伟力。习近平文化思想奠定了中国人民团结奋斗中华民族伟大复兴共同的信仰基础，是当代中国人民精神文化价值最大的公约数和归一，也是中国式现代化伟大实践的文化篇章、文明成就的集中体现。习近平文化思想科学总结了百年来中国人民精神财富创造的经验和规律，对新时代文化建设的规律性内涵进行了创造性的思想总结，对于新时代实现全体人民共同富裕的过程中，建设全体人民精神富有的中国式现代化指明了方向，对于在新的历史起点上推动文化繁荣和复兴，推动中华民族现代文明建设提供了强劲的动力支撑。[1] "第二个结合"是习近平文化思想的核心要旨，体现了人民实践创造者的决定性作用与马克思主义普遍原理的真理性相统一的特性，"第二个结合"不但巩固了文化主体性，而且打开了创新空间，让我们掌握了思想和文化主动，为人民团结奋斗实现中华民族伟大复兴奠定坚实的思想基础。

习近平文化思想引领了现代化新文化的塑造。现代化的建设必然有现代化的文化与之相适应、相匹配。西方现代化几百年来，西方文化不是伴随着西方硬实力的提升成为文化殖民的工具，让东方从属于西方，便是以软实力为名在当代社会成为文化输入和侵略的代名词。通过西方文化的强势输出，甚至是以硬实力为后盾对其他国家直接文化侵略和改造，让西方现代化的文化展现出的不是一种真正代表人类现代化未来的文化，而成为颠覆、殖民、暴力、资本的代名词。甚至这种文化在西方社会内部也异化为物质主义膨胀之后的产物，人成为工业化中单向度的存在。因此，在中国式现代化成功拓展和推进的基础上，中国式现代化新文化成为摒弃西方现代化老路，创造现代化新路过程中诞生的新的现代化文化生命体和文明新形态。

习近平文化思想引领了这种现代化新文化的创造，它让现代化文化成为和平的文化。这不但来自中华民族和平性的突出特性，也来自中国

---

[1] 郑敬斌、陈艺璇：《习近平文化思想的理论、历史和实践逻辑》，《新疆师范大学学报（哲学社会科学版）》2024年第1期。

式现代化是和平发展现代化的深刻实践，更来自对世界人民在动荡的世界中渴求和平、期望和平的最真切的呼应。它让现代化文化成为文明交流互鉴的文化，文明不但可以美人之美而且可以美美与共。以习近平文化思想为指引，为世界文明百花园的姹紫嫣红做出中华民族更大的贡献，为人类对更好社会制度的探索，提供新的契机。它让现代化文化成为社会团结、精神富有的标志。现代化新文化是人类团结进步的标志，反映了物质富裕之后人类精神家园更加富有的人民美好生活向往的追求，摆脱了西方现代化文化物质至上的桎梏，为人的全面发展和社会全面进步提供了契机。

习近平文化思想创造了中华文明走向文化复兴的历史契机。习近平文化思想的产生有其历史逻辑，这种历史逻辑既贯穿了中华民族五千年来传承不辍的文明底蕴，彰显了中华民族优秀传统文化的历史底蕴，也贯穿了对人类进入文明史以来，一切优秀文明成果的借鉴和吸收。它是经历了近代百年蒙尘文明蒙尘之后，带领中国人民走向民族复兴伟业的中国共产党创造的社会主义新文化的具体呈现，"为实现中华民族伟大复兴、应对全球共同挑战提供了精神动力和战略指引"。[①] 习近平文化思想将一个古老民族经历现代化的洗礼形成的崭新的文明形态、文化生命以高度科学化、理论化、系统化的形态展示出来，为第二个百年奋斗目标历史阶段走向世界舞台中央的中华民族，带来了中华文明以现代文明的姿态走向复兴的历史机遇，创造了历史契机。

---

① 姚金艳、柳颖：《论习近平文化思想的原创性贡献》，《新疆师范大学学报（哲学社会科学版）》2024年第4期。

第四章　中国式现代化的独特文明观

——"全球文明倡议"

习近平总书记在文化传承发展座谈会上发表重要讲话，深刻阐明了中华文明的突出特性和"两个结合"，特别是"第二个结合"的重大意义。中国式现代化赋予中华文明以现代力量，中华文明赋予中国式现代化以深厚底蕴，这构成了中国式现代化独特文明观的文明基础和意涵，也成为了孕育于中国式现代化进程而产生的"全球文明倡议"蕴含的要义。作为中国的全球文明主张，"全球文明倡议"既是马克思主义基本原理同中华优秀传统文化相结合而形成的新文化——中国式现代化文化形态的体现，也传承了中华文明千年不辍的品格，体现了中华文明的突出特性。"全球文明倡议"是对西方资本主义文明观的摒弃和超越，是对西方中心论、文明冲突论、文明优越论等主张的否定，代表了人类文明进步的方向，为广大发展中国家在现代化进程中坚持本国优秀传统文化创造性转化、创新性发展提供了中国经验，为摆脱阵营对抗，促进文明对话和交流，提供了契机。"全球文明倡议"展现了中华民族现代文明的独特魅力。

习近平总书记在文化传承发展座谈会上强调指出："中国式现代化赋予中华文明以现代力量，中华文明赋予中国式现代化以深厚底蕴。中国式现代化是赓续古老文明的现代化，而不是消灭古老文明的现代化；是从中华大地长出来的现代化，不是照搬照抄其他国家的现代化；是文明更新的结果，不是文明断裂的产物。中国式现代化是中华民族的旧邦新命，必将推动中华文明重焕荣光。"① 事实上，"中国式现代化蕴含的独特世界观、价值观、历史观、文明观、民主观、生态观等及其伟大实践，是对世界现代化理论和实践的重大创新。"② 可见，中国式现代化的独特文明观既蕴含了中国式现代化赋予中华文明的现代力量意涵，彰显中华民族现代文明精神价值，也蕴含了中华文明赋予中国式现代化的深厚底蕴意涵，彰显中华文明的突出特性。这两方面共同构成了中国式现代化独特文明观的文明基础和意涵。

2023年3月15日，习近平总书记在中国共产党与世界政党高层对话会上首次提出"全球文明倡议"。③ "全球文明倡议"是中国向世界提出的又一重要国际公共产品。"全球文明倡议"体现中国式现代化独特文明观的文明基础和意涵，是中华民族现代文明的展示。作为中国的全球文明主张是马克思主义基本原理同中华优秀传统文化相结合而形成的新文化——中国式现代化文化形态的体现。可以说，"全球文明倡议"蕴含中国式现代化独特文明观意涵，成为中国式现代化文化形态这一有机统一的新的文化生命体的构成要件，成为面向全人类文明存续和发展的共同的、公共的中国主张。

一、对西方资本主义文明观及其全球文明主张的批判与反思

西方资本主义现代化孕育的西方现代文明在资本的裹挟下，尽管创造出了超越它出现之前世代的文明成果，特别是在工业革命的大发展之中，体现了促进人类社会发展进步的意义。然而，这些所谓的"文明成果"不但带着它们本国人民"血和泪"，也带着人类文明的"血和泪"。

西方资本主义文明观是一种一元化倾向的文明观，它以按照自己的

---

① 习近平：《在文化传承发展座谈会上的讲话》，《求是》2023年第17期。
② 《习近平在学习贯彻党的二十大精神研讨班开班式上发表重要讲话强调 正确理解和大力推进中国式现代化》，《人民日报》2023年2月8日。
③ 习近平：《携手同行现代化之路——在中国共产党与世界政党高层对话会上的主旨讲话》，《人民日报》2023年3月16日。

面貌为自己创造出一个世界为依归。马克思曾精辟地指出：资产阶级"它的商品的低廉价格，是它用来摧毁一切万里长城、征服野蛮人最顽强的仇外心理的重炮。它迫使一切民族——如果它们不想灭亡的话——采用资产阶级的生产方式；它迫使它们在自己那里推行所谓的文明，即变成资产者。一句话，它按照自己的面貌为自己创造出一个世界。"① 实际上，在"西方中心主义"和"资本逻辑"的影响下，西方资本主义的文明观，伴随着资本、坚船利炮、廉价的商品一起走向世界，成为西方"普世文明"同化、改造、消灭其他一切非西方文明和文化的理论基础。

此外，"西方式现代化在标榜所谓'普世价值'的同时奉行赤裸裸的'自我优先'，不仅使人类长期陷入文明冲突、两极分化、意识形态争端、生态危机等发展困局，而且加剧了当今世界的治理赤字、信任赤字、和平赤字、发展赤字。"② 一元化的文明观，必然带来的是文明的排他性和排斥性，必然带来的文明主张是"文明优越论""文明冲突论""文明中心论"，以此为基础的文明观不会实现人类文明的包容性发展，不会提出尊重世界文明多样性的主张，更不会让世界文明花园姹紫嫣红、百花齐放。

西方资本主义文明观蕴含"资本的逻辑"和"资本的思维"，是一种物化的文明，而非"每个人的自由发展是一切人的自由发展的条件"③ 的现代文明。这种文明是建立在资本至上基础之上的，资本有其"文明"的一面，但是更多的时候它是以"反文明"的面目在资本主义现代化的发展中出现的。

一方面，资本在西方国家内部与权力绑定，让权力为资本服务，为少数人服务，即使在西方社会内部进行一些带有进步意义的社会改革和政策调整，实际上也是为了满足资本和权力本身攫取利润和稳定统治的需要。恩格斯在分析英国工人阶级的状况时，即精辟地指出："工厂主们，尤其是那些最大的工厂主，就渐渐产生了一种新的想法。他们学会

---

① 《马克思恩格斯选集》第 1 卷，人民出版社 2012 年版，第 404 页。
② 刘志刚：《中西方现代化的不同逻辑起点、模式选择与价值追求》，《马克思主义研究》2023 年第 1 期。
③ 《马克思恩格斯选集》第 1 卷，人民出版社 1995 年版，第 294 页。

了避免不必要的纷争，默认工联的存在和力量，最后甚至发现罢工——发生的适时的罢工——也是实现他们自己的目的的有效手段。"① 所以说，"所有这些对正义和仁爱的让步，事实上只是一种手段，这种手段可以使资本加速聚集在少数人手中。"② 因此，那些看似给人以自由的所谓的资本主义社会中的言论、行为以及"法律面前人人平等"的自由，都只不过是满足资本维持其攫取财富和维持其统治秩序的工具，是一种资本化的、物化的自由，而不是真正的建立在人与人相互协作和全面自由发展共同体基础之上的自由。

这不可能从根本上给西方国家内部的人民带来真正的自由和民主，只能带来西方资本主义社会内部始终难以克服的剧烈的社会冲突、对抗、撕裂和意识形态斗争，以及难以摆脱的周期性的经济社会发展危机、两极分化的恶果和政治、经济、教育、社会等各种不平等对社会发展的侵蚀和消磨。可以说，"尽管当代西方主流政治哲学同样将公平正义问题作为关注的核心问题提了出来，并促成了关注分配正义问题的平等主义理论的兴起，但由于平等主义理论是以现代资本主义社会为制度框架基础而形成的，因而其实际上只能限于资本主义社会条件内部解决两极分化问题，而无法超越性地处理资本主义制度本身所造成的根本性不平等问题。"③ 可见，西方资本主义创造的文明观，从它内部发展情况来看即已日渐失去对它们本国人民的吸引力，更何况其他国家。移植西方现代化文明实现现代化，移植来的或许只能是社会的动荡和分裂，以及无休止的社会成员之间的激烈对抗。这既不会给本国优秀传统文化的传承创造机会，也不会实现真正的独立自主的发展，只能在中心—依附的西方中心论的叙事结构中，成为西方想要的依附性发展国家的模样，对于后发国家和这些国家的人民来说，也彻底丧失了实现真正现代化的机会。

另一方面，与资本绑定的权力，也成为西方资本在国际上谋取更多利益的工具和开路先锋，西方的"文明主张"只是达成这一目的的包装。

---

① 《马克思恩格斯选集》第 1 卷，人民出版社 2012 年版，第 67 页。
② 《马克思恩格斯选集》第 1 卷，人民出版社 2012 年版，第 67 页。
③ 董键铭：《从人的全面发展看社会主义对资本主义的超越》，《哲学研究》2023 年第 3 期。

"资产阶级,由于开拓了世界市场,使一切国家的生产和消费都成为世界性的了。"① 可见,当全球都随着资本主义的崛起成为一个资本包裹下的统一大市场的时候,西方社会内部的种种资本至上带来的弊端也就随着资本的扩张走向了世界,给世界带来了西方社会内部奉为圭臬的社会达尔文主义、文明优越论,以及在西方社会内部都没有真正实现,但是经过包装后向发展中国家兜售的文明主张。西方以武力、财力、软实力开路,为资本打开世界市场,撬开发展中国家的大门,西方资本主义文明包装下的这些主义、主张和观点,只不过是殖民时代对发展中国家掠夺手段的翻版,其实质依然是让发展中国家成为西方资本主义的附庸,成为西方所创造的有利于西方资本掠夺的"国际规则"和世界体系的附庸。因此,一个如同西方社会内部,不断制造冲突和混乱,散播文明冲突种子的世界,才更符合西方资本的利益,才是西方资本主义文明观的真实面目。这种文明观,不可能真正站在全人类的视角,形成全人类共同的价值体系,也不可能为一国文化繁荣和发展、走向现代化提供可能性和途径。它们的目的是在资本的同化中,创造自己面目的世界,并保持着绝对的文明优越感,推广它们的价值。当单纯的说教无用之时,打着"文明"旗号的暴力和入侵就成为西方资本掠夺发展中国家的不二选择。这种文明观带来的后果对人类文明的存续和发展来说是灾难性的。

西方资本主义文明观是一种帝国主义的文明观,它的"普世主义"(普世价值)从来都是维系西方霸权体系,框限后发国家的话语陷阱和政策工具。即使在广大发展中国家摆脱殖民统治走向民族独立以后,西方也没有一刻不是站在"教师爷"的位置,居高临下地对广大发展中国家指指点点、说三道四。"西方,特别是一贯富有使命感的美国,认为非西方国家的人民应当认同西方的民主、自由市场、权力有限的政府、人权、个人主义和法治的价值观念,并将这些价值观念纳入他们的体制。"② 它们天天挂在嘴边的西方价值观和生活方式,成为它们占据所谓"道义制高点""人权制高点""价值观制高点""民主制高点"的全部理论来源

---

① 《马克思恩格斯选集》第 1 卷,人民出版社 2012 年版,第 404 页。
② [美] 亨廷顿:《文明的冲突》,周琪等译,新华出版社 2017 年版,第 204 页。

第四章　中国式现代化的独特文明观——"全球文明倡议"

和文明观基础，但实质是帝国主义思维的呈现，霸权主义的做派。其典型话语和行为代表便是"双重标准"，也就是"双标"，它们可以说一套，做一套，但是当其他非西方国家不满足他们的利益需求或者突破他们的霸权规则，以求获得更公平的国际发展规则与待遇、展现出独立性的时候，他们的"双标"就会立刻展现出来。实际上，这种情况不是今天才出现，只不过西方的精英一直陷在西方优越的迷之自信中，早已忘却了时代已经发生改变，还沉浸于旧秩序的迷梦。事实上，被奉为西方思想巨匠的学者早就认识到："非西方人还会毫不犹豫地指出西方的原则及其行为之间的差距。坚持普世主义的代价，就是被指责为虚伪、实行双重标准和'例外'原则。"① 而且，"西方人眼中的普世主义，对非西方来说就是帝国主义。"② 西方普世主义中的"自由"，在"现今的资产阶级生产关系的范围内，所谓的自由就是自由贸易、自由买卖"。③ 绝不是像它们宣传的那样的自由，这仅仅是它们帝国主义扩张的说辞。

实际上，西方在将其价值观推向全球的过程中，不管是在早期西班牙、葡萄牙的殖民阶段，还是进入资本主义全球殖民时代，帝国主义的文明策略始终是它们的必然选择。这也可以说是一种文化帝国主义的表现，它"违背受众的自觉意愿而将文化包裹强加给他们"④，强加给广大非西方国家和人民。"资本逻辑主导建立了'落后从属于先进''边缘从属于中心''东方从属于西方'的世界秩序，创造了实际上属于西方某个特殊国家、特殊文明的所谓'普世价值'，并以之为基本观念垄断对道德和政治价值的解释权。"⑤ 即使是在第二次世界大战之后，西方看似比殖民时代表现得"文明"了一些，但是这也不可能从根本上掩饰它们文化帝国主义的本质，帝国主义的文明策略以一种变换了的方式出现，"文化帝国主义世界已经从工业主义时代带来的西班牙和葡萄牙人野蛮的大屠

---

① ［美］亨廷顿：《文明的冲突》，周琪等译，新华出版社2017年版，第204页。
② ［美］亨廷顿：《文明的冲突》，周琪等译，新华出版社2017年版，第204页。
③ 《马克思恩格斯选集》第1卷，人民出版社2012年版，第416页。
④ ［德］哈姆、［加］斯曼戴奇：《论文化帝国主义：文化统治的政治经济学》，曹新宇、张帆译，商务印书馆2015年版，第68页。
⑤ 董键铭：《从人的全面发展看社会主义对资本主义的超越》，《哲学研究》2023年第3期。

杀和教会分化的背信弃义，转变为当今全球化的世界同时向亚洲转移的进程。"然而，在这一转变的历程中，"在文化帝国主义中还出现了新的角色，例如非政府组织现象，以及攫取第三世界灵魂的基督教改良策略。"① 这种文明观在全球层面导致的必然结果，就是它始终是服务于西方全球扩张的工具，从根本上决定了搞文化霸权，把西方的价值观、政治体制强加于人，成为他们的自然选择。搞意识形态对抗，操弄从"冷战"到"新冷战"的话语叙事，并谋求地缘政治力利益，为资本逐利而不断开辟新的疆界，成为当今西方资本主义金融垄断资本集团的必然选择。西方资本主义的文明观成为它们的统治思想，成为占据统治地位的垄断资产阶级的精神力量。

可见，帝国主义文明观支配下的西方资本主义文明观无论从它的源头，还是外在行为表现，都不可能为全球层面的国际人文交流、全球文明对话创造条件，更不会允许非西方国家对他们兜售和说教的西方价值观说不。西方资产阶级"它使未开化和半开化的国家从属于文明的国家，使农民的民族从属于资产阶级的民族，使东方从属于西方"。② 这套体系和基于这套体系的规则，已经成了西方资产阶级的生存基础，没有这套体系，也就意味着它们统治时代的终结。从本质上讲，它们是不会允许挑战它们规则的国家出现，也不会允许出现非西方中心主义的现代文明观的出现，因为这意味着它们那套说教的崩溃，也意味着它们那套体系开启了行将就木之路。但是，历史的发展从来都不是以它们的意志为转移的，人类社会必然要走向新的现代化道路，创造新的人类文明形态，这已经是不可逆转的历史进程，也是广大非西方国家改变"东方从属于西方"历史局面的体现。乌克兰危机让世人看清，西方愈发不值得相信，它们的说教，愈发不值一提。

---

① ［德］哈姆、［加］斯曼戴奇：《论文化帝国主义：文化统治的政治经济学》，曹新宇、张帆译，商务印书馆2015年版，第91页。
② 《马克思恩格斯选集》第1卷，人民出版社2012年版，第405页。

二、"全球文明倡议"实现对西方全球文明主张的超越

"全球文明倡议"实现对西方全球文明主张的超越，其内涵广泛，代表人类文明发展未来，深度契合中华文明突出特性。

（一）中国式现代化成功实践开辟的人类现代化新图景，为"全球文明倡议"提出奠定坚实文明基础

西方资本主义文明观的产生和来源在很大程度上来自西方资本主义现代化道路的选择。这条道路从西方进入资本主义社会开始，便已经内嵌于西方现代化的进程中，并成为它的必然的宿命。马克思曾经指出："从封建社会的灭亡中产生出来的现代资产阶级社会并没有消灭阶级对立。它只是用新的阶级、新的压迫条件、新的斗争形式代替了旧的。"① 而且，"它使人和人之间除了赤裸裸的利害关系，除了冷酷无情的'现金交易'，就再也没有任何别的联系了。"② 可见，资本主义在它诞生之初，就已经表明它不可能代表人类未来的发展希望和前途。尽管"资产阶级在它的不到一百年的阶级统治中所创造的生产力，比过去一切世代创造的全部生产力还要多，还要大"③。但是，这也难以掩盖它自诞生以来给人类社会发展带来的灾难与破坏。以此为基础的西方资本主义文明观和全球文明主张，只能成为为资本牟利，为资产阶级奴役世界、获取超额利润的工具。实际上，"人类历史上没有一个民族、一个国家可以通过依赖外部力量、照搬外国模式、跟在他人后面亦步亦趋实现强大和振兴。那样做的结果，不是必然遭遇失败，就是必然成为他人的附庸。"④ "一些发展中国家照搬西方政治制度和政党制度模式，结果如何呢？很多国家

---

① 《马克思恩格斯选集》第1卷，人民出版社2012年版，第401页。
② 《马克思恩格斯选集》第1卷，人民出版社2012年版，第403页。
③ 《马克思恩格斯选集》第1卷，人民出版社2012年版，第405页。
④ 《中共中央关于党的百年奋斗重大成就和历史经验的决议》，人民出版社2021年版。

陷入政治动荡、社会动乱、人民流离失所。"① 成为西方资本主义价值观和文明观实践的活生生的失败例子，不但给本国人民带来的沉重灾难，而且也丧失了进入现代化的机遇，教训极其深刻。

中国式现代化在实践和发展过程中，摒弃了西方现代化的老路，创造了基于中国式现代化实践产生的人类文明新形态，中国式现代化本身即是人类文明新形态的构成。习近平总书记指出："我们党领导人民不仅创造了世所罕见的经济快速发展和社会长期稳定两大奇迹，而且成功走出了中国式现代化道路，创造了人类文明新形态。这些前无古人的创举，破解了人类社会发展的诸多难题，摒弃了西方以资本为中心的现代化、两极分化的现代化、物质主义膨胀的现代化、对外扩张掠夺的现代化老路，拓展了发展中国家走向现代化的途径，为人类对更好社会制度的探索提供了中国方案。"② 可见，中国式现代化成功拓展和推进，创造了不同于西方现代化路径的新路，也创造了不同于西方现代化道路所含有的新的世界观、价值观、历史观、文明观、民主观和生态观。中国式现代化创造了人类文明新形态，蕴含了新的独特的文明观，摒弃了西方现代化以资本为中心的文明观，为人类文明发展和存续提出了来自中国的实践方案和现实选择。从某种意义上说，"中国式现代化以其独特的本土性立场、崭新的内容和形式，丰富和发展了世界现代化理论体系，在改写世界现代化版图的同时终结了现代化问题上的'文明冲突论''历史终结论'等西方谬论。"③

中国式现代化打破了"现代化＝西方化"的迷思，走出了一条不同于西方现代化道路的崭新路径，为广大发展中国家独立自主的探索适合本国国情的现代化发展新路，走向现代化文明提供了全新选择。"全球文明倡议"的提出来自中国式现代化的成功推进和拓展。"中国式现代化作为人类文明新形态，与全球其他文明相互借鉴，必将极大丰富世界文明

---

① 《习近平关于防范风险挑战、应对突发事件论述摘编》，中央文献出版社2020年版，第31页。
② 习近平：《以史为鉴、开创未来 埋头苦干、勇毅前行》，《求是》2022年第1期。
③ 刘志刚：《中西方现代化的不同逻辑起点、模式选择与价值追求》，《马克思主义研究》2023年第1期。

百花园。"①

"全球文明倡议"倡导"四个共同",即"共同倡导尊重世界文明多样性""共同倡导弘扬全人类共同价值""共同倡导重视文明传承和创新""共同倡导加强国际人文交流合作"。② 中国的全球文明主张如同中国式现代化道路摈弃了西方现代化老路,同样摒弃了西方文明观的陈旧、腐朽观点,代表了人类文明发展进步的力量。中国共产党作为中国式现代化进程的领导核心,其所秉持的坚持胸怀天下的原则,为人类新全球文明主张的提出发挥了中流砥柱的作用,中国不但坚持"美人之美,美美与共"的人类文明主张,而且始终尊重世界文明多样性,以文明交流超越文明隔阂、文明互鉴超越文明冲突、文明共存超越文明优越。可见,中国式现代化在几十年时间走完西方发达国家几百年走过的工业化历程,创造的经济快速发展和社会长期稳定的奇迹,累积的物质文明与精神文明成果,在为人类未来描绘新的发展图景,为人类文明绘就新的发展未来的同时,为代表人类文明进步力量,超越西方资本主义文明观的全新人类文明主张的提出,提供了契机、可能,奠定了文明的基础。

(二)"全球文明倡议"蕴含中国式现代化独特文明观意涵,含有中华文明赋予中国式现代化的深厚底蕴,彰显中华文明的突出特性

习近平总书记在文化传承发展座谈会上科学总结了中华文明的突出特性。中华文明具有突出的连续性、突出的创新性、突出的统一性、突出的包容性和突出的和平性。这五个方面的中华文明突出特性,体现了中华文明发展的独特性,赋予了中国式现代化深厚的中华文明底蕴,构成了中国式现代化独特文明观的底色,也成为"全球文明倡议"的底色。"全球文明倡议"的核心内容深受中华文明突出特性的影响,与西方资本主义现代化文明观的排他性、自我性、扩张性、优越性有着本质的区别。

"全球文明倡议"是中国独立自主提出的面向人类文明存续发展的中

---

① 习近平:《携手同行现代化之路——在中国共产党与世界政党高层对话会上的主旨讲话》,《人民日报》2023年3月16日。
② 习近平:《携手同行现代化之路——在中国共产党与世界政党高层对话会上的主旨讲话》,《人民日报》2023年3月16日。

国文明主张，彰显了中华文明连续性的突出特性，是中国坚持走自己的路，独立自主、自信自立的生动体现。

"中华文明具有突出的连续性，从根本上决定了中华民族必然走自己的路。"① 正是中华文明的这一突出特性，构成了中国共产党带领中国人民在革命、建设、改革开放、中国特色社会主义新时代等不同时期坚定走自己道路的文明底蕴。"独立自主是中华民族精神之魂，是我们立党立国的重要原则。走自己的路，是党百年奋斗得出的历史结论。党历来坚持独立自主开拓前进道路，坚持把国家和民族发展放在自己力量的基点上，坚持中国的事情必须由中国人民自己作主张、自己来处理。"② 我们能提出"全球文明倡议"这样独立的、超越西方资本主义文明观的主张，关键在于中华文明连续性这一突出特性积淀的中华民族必然走自己道路的文明底蕴。它让中国人民在中国共产党的领导下，在走向现代化的过程中，始终坚持独立自主，不但在精神上传承了中华文明千年不辍的独立品格，摆脱了裹挟西方现代化优势而强势渗透的西方价值观影响，坚持了文化自信、历史自信，没有沦为西方现代化精神依附、西方文明植入性主导的附属品，而且在自信自立中勇于吸收、借鉴人类一切优秀文明成果，在守正创新中让中华文明在现代化建设中焕发出新的生机和活力，创造出新的人类文明形态。走自己的路、坚持独立自主，是中国能够提出不依附于西方，而立足于全人类根本利益的人类文明主张的根本前提，这也是中国在建设现代化的过程中，没有成为西方资本主义"中心—依附"叙事下，依附性国家的根本前提。中国提出"全球文明倡议"本身就是在创造历史，创造广大发展中国家独立自主走向现代化，尊重文明多样性的历史。习近平总书记指出："对历史最好的继承，就是创造新的历史；对人类文明最大的礼敬，就是创造人类文明新形态。"③ 我们党领导人民以百年奋斗深刻改变了近代以后中华民族发展的方向和进程，

---

① 《习近平在文化传承发展座谈会上强调 担负起新的文化使命 努力建设中华民族现代文明》，《人民日报》2023年6月3日。
② 《中共中央关于党的百年奋斗重大成就和历史经验的决议》，人民出版社2021年版。
③ 《新的文化使命——从"第二个结合"看努力建设中华民族现代文明》，《人民日报》2023年6月5日。

第四章　中国式现代化的独特文明观——"全球文明倡议"

深刻改变了中国人民和中华民族的前途和命运，深刻改变了世界发展的趋势和格局，也深刻改变了人类现代化文明建设和发展的图景，描绘了人类文明存续和发展的新图景，不同于西方资本主义文明的新文明图景。"全球文明倡议"具有重大历史、现实和人类文明发展的实践意义。

"全球文明倡议"的"四个共同"彰显了中华文明的突出特性，其核心要义中的"共同倡导尊重世界文明多样性""共同倡导弘扬全人类共同价值"深度契合中华文明突出的包容性、突出的和平性，是一个古老文明传承不辍的包容、和平的文明品格在现代社会的具现，更是中华民族现代文明包容、和平精神价值的呈现。

"全球文明倡议"，"共同倡导尊重世界文明多样性，坚持文明平等、互鉴、对话、包容，以文明交流超越文明隔阂、文明互鉴超越文明冲突、文明包容超越文明优越。"① 其与中华文明具有的包容性突出特性深度契合，这也是其提出的重要文明基础。因为"中华文明具有突出的包容性，从根本上决定了中华民族交往交流交融的历史取向，决定了中国各宗教信仰多元并存的和谐格局，决定了中华文化对世界文明兼收并蓄的开放胸怀。"② "文明是包容的，人类文明因包容才有交流互鉴的动力。"③ 事实上，"中华文明是在同其他文明不断交流互鉴中形成的开放体系。从历史上的佛教东传、'伊儒会通'，到近代以来的'西学东渐'、新文化运动、马克思主义和社会主义思想传入中国，再到改革开放以来全方位对外开放，中华文明始终在兼收并蓄中历久弥新。"④ 几千年来，中华文明秉持包容性的突出特性，与世界各大文明平等交流、包容互鉴。例如，中华文明与各大文明共同开创的"丝绸之路"，实现从长安到罗马的古代文明交流互鉴的盛世，世界文明多样性在相互尊重中繁荣发展。今天，"一带一路"倡议令"丝绸之路"再次复兴，其所带来的文明交流的盛

---

① 习近平：《携手同行现代化之路——在中国共产党与世界政党高层对话会上的主旨讲话》，《人民日报》2023年3月16日。
② 《习近平在文化传承发展座谈会上强调担负起新的文化使命 努力建设中华民族现代文明》，《人民日报》2023年6月3日。
③ 习近平：《论坚持推动构建人类命运共同体》，中央文献出版社2018年版。
④ 《习近平谈治国理政》第3卷，外文出版社2020年版，第471页。

况，尊重世界文明多样性价值的传播，不但让西方中心论阻隔的文明交流被彻底摒弃，也让文明冲突、文明优越等论调在广大发展中国家崛起的过程中，终被人类文明发展和繁衍的正确历史所终结。

"全球文明倡议"，"共同倡导弘扬全人类共同价值，和平、发展、公平、正义、民主、自由是各国人民的共同追求，要以宽广胸怀理解不同文明对价值内涵的认识，不将自己的价值观和模式强加于人，不搞意识形态对抗。"① 这一主张与中华文明和平性的突出特性高度契合。"中华文明具有突出的和平性，从根本上决定了中国始终是世界和平的建设者、全球发展的贡献者、国际秩序的维护者，决定了中国不断追求文明交流互鉴而不搞文化霸权，决定了中国不会把自己的价值观念与政治体制强加于人，决定了中国坚持合作、不搞对抗，决不搞'党同伐异'的小圈子。"②

"中华民族的血液中没有侵略他人、称王称霸的基因。"③ 习近平站在全人类共同价值最大共识和最大公约数的高度，提出的这一主张，更加具有文明的信服力和现实的国际感召力。与西方相比，对外侵略扩张不存在于中华民族的基因之中，"中国从一个积贫积弱的国家发展成为世界第二大经济体，靠的不是对外军事扩张和殖民掠夺，而是人民勤劳、维护和平。"④ 而且，中国式现代化是走和平发展道路的现代化，与西方对外侵略扩张、殖民掠夺的现代化有着本质的区别。此外，全人类共同价值是人类不同文明共同的、共通的价值归依，与"普世价值"的强加于人，以及其代表的西方文明优越论所强调的世界文明单一性，否定世界文明多样性的价值观倾向也有着本质的不同。事实上，"'普世文明'本质上是西方资本主义的文明形态，是西方现代化道路的历史产物，将其

---

① 习近平：《携手同行现代化之路—在中国共产党与世界政党高层对话会上的主旨讲话》，《人民日报》2023年3月16日。
② 《习近平在文化传承发展座谈会上强调 担负起新的文化使命 努力建设中华民族现代文明》，《人民日报》2023年6月3日。
③ 习近平：《在庆祝中国共产党成立100周年大会上的讲话》，人民出版社2021年版，第16页。
④ 习近平：《共同构建人类命运共同体》，《求是》2021年第1期。

视作全人类普遍的文明形态仅仅只是意识形态与概念上的幻象。"① 用全人类共同价值取代到处招摇的"普世价值"是人类文明发展的必然。世界文明花园是各种文明精华的集合，不是一种文明改造其他文明，更不是只保留一种文明、一个声音的人类花园。"人类只有肤色语言之别，文明只有姹紫嫣红之别，但绝无高低优劣之分。认为自己的人种和文明高人一等，执意改造甚至取代其他文明，在认识上是愚蠢的，在做法上是灾难性的！"② 亲仁善邻、协和万邦是中华文明一贯的处世之道，这也是全人类共同价值自提出以来，得到国际社会广泛响应，中国在当今国际社会获得崇高威望的根本原因。

（三）"全球文明倡议"含有中国式现代化赋予中华文明的现代力量意涵，彰显中华民族现代文明精神价值，体现中华文明创新性的突出特性

"全球文明倡议"倡导重视文明传承和创新，实际上这也是中华文明在现代化进程中走向文明复兴，孕育出中华民族现代文明的关键。"中国式现代化是人口规模巨大、全体人民共同富裕、物质文明和精神文明相协调、人与自然和谐共生、走和平发展道路的现代化，既基于自身国情、又借鉴各国经验，既传承历史文化、又融合现代文明，既造福中国人民、又促进世界共同发展，是我们强国建设、民族复兴的康庄大道，也是中国谋求人类进步、世界大同的必由之路。"③ 在西方资本主义环伺，西方资本主义文明观、价值观为代表的意识形态强势推广，西方国家甚至以武力胁迫、直接推动的背景下，对于非西方国家来说，如何推动本国优秀传统文化在现代化进程中被激活，实现创造性转化、创新性发展，成为其必须要回答的问题。实际上，对于很多发展中国家而言，面对西方现代化所带来的强大意识形态渗透，有的被西方文明优越论所俘获，迷

---

① 项久雨：《世界变局中的文明形态变革及其未来图景》，《中国社会科学》2023 年第 4 期。
② 习近平：《习近平谈治国理政》第 3 卷，外文出版社 2020 年版，第 468 页。
③ 习近平：《携手同行现代化之路——在中国共产党与世界政党高层对话会上的主旨讲话》，《人民日报》2023 年 3 月 16 日。

失了自我，陷入不断自我否定本国优秀传统文化、文化自信不断丧失的怪圈。为这些国家沦为西方资本资本主义世界体系依附与半依附国家，在本国做了思想和价值观上的准备。可见，"如果没有自己的精神独立性，那政治、思想、文化、制度等方面的独立性就会被釜底抽薪了。"① 而很多非西方国家在走向现代化的进程中，最终丧失了精神的独立性，被西方"普世价值"所迷惑，最终也丧失了走向现代化发展的动力和前景。

中国在走向现代化的进程中，始终坚持守正创新，不断以中国式现代化的新发展赋予中华文明以现代力量。在把马克思主义基本原理与中国具体实际相结合的同时，同中华优秀传统文化相结合。马克思主义基本原理与中华优秀传统文化相结合的过程中，不但让马克思主义成为中国的，也让中华优秀传统文化成为现代的，在中国式现代化进程中激活了古老中华文明，形成中华民族现代文明的新文化形态。习近平总书记指出："如果没有中华五千年文明，哪里有什么中国特色？如果不是中国特色，哪有我们今天这么成功的中国特色社会主义道路？"② 中国共产党坚持以马克思主义为指导，不断发展面向现代化、面向世界、面向未来的，民族的科学的大众的社会主义文化，实现了中华传统文化有史以来最为广泛而深刻的改造，为当代中国文化发展注入了新的强大活力，铸就了中华文明新辉煌。中国这一成功实践经验，为广大非西方国家独立自主的走向现代化过程中探索如何保持精神独立、如何实现本国优秀传统文化的复兴和赋予现代化的特质，提供了一条路径。这也成为中国始终保持独立自主，走自己的路实现现代化的精神内核所在。因此，在中国式现代化创造人类文明新形态成功实践的基础上，在涉及人类文明前途命运的"全球文明倡议"中，中国提出"共同倡导重视文明传承和创新，充分挖掘各国历史文化的时代价值，推动各国优秀传统文化在现代

---

① 《习近平关于防范风险挑战、应对突发事件论述摘编》，中央文献出版社2020年版，第37页。

② 任仲平：《增强实现中华民族伟大复兴的精神力量——深入学习领会习近平总书记在文化传承发展座谈会上重要讲话精神》，《人民日报》2023年6月4日。

化进程中实现创造性转化、创新性发展。"①"共同倡导重视文明传承和创新"不但体现了赋予优秀传统文化现代力量的意涵，也是中华文明创新性突出特性的体现。"中华文明具有突出的创新性，从根本上决定了中华民族守正不守旧、尊古不复古的进取精神，决定了中华民族不惧新挑战、勇于接受新事物的无畏品格。"②

中国的经验说明，"每一种文明都延续着一个国家和民族的精神血脉，既需要薪火相传、代代守护，更需要与时俱进、勇于创新。"③ 一个国家，特别是后发国家在实现现代化的过程中，必然要经历本国优秀传统文化与现代化文化的转化与发展的问题。如果在文化上、文明上陷入西方现代化文明优越论引发的不断文化自我否性的怪圈，那也就丧失了走向现代化坚持独立自主发展道路的精神支撑和信仰。蕴含在"全球文明倡议"中的中国主张，彰显了中国式现代化独特的文明观，体现在走自己路的文明价值之中，体现在坚持中华优秀传统文化的创造性转化与创新性发展中。中国式现代化给出了发展中国家实现本国优秀传统文化在现代化进程中实现创造性转化、创新性发展的一条中国经验。

"全球文明倡议"倡导加强国际人文交流合作，这不但是对西方文明对抗、文明冲突主张的直接否定，也深度契合世界各国主张文明对话交流的历史潮流，是中华文明千年文明交流历史精神被赋予中国式现代文明力量的全新展现。"中华文明是在中国大地上产生的文明，也是同其他文明不断交流互鉴而形成的文明。"④"全球文明倡议""共同倡导加强国际人文交流合作，探讨构建全球文明对话合作网络，丰富交流内容，拓展合作渠道，促进各国人民相知相亲，共同推动人类文明发展进步。"⑤ 在当前世界百年未有之大变局加速演化，西方发达国家为转移国内矛盾，

---

① 习近平：《携手同行现代化之路——在中国共产党与世界政党高层对话会上的主旨讲话》，《人民日报》2023年3月16日。
② 《习近平在文化传承发展座谈会上强调 担负起新的文化使命 努力建设中华民族现代文明》，《人民日报》2023年6月3日。
③ 习近平：《论坚持推动构建人类命运共同体》，中央文献出版社2018年版，第82页。
④ 习近平：《论坚持推动构建人类命运共同体》，中央文献出版社2018年版，第78页。
⑤ 习近平：《携手同行现代化之路——在中国共产党与世界政党高层对话会上的主旨讲话》，《人民日报》2023年3月16日。

制造新的国际对立、冲突，以高频度激进加息制造发展中国家新的发展困境，人类社会发展进程再次面临曲折起伏之时。中国的这一主张，代表了积极正义的文明力量，站在了历史正确的一边。当前，西方正加紧利用乌克兰危机带来的世界变乱交织的变化，胁迫世界各国选边站队，妄图通过乌克兰危机再次强化西方中心论，从而强化业已走向衰落和动摇的西方霸权，特别是美国霸权。今天，"西方现代化模式的制度性弊端愈发凸显，西方主导的资本主义文明形态受到越来越多的质疑，经济、军事实力以及对世界秩序掌控能力的下降，甚至引发了西方社会内部的文明焦虑和自我认同危机。"① 制造如同冷战时期国际社会成员间再次以西方文明、价值观搞意识形态划界和对立，搞西方和非西方的阵营对抗，对它们才是最有利的。但是，对广大发展中国家来说，结果却是灾难性的。广大发展中国家有再次被裹挟入西方制造的非正义冲突的危险，有再次成为西方垄断资产阶级转嫁危机和矛盾对象的危险。因而，中国此时提出"全球文明倡议"倡导加强国际人文交流合作的主张，是深刻回答百年未有之大变局中世界之问、人民之问、时代之问，给出的中国答案。

中国的主张，代表了全人类的共同利益，也代表了不愿被西方胁迫、不愿意陷入阵营对抗，一心谋求实现现代化，求和平、求稳定、谋发展的广大发展中国家和人民的共同利益和心声。"中华民族在走向复兴的过程中创造人类文明新形态，在为解决全球性问题提供合理方案的同时彰显了新的世界精神。"② 时代发展到今天，世界格局尤其是世界力量格局正在向着有利于发展中国家的方向转变。发展中国家有权利向西方制造的混乱说不，更有权利提出自己议事日程上的主张。实际上，探讨构建全球文明对话合作网络，促进各国人民相知相亲，共同推动人类文明发展进步，就是要从根本上消弭西方制造的意识形态对立，鼓励不同文明之间加强对话和理解，共同构建人类命运共同体。可见，"在世界历史进

---

① 刘志刚：《中西方现代化的不同逻辑起点、模式选择与价值追求》，《马克思主义研究》2023年第1期。
② 臧峰宇：《中国式现代化的文明底蕴及其世界历史意义》，《哲学研究》2023年第1期。

程中超越西方现代性危机，中国式现代化的实践创造体现了以平等、互鉴、对话、包容的文明观理解一切先进文明的价值内涵，从中彰显了和而不同的文化精神与和谐共存的人类命运共同体意识，坚持求同存异、合作共赢，倡导在人类文明的制高点上构建新型国际关系格局。"① 中国的主张是光明磊落的，也是变乱交织中引导世界向善的和平的文明发展力量。

三、中国式现代化创造人类文明新形态

自西方开启资本主义现代化以来，对于晚于西方开启现代化的很多国家和民族来说，特别是对于很多古老的文明来说，如何处理西方文明与本国传统文化之间的关系，就成了摆在很多后发国家现代化道路上的一个重要的历史性课题。在西方资产阶级按照它的面目改造和塑造世界的过程中，很多国家和民族丧失了发展的独立性，即使在第二次世界大战后，世界范围内去殖民地化，民族独立和解放运动兴起之后，很多发展中国家在获得独立的同时，一瞬间又重新掉入了西方资本主义编织的"文明陷阱"的大网之中。从此不是失去了探索和追求独立自主现代化的精神，就是陷入停滞不前的状态，沦为西方垄断资产阶级全球产业分工的下游和附属，在产业上也彻底丧失了走向工业化的前提和条件，进而丧失了迈向现代化的可能性。

中国能从具有相似命运和经历的国家中脱颖而出，走出了中国式现代化道路，创造了人类文明新形态，让古老的中华文明在中国式现代化赋予的现代力量中以中华民族现代文明的形态于中华大地破茧而出，熠熠生辉。其原因有很多，但是关键在于在中国共产党的领导下始终坚持走自己的路，走中国特色社会主义之路。"一个国家走向现代化，既要遵循现代化一般规律，更要符合本国实际，具有本国特色。"② 在中国式现

---

① 臧峰宇：《中国式现代化的文明底蕴及其世界历史意义》，《哲学研究》2023 年第 1 期。
② 《习近平在学习贯彻党的二十大精神研讨班开班式上发表重要讲话强调 正确理解和大力推进中国式现代化》，《人民日报》2023 年 2 月 8 日。

代化进程中，中国共产党始终把马克思主义基本原理同中国具体实际、同中华优秀传统文化相结合，"第二个结合"是又一次的思想解放。经过长期努力，今天我们比以往任何一个时代都更有条件破解"古今中西之争"、建设中华民族现代文明，让中国能够在更广阔的文化空间中，充分运用中华优秀传统文化的宝贵资源，探索面向未来的理论和制度创新。

在中国式现代化进程广阔的发展视野中，其所展现的独特文明观，为全球性文明倡议的提出奠定了宏阔的视野和文明基础。"中国式现代化，深深植根于中华优秀传统文化，体现科学社会主义的先进本质，借鉴吸收一切人类优秀文明成果，代表人类文明进步的发展方向，展现了不同于西方现代化模式的新图景，是一种全新的人类文明形态。"[①] "全球文明倡议"开辟了人类社会文明发展的新前景，提出了超越和迥异于西方资本主义文明观的人类现代化文明发展新主张。在西方资本主义按照它自己的面目改造世界几百年后的今天，它们对人类文明发展和繁荣所做的贡献，也日渐消磨殆尽。乌克兰危机、巴以冲突不但让它们自己摧毁了它们自己自诞生以来天天挂在嘴边的那些主义、原则、主张，而且也让它们自己迷之自信的那些用来要挟发展中国家的那些"文明话语"日益破产。妄图用意识形态、阵营对抗的老办法为西方文明的霸权秩序续命，也更加显示出它们内心的焦虑、脆弱和失去自信。已经觉醒的人们，断不会允许它们再走回头路，尽管它们的力量依然强大，但是它们越是逆历史潮流而动，它们那一套破产的速度也会更快。"全球文明倡议"源自中国，属于世界，它所蕴含的主张和观点，体现了中华民族、中华文明对世界其他国家和民族的同理心，它是焕发了新的生机与活力的中华民族现代文明的体现，必然会为人类文明花园姹紫嫣红做出贡献，为人类文明存续发展提供全新契机。

---

① 《习近平在学习贯彻党的二十大精神研讨班开班式上发表重要讲话强调 正确理解和大力推进中国式现代化》，《人民日报》2023年2月8日。

四、构建更加紧密的人类命运共同体

中国是现代化对当今世界发展的观点和看法进行了深刻的回答，集中表达了面对人类发展共同挑战如何应对的中国方案和中国经验，针对处于百年未有之大变局中的人类社会，面对"向何处去"这一难题，提出了清晰的中国主张。

各国利益休戚相关、命运紧密相连。当今世界正在经历百年未有之大变局。百年内，人类一直在思考自身存在的能力与价值。百年内，先后发生的两次世界大战，不但给人类社会带来了巨大的伤痛，也带来了难以弥补的以生命为代价的损失。正是在吸取教训的基础上，人类团结起来，以团结为名共同缔造了联合国。联合国成立以来，在促进人类团结合作、共同应对全球挑战、加强全球发展平衡、形成全球治理规则、塑造专业化的全球协同机制发挥了难以替代的枢纽作用。

但是，以联合国为核心的国际机制和全球治理体系也时常受到各种干扰。单边主义、强权政治、大国霸权、新干涉主义凡此种种不断地侵蚀以联合国为核心的全球多边治理机制，而且对涉及人类共同命运前途、生存危机的气候变化、公共卫生危机等全球性课题与挑战，有人非但不参与全球合作、协同治理，反而采取以意识形态划线、冷战思维、零和博弈的形式加以处理，增加了全球性挑战处理的难度。

事实表明，联合国成立以来，人类社会发展的成就超过了以往，取得了突飞猛进的进展，但是人类社会的发展也从来没有像今天这样脆弱，气候变化引发的生存危机时刻警醒人们，人类必须进行自我革命、绿色革命，只讲索取不讲投入、只讲发展不讲保护、只讲利用不讲修复的老路，已经到了难以为继，且必须改变的时候了。地球是一个完整的整体，地球上的人类在面对共同的发展挑战与危机面前，团结合作尚难以应对，更何况出现分裂的情况。在地球上，没有谁可以独善其身于外，从长远未来发展来看，在没有发现另一个适宜居住的星球，在人类的技术没有发展到可以移民到另一个可以居住的适宜星球之前，地球是人类唯一的赖以生存的家园。人类是你中有我、我中有你，彼此密不可分的命运共同体，疫情对各国都是一次大考，大考表明人类必须更加紧密地团结起来，以应对各种风险和挑战，构建更加紧密的人类命运共同体。

以团结、协作实践全人类共同价值。百年未有之大变局的时代演变要求人类社会必须团结协作、实践全人类共同价值。这一变局是人类命运更加紧密相连、国际力量对比更加均衡的变局；是新机遇与挑战并存，面对发展的十字路口合作还是对抗、开放还是封闭、互利共赢还是零和博弈，人类社会下一步往何处去的变局；是中华民族摆脱近代百年屈辱命运，经历站起来、富起来，走向强起来迎接民族复兴曙光美好未来的变局；是人类发展面临新的重大社会发展与价值观重构的变局。

面对这一变局，联合国如同其名，应重在"联合"，联合即团结，联合即合作，联合即命运相依、携手以共。促进国际合作是联合国成立的初衷，也是联合国宪章重要宗旨。要以对话代替冲突，以协商代替胁迫，以共赢代替零和，把本国利益同各国共同利益结合起来，努力扩大各国共同利益汇合点，建设和谐合作的国际大家庭。

要以团结、协作实践和平、发展、公平、正义、民主、自由的全人类共同价值。世界发展站在一个新的起点，人类社会又一次站在了十字路口，人类命运不是彼此越离越远，而是密不可分，没有一个全球问题与挑战不是通过团结的方式解决的，没有一个世界性难题，不是通过协作的方式形成多边的解决方案。团结是这个时代国际社会必须要坚持的共同的全球治理价值，以团结为名，联合为念，协同合作，构建更加紧密的人类命运共同体，这也是这个时代国际社会要共同携手的共同价值追求。

构建更加紧密的人类命运共同体。首先，要坚持以世界人民对美好生活的向往为发展的方向。习近平总书记指出："历史接力棒已经传到我们这一代人手中，我们必须作出无愧于人民、无愧于历史的抉择。让我们团结起来，坚守和平、发展、公平、正义、民主、自由的全人类共同价值，推动构建新型国际关系，推动构建人类命运共同体，共同创造世界更加美好的未来!"① 当今时代主题仍然是和平与发展,尽管疫情加速了世界大变局演化,世界发展日益动荡,不确定在增加,但是世界人民求和平、求稳定、求发展,追求美好生活的强烈愿望是一以贯之的,世界坚持多边主义、促进人类共同发展的正义力量还是占绝大多数的。坚持联合国宪章的宗旨,构建更加紧密的人类命运共同体,坚持人民至上、生命至上,将联合国的宗旨化为行动,将多边主义化为解决世界性问题的领导力。人类社会的未来是可以期待的,也是一定可以实现世界人民美好发展目标的。

其次,要坚持以规则为基础的全球治理体系。当今的国际社会不是过往的丛林法则,有人想让国际社会重新回到大国竞逐,谁的胳膊粗,谁说了算的时代。可这不但是与人类社会的发展潮流背道而驰,而且也是与世界各国的共同心愿背道而驰。摆脱殖民统治命运的广大发展中国家的发展壮大,世界正义力量的广泛分布,已然让二战后七十多年来国际力量体系的对比发生了根本性的变化,国家要相互尊重,无论大小强弱,都是国际社会平等的一员,联合国是主持公道的地方,不是炫耀霸权的场合。习近平总书记指出:"全球治理应该秉持共商共建共享原则,推动各国权利平等、机会平等、规则平等,使全球治理体系符合变化了的世界政治经济,满足应对全球性挑战的现实需要,顺应和平发展合作共赢的历史趋势。"② 可见,大小国家相互尊重、一律平等是时代进步的要求,也是联合国宪章首要原则。任何国家都没有包揽国际事务、主宰他国命运、垄断发展优势的权力,更不能在世界上我行我素,搞霸权、霸凌、霸道。联合国需要更加均衡、平衡反映大多数国家利益和意愿,坚持以规则为基础的全球治理体系。

再次,要坚持推动更加具有包容性、均衡性的全球化。经济全球化是历史发展的潮流,封闭必然落后,开放繁荣进步。人为制造逆全球化的潮流,不但自我设限,而且自我隔绝于世界,这样不仅不会促进全球

---

① 习近平:《在第七十五届联合国大会一般性辩论上的讲话》,《人民日报》2020 年 9 月 23 日。
② 习近平:《在第七十五届联合国大会一般性辩论上的讲话》,《人民日报》2020 年 9 月 23 日。

化更加均衡、包容的发展,而且会进一步增加全球化问题的解决难度,使得全球化更加失衡,全球制度体系更加不稳定。作为世界的主要大国,承担着更多的全球发展责任,大国更应该有大的样子,要提供更多全球公共产品,承担大国责任,展现大国担当。在进一步推动全球化发展的进程中,要秉持人类一体、命运与共的理念,致力于团结合作,致力于消除发展鸿沟、贫富分化,实现全球更加充分、均衡、包容、可持续的增长,将全球经济增长的成果,更多地惠及世界各国的人民,更多地惠及广大发展中国家的人民,处理好公平和效率、增长和分配、技术和就业的关系,维护全球产业链供应链稳定畅通。

总之,中国发展是世界的机遇。面向新发展阶段,中国将努力构建以国内大循环为主,国内国际双循环的新发展格局,为中国经济发展开辟空间,为世界经济复苏和增长增添动力。世界发展潮流浩荡前行,世界人民追求和平、繁荣发展的愿望强烈,要坚持你中有我、我中有你的命运共同体精神,促进人类文明的多样性发展,人类不能退回彼此分离、隔阂的时代,这不是人类发展的共同期待,要坚持多边主义,坚持共同发展,坚持团结协作,共同促进人类文明更加璀璨、更加进步、更加繁荣。

第五章　中国式现代化建设成果更多惠及人民

党的二十大报告指出："维护人民根本利益，增进民生福祉，不断实现发展为了人民、发展依靠人民、发展成果由人民共享，让现代化建设成果更多更公平惠及全体人民。"① 习近平总书记指出："心中装着百姓，手中握有真理，脚踏人间正道，我们信心十足、力量十足。"② 进一步全面深化改革推进中国式现代化要始终做到改革为了人民，改革依靠人民，改革成果由人民共享。《决定》提出："在发展中保障和改善民生是中国式现代化的重大任务。必须坚持尽力而为、量力而行，完善基本公共服务制度体系，加强普惠性、基础性、兜底性民生建设，解决好人民最关心最直接最现实的利益问题，不断满足人民对美好生活的向往。"③ 新征程上，我们要始终站在时代潮流最前列、站在攻坚克难最前沿、站在最广大人民之中，以满足人民日益增长的美好生活需要为根本目的，统筹推进"五位一体"总体布局、协调推进"四个全面"战略布局，统筹发展和安全，继续为中华民族伟大复兴辛勤耕耘，为人民生活更加美好力耕不欺，奋斗不止。

---

① 习近平：《高举中国特色社会主义伟大旗帜 为全面建设社会主义现代化国家而团结奋斗——在中国共产党第二十次全国代表大会上的报告》，《人民日报》2022年10月26日。
② 习近平：《在二〇二二年春节团拜会上的讲话》，《人民日报》2022年1月31日。
③ 《中共中央关于进一步全面深化改革推进中国式现代化的决定》，《人民日报》2024年7月22日。

一、中国式现代化是全体人民共同富裕的现代化①

党的二十大报告指出:"中国式现代化是全体人民共同富裕的现代化。"② 这一重要论述为共同富裕注入了新的时代内涵,也揭示了中国式现代化道路的本质。站在新的历史起点,我们要深刻领会这一重要论述,理解共同富裕的时代内涵,把握中国式现代化的本质要求,在扎实推进共同富裕中走好中国式现代化道路。

共同富裕是中国特色社会主义的本质要求,是一个长期的历史过程。共同富裕是中国特色社会主义的本质要求。马克思在《1857—1858年经济学手稿》中说,在未来的社会主义制度中,社会生产力的发展将如此迅速,生产将以所有人的富裕为目的。毛泽东同志指出:"这个富,是共同的富,这个强,是共同的强,大家都有份。"邓小平同志说:"共同致富,我们从改革一开始就讲,将来总有一天要成为中心课题。社会主义不是少数人富起来、大多数人穷,不是那个样子。社会主义最大的优越性就是共同富裕,这是体现社会主义本质的一个东西。"③

党的十八大以来,党中央把握发展阶段新变化,把逐步实现全体人民共同富裕摆到更加重要的位置上。党的十九届五中全会在擘画"十四五"直至2035年发展蓝图时,提出"人民生活更加美好,人的全面发展、全体人民共同富裕取得更为明显的实质性进展"④,同时提出"扎实推动共同富裕,不断增强人民群众获得感、幸福感、安全感,促进人的全面发展和社会全面进步"。习近平总书记指出:"共同富裕是社会主义的本质要求,是中国式现代化的重要特征。我们说的共同富裕是全体人

---

① 本文内容曾发表于《大众日报》,2023年1月17日,入书有修改。
② 习近平:《高举中国特色社会主义伟大旗帜 为全面建设社会主义现代化国家而团结奋斗——在中国共产党第二十次全国代表大会上的报告》,《人民日报》2022年10月26日。
③ 习近平:《全党必须完整、准确、全面贯彻新发展理念》,《求是》2022年第16期。
④ 《中共中央关于制定国民经济和社会发展第十四个五年规划和二〇三五年远景目标的建议》,《人民日报》2020年11月4日。

民共同富裕,是人民群众物质生活和精神生活都富裕,不是少数人的富裕,也不是整齐划一的平均主义。"① 进一步全面深化改革推进中国式现代化,要聚焦提高人民生活品质,促进共同富裕。《决定》提出:"聚焦提高人民生活品质,完善收入分配和就业制度,健全社会保障体系,增强基本公共服务均衡性和可及性,推动人的全面发展、全体人民共同富裕取得更为明显的实质性进展。"②

当前,经过全党全国各族人民持续奋斗,我们实现了第一个百年奋斗目标,我国经济实力、科技实力、综合国力和人民生活水平跃上了新的大台阶。站在新的历史起点,在以中国式现代化全面推进中华民族伟大复兴的历史进程中,为了更好满足人民日益增长的美好生活需要,要把促进全体人民共同富裕作为为人民谋幸福的着力点,坚决防止两极分化,扎实推进全体人民共同富裕。

坚持把实现人民对美好生活的向往作为现代化建设的出发点和落脚点。习近平总书记在党的二十大报告中深刻阐述了中国式现代化的科学内涵、中国特色和本质要求,强调以中国式现代化全面推进中华民族伟大复兴。中国式现代化是中国共产党领导的社会主义现代化,是具有中国特色、符合中国实际的现代化,是实现中华民族伟大复兴的光明大道。党的二十大报告指出:"中国式现代化是全体人民共同富裕的现代化。共同富裕是中国特色社会主义的本质要求,也是一个长期的历史过程。我们坚持把实现人民对美好生活的向往作为现代化建设的出发点和落脚点,着力维护和促进社会公平正义,着力促进全体人民共同富裕,坚决防止两极分化。"③

新中国成立特别是改革开放以来,中国共产党团结带领中国人民通过走中国式现代化道路,仅用几十年的时间就走完了西方发达国家几百年走过的工业化历程,创造了世所罕见的经济快速发展和社会长期稳定

---

① 习近平:《扎实推进共同富裕》,《求是》2021年第20期。
② 《中共中央关于进一步全面深化改革推进中国式现代化的决定》,《人民日报》2024年7月22日。
③ 习近平:《高举中国特色社会主义伟大旗帜 为全面建设社会主义现代化国家而团结奋斗——在中国共产党第二十次全国代表大会上的报告》,《人民日报》2022年10月26日。

两大奇迹,人民生活水平也得到明显提高。党的十八大以来,我们深入贯彻以人民为中心的发展思想,人民生活全方位改善,人民群众获得感、幸福感、安全感更加充实、更有保障、更可持续,共同富裕取得新成效。

党的二十大报告擘画了到 2035 年我国发展的总体目标,明确指出:"人民生活更加幸福美好,居民人均可支配收入再上新台阶,中等收入群体比重明显提高,基本公共服务实现均等化,农村基本具备现代生活条件,社会保持长期稳定,人的全面发展、全体人民共同富裕取得更为明显的实质性进展。"① 人民对美好生活的向往就是我们的奋斗目标。中国式现代化是人口规模巨大的现代化,是全体人民共同富裕的现代化。大国之大,也有大国之重。国泰民安、安居乐业是人民群众最基本、最普遍的愿望。物质贫困不是社会主义,精神贫乏也不是社会主义,只有扎实推进共同富裕,才能彰显中国式现代化的本质要求。

在扎实推进共同富裕中走好中国式现代化道路。习近平总书记指出,实现共同富裕的目标"是一个长期的历史过程,我们要创造条件、完善制度,稳步朝着这个目标迈进"。② 随着时代发展和社会进步,人民对美好生活的向往更加强烈,我们着力促进全体人民共同富裕,在扎实推进共同富裕中走好中国式现代化道路。

着力破解发展中的不平衡、不充分问题,从社会主义初级阶段国情这个我国最大的发展实际出发,不断满足人民在民主、法治、公平、正义、安全、环境等方面日益增长发展新要求,推动社会建设事业向着社会现代化的方向迈进。为了保障和改善民生,党按照坚守底线、突出重点、完善制度、引导预期的思路,在收入分配、就业、教育、社会保障、医疗卫生、住房保障等方面推出一系列重大举措,注重加强普惠性、基础性、兜底性民生建设,推进基本公共服务均等化。

扎实推进共同富裕,要把人民放在首位。人民对美好生活的向往的内涵和形式随时代和物质生活水平的提高而不断发生着变化。新发展阶

---

① 习近平:《高举中国特色社会主义伟大旗帜 为全面建设社会主义现代化国家而团结奋斗——在中国共产党第二十次全国代表大会上的报告》,《人民日报》2022 年 10 月 26 日。
② 习近平:《正确认识和把握我国发展重大理论和实践问题》,《求是》2022 年第 10 期。

段，实现共同富裕首要之义，就是要牢记让人民生活幸福这个"国之大者"。① 习近平总书记指出："在整个发展过程中，都要注重民生、保障民生、改善民生，让改革发展成果更多更公平惠及广大人民群众，使人民群众的共建共享发展中有更多获得感。"在我国社会主义制度下，既要不断解放和发展社会生产力，不断创造和积累社会财富，又要防止两极分化，切实推动人的全面发展、全体人民共同富裕取得更为明显的实质性进展。新发展阶段，推动我国社会建设，促进社会文明与物质文明协调发展，扎实推动共同富裕。要迎难而上，继续保持居民收入与经济同步增长，着力提高人民收入水平，着力提高低收入群体收入，扩大中等收入群体，改善收入和财富分配格局；要鼓励勤劳创新致富，防止社会阶层固化，畅通向上流动通道，给更多人创造致富机会，形成人人参与的发展环境，塑造人人辛勤劳动皆可获得成功的环境与氛围，促进人的全面发展；要补齐民生短板、破解民生难题、兜牢民生底线，不断增进人民福祉，促进共享发展，健全共享发展机制。

实现巩固拓展脱贫攻坚成果同乡村振兴有效衔接，推动乡村全面振兴。脱贫摘帽不是终点，而是新生活、新奋斗的起点。新发展阶段，加强前瞻性思考、全局性谋划、战略性布局、整体性推进，统筹城乡发展。改善城乡居民生产生活条件，加强农村人居环境整治，促进城乡融合发展。既为城市留下美好乡村，也要让乡村得到城市的美好生活。共同提升城乡人民生活品质，让城市文明建设与发展的成果更多地惠及乡村，让乡村人民可以共享城市居民一样的均等、便利的公共服务与基础设施。在托幼、养老、家政、教育、医疗服务等方面启动面向乡村的专项行动计划。

促进经济社会发展全面绿色转型。中国式现代化是人与自然和谐共生的现代化。人与自然是生命共同体，无止境地向自然索取甚至破坏自然必然会遭到大自然的报复。我们坚持可持续发展，坚持节约优先、保护优先、自然恢复为主的方针，坚定不移走生产发展、生活富裕、生态良好的文明发展道路。良好生态环境是最基本的公共产品和最普惠的民

---

① 马峰：《实现共同富裕要把人民放在首位》，《浙江日报》2021年5月20日。

生福祉。生态文明建设关系经济社会发展，关系人民生活幸福。加强生态文明建设，是推动经济社会高质量发展的必然要求，也是广大群众的共识和呼声。要更加深入地推进绿色发展，一方面，要持续改善城乡居民人居环境，促进人民消费向绿色、健康、安全发展转变。要将生态文明建设融入新发展格局之中，在保护中实现发展，在发展中实现保护，促进人民形成绿色自觉。另一方面，要做好绿色发展空间格局优化，促进生态环境持续改善，把保护城市生态环境摆在更加突出的位置，科学合理规划城市的生产空间、生活空间、生态空间，处理好城市生产生活和生态环境保护的关系，提高经济发展质量，营造优美城市人居生态环境，构建系统完备、高效实用、智能绿色、安全可靠的现代化基础设施体系。统筹低碳转型和民生需要，处理好发展同减排的关系，如期实现碳达峰、碳中和目标。

二、在高质量发展中促进共同富裕[①]

习近平总书记指出："推动人的全面发展、全体人民共同富裕取得更为明显的实质性进展！"[②] 中央财经委员会第十次会议研究扎实促进共同富裕问题，习近平总书记发表重要讲话，会议强调要坚持以人民为中心的发展思想，在高质量发展中促进共同富裕。[③]

共同富裕是社会主义的本质要求，是中国式现代化的重要特征，在实现现代化的过程中，我们必须把促进全体人民共同富裕作为为人民谋幸福的着力点，使人民生活更加美好，人的全面发展、全体人民共同富裕取得更为明显的实质性进展。

站在新的历史起点，要把高质量发展放到更加突出的位置，以高质量发展奠定增进人民幸福、促进共同富裕的物质基础。经过全党全国各

---

① 本文内容曾发表于《大众日报》，2021年9月14日，入书有修改。
② 习近平：《在庆祝中国共产党成立100周年大会上的讲话》，《人民日报》2021年7月2日。
③ 《习近平主持召开中央财经委员会第十次会议强调 在高质量发展中促进共同富裕 统筹做好重大金融风险防范化解工作》，《人民日报》2021年8月18日。

族人民持续奋斗，我们实现了第一个百年奋斗目标，在中华大地上全面建成了小康社会，历史性地解决了绝对贫困问题，我国经济实力、科技实力、综合国力和人民生活水平跃上了新的大台阶。当前，我国已转向高质量发展阶段。人民美好生活需要日益广泛，不仅对物质文化生活提出了更高要求，在民主、法治、公平、正义、安全、环境等方面的要求也日益增长。

站在新的历史起点，高质量发展不但是新发展阶段的鲜明特征，也是在雄厚物质基础之上实现更高发展目标的必然导向。全面建设社会主义现代化时期，从发展的阶段性特征与人民对发展的新期待两个方面来看，高质量发展无疑承担着破除发展的不平衡、不充分问题与满足人民日益增长的美好生活需要的双重任务。

习近平总书记指出："高质量发展不只是一个经济要求，而是对经济社会发展方方面面的总要求。"① 目前我国发展不平衡不充分问题仍然突出，创新能力不适应高质量发展要求，农业基础还不稳固，城乡区域发展和收入分配差距较大，生态环保任重道远，民生保障存在短板，社会治理还有弱项。这些短板和弱项都需要在高质量发展中加以破除。发展是硬道理，是党执政兴国的第一要务，也是解决中国一切问题的关键。新发展阶段，要把高质量发展放到更加突出的位置，以高质量发展夯实增进人民幸福、民生福祉的物质基础。

共同富裕是全体人民的共同期待，也是人民幸福的重要体现。中央财经委员会第十次会议指出：党的十八大以来，党中央把逐步实现全体人民共同富裕摆在更加重要的位置上，采取有力措施保障和改善民生，打赢脱贫攻坚战，全面建成小康社会，为促进共同富裕创造了良好条件。我们正在向第二个百年奋斗目标迈进，适应我国社会主要矛盾的变化，更好满足人民日益增长的美好生活需要，必须把促进全体人民共同富裕作为为人民谋幸福的着力点，不断夯实党长期执政基础。②

---

① 《习近平在参加青海代表团审议时强调 坚定不移走高质量发展之路 坚定不移增进民生福祉》，《人民日报》2021年3月8日。

② 《习近平主持召开中央财经委员会第十次会议强调 在高质量发展中促进共同富裕 统筹做好重大金融风险防范化解工作》，《人民日报》2021年8月18日。

习近平总书记指出："共同富裕是社会主义的本质要求，是人民群众的共同期盼。我们推动经济社会发展，归根结底是要实现全体人民共同富裕。"① 新发展阶段要坚持以高质量发展增进人民幸福，以高质量发展促进共同富裕，深刻认识我国社会主要矛盾发展变化带来的新特征新要求，努力实现更高质量、更有效率、更加公平、更可持续、更为安全的发展，根据新发展阶段的新要求，坚持问题导向，更加精准地贯彻新发展理念，切实解决好发展不平衡不充分的问题，推动高质量发展，筑牢人民幸福与共同富裕的发展基线。

共享发展是共同富裕的题中之义。要在高质量发展中实现人民共同富裕，让人民创造的发展成果更多地惠及人民，实现人民共享发展。习近平总书记强调，我国现代化是人口规模巨大的现代化，是全体人民共同富裕的现代化，是物质文明和精神文明相协调的现代化，是人与自然和谐共生的现代化，是走和平发展道路的现代化。② 共同富裕是全体人民的富裕，是人民群众物质生活和精神生活都富裕。共享发展不但是新发展理念的重要组成部分，也是共同富裕的题中之义。把握新发展阶段，贯彻新发展理念，构建新发展格局过程中，要坚定推进高质量发展，在高质量发展中实现人民共同富裕，让人民创造的发展成果更多地惠及人民。

要把让人民生活幸福放到更加突出的位置。习近平总书记指出"让人民生活幸福是'国之大者'"。③ 要牢记这个"国之大者"，聚焦让人民生活更加美好，出台政策措施，推进社会建设，完善公共服务。习近平总书记强调，要自觉主动解决地区差距、城乡差距、收入差距等问题，推动社会全面进步和人的全面发展，促进社会公平正义，让发展成果更多更公平惠及全体人民，不断增强人民群众获得感、幸福感、安全感，

---

① 习近平：《关于〈中共中央关于制定国民经济和社会发展第十四个五年规划和二〇三五年远景目标的建议〉的说明》，《人民日报》2020年11月4日。

② 习近平：《把握新发展阶段，贯彻新发展理念，构建新发展格局》，《求是》2021年第9期。

③ 《习近平在广西考察时强调 解放思想深化改革凝心聚力担当实干 建设新时代中国特色社会主义壮美广西》，《人民日报》2021年4月28日。

让人民群众真真切切感受到共同富裕不仅仅是一个口号,而是看得见、摸得着、真实可感的事实。①

在高质量发展中不断创造人民高品质生活。习近平总书记强调:"始终把最广大人民根本利益放在心上,坚定不移增进民生福祉,把高质量发展同满足人民美好生活需要紧密结合起来,推动坚持生态优先、推动高质量发展、创造高品质生活有机结合、相得益彰。"② 在全面建成小康社会的时代背景下,人民生活水平跃上了新的大台阶,人民物质生活水平的改变,必然带来对生活质量、生活内容、生活形式等方面新的要求,有品质的生活、有品位的人生,成为全面建设社会主义现代化国家时期人民美好生活新向往、新期待、新需求的重要表现形式。高质量发展归根到底是为了人民,是为了人民美好生活。高品质生活涉及人民关心、关注的民生事项,是增进民生福祉的关键。坚持把实现好、维护好、发展好最广大人民根本利益作为发展的出发点和落脚点,不断增强人民群众获得感、幸福感、安全感,促进人的全面发展和社会全面进步。

坚持以全面深化改革促进高质量发展带动社会流动。中央财经委员会第十次会议强调,"要鼓励勤劳创新致富,坚持在发展中保障和改善民生,为人民提高受教育程度、增强发展能力创造更加普惠公平的条件,畅通向上流动通道,给更多人创造致富机会,形成人人参与的发展环境。"③ 在高质量发展促进共同富裕、实现共享发展的过程中,要进一步坚持全面深化改革,以改革的精神促进共享发展,努力破除妨碍劳动力和人才社会性流动的体制机制弊端,为青年搭建人生出彩的舞台,注重改革发力,搭建横向流动桥梁、纵向发展阶梯,激发全体人民创造活力,构建合理、公正、畅通、有序的社会性流动格局,引导个人发展融入国家富强、民族复兴进程,促进经济持续健康发展、社会公平正义、国家

---

① 习近平:《把握新发展阶段,贯彻新发展理念,构建新发展格局》,《求是》2021 年第 9 期。

② 《习近平在参加青海代表团审议时强调 坚定不移走高质量发展之路 坚定不移增进民生福祉》,人民日报》2021 年 3 月 8 日。

③ 《习近平主持召开中央财经委员会第十次会议强调 在高质量发展中促进共同富裕 统筹做好重大金融风险防范化解工作》,《人民日报》2021 年 8 月 18 日。

长治久安。

"新的赶考之路"上，要深刻认识实现共同富裕的重大发展意义，坚持以人民为中心的发展思想，在高质量发展中协调推进共同富裕。习近平总书记指出："我们党的百年奋斗史就是为人民谋幸福的历史。"[①] "过去一百年，中国共产党向人民、向历史交出了一份优异的答卷。现在，中国共产党团结带领中国人民又踏上了实现第二个百年奋斗目标新的赶考之路。"[②] 时代是出卷人，人民是阅卷人，我们是答卷人。在实现第二个百年奋斗目标"新的赶考之路"上，要从政治高度出发，深刻认识实现共同富裕的重大发展意义，主动作为，扎实推进共同富裕。

坚持人民至上推进共同富裕。习近平总书记指出："实现共同富裕不仅是经济问题，而且是关系党的执政基础的重大政治问题。我们决不能允许贫富差距越来越大、穷者愈穷富者愈富，决不能在富的人和穷的人之间出现一道不可逾越的鸿沟。"[③] 当前，我国发展不平衡不充分问题仍然突出。面对发展的不平衡不充分问题，要坚持人民至上推进共同富裕。只有始终把人民利益放在最高位置，才能够作出正确决策，确定最优路径，并依靠人民战胜一切艰难险阻。随着我国全面建成小康社会、开启全面建设社会主义现代化国家新征程，我们必须把促进全体人民共同富裕摆在更加重要的位置，脚踏实地，久久为功，向着这个目标更加积极有为地努力。

坚持以人民为中心谋发展，着力促进社会公平正义，促进人的全面发展。"十四五"规划和2035年远景目标纲要将提高人民收入水平、扩大中等收入群体作为重要远景目标，并进一步表述为："人均国内生产总值达到中等发达国家水平，中等收入群体显著扩大，基本公共服务实现

---

① 《习近平在推进南水北调后续工程高质量发展座谈会上强调 深入分析南水北调工程面临的新形势新任务 科学推进工程规划建设提高水资源集约节约利用水平》，《人民日报》2021年5月15日。

② 习近平：《在庆祝中国共产党成立100周年大会上的讲话》，《人民日报》2021年7月2日。

③ 习近平：《把握新发展阶段，贯彻新发展理念，构建新发展格局》，《求是》2021年第9期。

均等化,城乡区域发展差距和居民生活水平差距显著缩小。"① 在实现共同富裕过程中,要坚持以人民为中心,逐步优化收入分配格局,正确处理效率和公平的关系,加快构建初次分配、再分配、三次分配协调配套的基础性制度安排,扩大中等收入群体比重,增加低收入群体收入,合理调节高收入,取缔非法收入,形成中间大、两头小的橄榄型分配结构,维护社会公平正义,着力解决发展不平衡不充分问题和人民群众急难愁盼问题,推动人的全面发展、全体人民共同富裕取得更为明显的实质性进展。

在高质量发展中协调推进共同富裕。协调是新发展理念的重要组成部分。立足新发展阶段,完整、准确、全面贯彻新发展理念,构建新发展格局,推动高质量发展过程中,要坚持协调推进共同富裕,更加注重具体问题具体分析,处理好矛盾普遍性与矛盾特殊性之间的辩证关系。当前,我国发展不平衡不充分问题仍然突出,城乡区域发展和收入分配差距较大,各地区推动共同富裕的基础和条件不尽相同。各地要结合当地经济社会发展水平,在推进高质量发展的过程中,稳步探索推进共同富裕。要坚持循序渐进,对共同富裕的长期性、艰巨性、复杂性有充分估计,因地制宜探索有效路径,总结经验,逐步推开。另一方面,探索实现共同富裕过程要与国家治理体系与治理能力现代化建设紧密结合,以治理体系现代化为抓手,系统优化共同富裕的经济结构,促进优化共同富裕社会结构,形成经济结构与社会结构优化互促的良性循环,加快完善城乡融合、区域协调的体制机制,坚持系统观念,形成一整套共同富裕治理、共享、均衡、包容、公平、创新发展的协同推进体系。

三、以高质量发展建设共同富裕示范区

《中共中央 国务院关于支持浙江高质量发展建设共同富裕示范区的意见》的出台,为新发展阶段浙江高质量发展建设共同富裕示范区提供

---

① 《中共中央关于制定国民经济和社会发展第十四个五年规划和二〇三五年远景目标的建议》,《人民日报》2020年11月4日。

了行动的指南、奋斗的方向。推动高质量发展建设共同富裕示范区，有利于通过实践进一步丰富共同富裕的思想内涵，有利于探索破解新时代社会主要矛盾的有效途径，有利于为全国推动共同富裕提供省域范例，有利于打造新时代全面展示中国特色社会主义制度优越性的重要窗口。

共同富裕是人民群众的共同期盼。共同富裕是社会主义的本质要求，是人民群众的共同期盼。新时代社会主要矛盾已经转化为人民日益增长的美好生活需要和不平衡不充分的发展之间的矛盾，人民对美好生活的向往日益强烈，对美好生活的期待更加强烈，人民对美好生活向往的内涵和形式随时代和物质生活水平的提高，而不断发生着变化。全面建成小康社会，在解决困扰中华民族几千年的绝对贫困问题上取得历史性成就。在全面建成小康社会基础上，开启全面建设社会主义现代化国家新征程，人民对实现共同富裕有着共同的期待，我们的现代化一定是全体人民共同富裕的现代化。让人民生活幸福是"国之大者"。新发展阶段，实现共同富裕首要之义，就是要牢记让人民生活幸福这个"国之大者"。

在发展的过程中我们还面临发展的不平衡、不充分问题，如何破解始终是摆在我们实现现代化前进道路上的大问题。问题的关键在于要在解决地区差距、城乡差距、收入差距，推动社会全面进步和人的全面发展，促进社会公平正义等方面全面深化改革，以改革的办法，破解前进中的难题。浙江在实现高质量发展过程中在某些方面无疑是走在全国前列的。但是，在进一步高质量发展过程中也面临发展短板和弱项，有待于破题。以实现共同富裕为抓手，以高质量发展建设共同富裕示范区为切入点，一方面，有利于浙江在现有发展基础上，进一步实现经济社会发展能级与量级的跃升，提升经济社会发展质量，促进经济社会发展向着现代化的发展生态迅速转型，满足人民对更高水平发展的期待；另一方面，有利于优化经济、社会结构，畅通经济、社会发展循环，实现经济与社会"两条腿"齐步前进，为克服经济腿长、社会腿短的发展问题提供契机，不断满足人民对社会发展提出的新要求、新期待。在发展中，要坚持干在实处、走在前列、勇立潮头，让人民群众真真切切感受到共同富裕不仅仅是一个口号，而是看得见、摸得着、真实可感的事实，在呼应人民的共同期盼中彰显中国特色社会主义制度优越性。

以浙江高质量发展建设共同富裕示范区。时代这位出卷人把实现共同富裕的答卷徐徐展开，能不能答好这份答卷，浙江的实践和探索尤为关键。高质量发展归根到底是为了人民，是为了人民美好生活。浙江省在探索解决发展不平衡不充分问题方面取得了明显成效，具备开展共同富裕示范区建设的基础和优势，也存在一些短板弱项，具有广阔的优化空间和发展潜力。浙江的发展条件和发展基础使浙江有机会，也有能力为全国扎实推进共同富裕蹚出一条可复制、可推广的路子来。

要在高质量发展中不断创造人民高品质生活。发展是解决一切问题的关键，也是实现人民美好生活、建设美好社会的前提和基础。共同富裕，富裕体现的是社会生产力方面的内容，共同体现的是生产关系方面的内容。只有在社会生产力不断发展的基础上，人民的生活水平、收入水平才能不断提高和改善。

共同富裕是全体人民的共同富裕。高质量发展是新发展阶段最鲜明的特征，也是我国社会生产力跃升的时代要求。要坚持创新发展，不断增强科技创新、发展创新的能力，不断做大、做强社会生产力，奠定厚实的社会物质基础。在高质量发展的基础上实现共同富裕，要继续坚持以发展为导向，不断做大社会财富的大蛋糕，实现社会整体富裕度的提高。同时，坚持共同原则，着力调整生产关系，分好蛋糕，让人民共享改革发展的成果，让高质量发展的成果更多惠及人民。高质量发展，做大蛋糕的社会生产力基础，而且也为在高质量发展的基础上探索实现共同富裕，创造人民高品质生活奠定了现实的条件。高品质生活涉及人民关心、关注的民生事项，是增进民生福祉的深刻内涵。绿色是浙江发展最动人的色彩，在实现生态优先、高质量发展与创造高品质生活有机结合、相得益彰方面大有可为。

要健全机制建设，在国家治理体系与治理能力现代化建设中探索共同富裕新机制。探索实现共同富裕，充分发挥中国特色社会主义制度优势，为全国实现共同富裕先行探路，关键是要在机制建设上取得突破。既要为解决收入差距过大这个世界级的发展难题探索出一条中国式的解决方案，为世界提供中国思想，又要坚持以全面深化改革为导向，敢于突破利益的藩篱，形成全面的现代化的共同富裕机制体系。浙江在发展的过程中，具有较好的发展均衡性。这有利于浙江在更高水平上深入推进共同富裕机制建设，重点是要纳入整体的国家治理体系与治理能力现代化进程中，并以治理体系现代化为抓手，系统优化共同富裕的经济结构，促进优化共同富裕社会结构，形成经济结构与社会结构优化互促的良性循环，加快完善城乡融合、区域协调的体制机制，坚持系统观念，形成一整套共同富裕治理、共享、均衡、包容、公平、创新发展的协同推进体系。

不断发挥浙江发展经验优势，着力实现富民惠民安民。浙江多年来一以贯之践行"八八战略"，在习近平新时代中国特色社会主义思想的指引下形成了一整套有利于实现高质量发展的浙江经验，这些经验应该转化为打造共同富裕示范区的发展优势。要坚持"绿水青山就是金山银山"的理念，把共同富裕建构在新时代富春山居图中，不但让人民有看得见、摸得着的金山、银山，更要有赏心悦目、心情愉悦的绿水青山，还要有看得见山、望得见水、记得住乡愁的高品质文化生活，实现物质文明与精神文明相统一。要坚持新时代"枫桥经验"，新时代"枫桥经验"是习近平法治思想的重要组成部分，要把富民与安民统一起来，为人民集中精力干事创业、勤劳致富，塑造良好的社会治理环境、社会治安环境、社会舆论环境、社会发展环境、社会和谐环境，让人民在舒心、安心、放心的环境中放手勤劳致富，没有后顾之忧地创造财富，在和谐的环境中实现先富带后富，最终实现共同富裕。一个现代化的社会，应该既充满活力又拥有良好秩序，呈现出活力和秩序的有机统一。稳定是实现一切发展的根本前提，也是实现人民幸福的重要保障。要充分发挥浙江各方面发展中形成的发展经验优势，坚持有为政府与有效市场的结合，不辜负人民的期待，强化数字赋能，以持续的改革发展，永不停步的改革精神，打通民生堵点、人民幸福痛点，解决好经济社会发展难点，在市场经济、现代法治、富民惠民、绿色发展等方面不断实现新突破。

总之，坚持以人民为中心的共同富裕，是高质量发展建设共同富裕示范区的根本出发点和落脚点，实现共同富裕凝聚了中国人民的共同期待，是实现人民对美好生活的向往，彰显中国特色社会主义制度优越性的生动体现。共同富裕是体系性的，也是系统性的，是物质文明、精神文明、社会文明、生态文明相统一、相协调的。深切期待浙江在高质量发展建设共同富裕示范区中将绘就的蓝图落实到发展的进程中，答好新时代实现共同富裕的时代答卷。

四、中国式现代化不断实现人民对美好生活的向往

习近平总书记指出："我们对新时代党和国家事业发展作出科学完整的战略部署，提出实现中华民族伟大复兴的中国梦，以中国式现代化推进中华民族伟大复兴，统揽伟大斗争、伟大工程、伟大事业、伟大梦想，明确'五位一体'总体布局和'四个全面'战略布局，确定稳中求进工作总基调，统筹发展和安全，明确我国社会主要矛盾是人民日益增长的美好生活需要和不平衡不充分的发展之间的矛盾，并紧紧围绕这个社会主要矛盾推进各项工作，不断丰富和发展人类文明新形态。"[①]

新征程，习近平总书记所作的党的二十大报告描绘了全面建设社会主义现代化国家、实现第二个百年奋斗目标的宏伟蓝图，中国式现代化是强国建设、民族复兴的唯一正确道路。我们必须继续坚持围绕社会主要矛盾推进各项工作，在以中国式现代化全面推进中华民族伟大复兴进程中，不断以中国式现代化建设发展成就惠及全体人民，让人民生活更加美好。

只有中国式现代化道路，才能让人民生活更加美好。一个国家走向现代化，既要遵循现代化一般规律，更要符合本国实际，具有本国特色。新中国成立特别是改革开放以来，我们用几十年时间走完西方发达国家几百年走过的工业化历程，创造了经济快速发展和社会长期稳定的奇迹，为中华民族伟大复兴开辟了广阔前景。党的十八大以来，中国特色社会主义进入新时代，明确坚持和发展中国特色社会主义，总任务是实现社会主义现代化和中华民族伟大复兴，在全面建成小康社会的基础上，分

[①] 习近平：《高举中国特色社会主义伟大旗帜 为全面建设社会主义现代化国家而团结奋斗——在中国共产党第二十次全国代表大会上的报告》，《人民日报》2022年10月26日。

两步走在本世纪中叶建成富强民主文明和谐美丽的社会主义现代化强国。中国式现代化是中国共产党领导的社会主义现代化，是具有中国特色、符合中国实际的现代化，是实现中华民族伟大复兴的光明大道。在新中国成立特别是改革开放以来长期探索和实践基础上，经过十八大以来在理论和实践上的创新突破的历史表明，只有中国式现代化发展道路，才能让人民生活全方位改善，才能让人民生活美好，才能让人民的幸福生活得到根本的保障。

推进中国式现代化关键在坚持党的领导。习近平总书记指出："党的领导直接关系中国式现代化的根本方向、前途命运、最终成败。党的领导决定中国式现代化的根本性质，只有毫不动摇坚持党的领导，中国式现代化才能前景光明、繁荣兴盛；否则就会偏离航向、丧失灵魂，甚至犯颠覆性错误。"[1] 只有坚持党的领导，才能保证中国式现代化道路始终坚持社会主义现代化的方向，才能保障中国式现代化是全体人民的现代化，现代化建设的成果由全体人民共享；才能团结全体人民共同为中华民族伟大复兴团结奋斗，凝聚起全体中国人民奋斗实现现代化的宏图伟志；才能保证在面对各种风险挑战，应对国内外各种风险和考验的历史进程中党始终成为全国人民的主心骨。党的领导确保中国式现代化锚定奋斗目标行稳致远，我们党的奋斗目标一以贯之，一代一代地接力推进，取得了举世瞩目、彪炳史册的辉煌业绩。

推进中国式现代化要坚持中国特色社会主义道路。中国式现代化不是其他什么现代化，是社会主义的现代化。习近平总书记强调："中国式现代化，是中国共产党领导的社会主义现代化，既有各国现代化的共同特征，更有基于自己国情的中国特色。"[2]

当今世界，虽然许多国家都在努力建设现代化，但真正全面建成现代化的国家并不多。一些发展中国家不顾自身发展的国情和历史方位，全盘照搬西方模式，结果发展过程极为艰难。现代化建设不可能依赖外

---

[1] 《习近平在学习贯彻党的二十大精神研讨班开班式上发表重要讲话强调 正确理解和大力推进中国式现代化》，《人民日报》2023年2月8日。

[2] 习近平：《高举中国特色社会主义伟大旗帜 为全面建设社会主义现代化国家而团结奋斗——在中国共产党第二十次全国代表大会上的报告》，《人民日报》2022年10月26日。

部力量、照搬外国模式来实现，我们必须坚持把国家和民族发展放在自己力量的基点上，唯有如此才能真正实现独立自主的发展，才能保证中国发展进步的命运牢牢掌握在自己手中，掌握在中国人民手中。我们要广泛借鉴世界一切优秀文明成果，不能封闭僵化，更不能一切以外国的东西为圭臬，坚定不移走中国特色社会主义道路。

以中国式现代化全面推进中华民族伟大复兴，在为人民谋幸福、为中华民族谋复兴的历史征程中，不断满足人民日益增长的美好生活需要，不断破除发展的不平衡、不充分问题，让国家发展、人民幸福迈上了新的大台阶。党的十八大以来，我国社会建设全面加强，人民生活全方位改善，社会治理社会化、法治化、智能化、专业化水平大幅度提升，发展了人民安居乐业、社会安定有序的良好局面，续写了社会长期稳定奇迹。

在以中国式现代化全面推进中华民族伟大复兴新征程上，让人民生活更加美好、幸福。今天，我国发展具备了更为坚实的物质基础、更为完善的制度保证、更为主动的精神力量，实现中华民族伟大复兴进入了不可逆转的历史进程，中国特色社会主义展现出蓬勃生机。但是，我们也要清醒认识到，当前，世界百年未有之大变局加速演进，世纪疫情影响深远，逆全球化思潮抬头，单边主义、保护主义明显上升，世界经济复苏乏力，局部冲突和动荡频发，全球性问题加剧，世界进入新的动荡变革期，来自外部的风险挑战始终存在并日益凸显。我国改革发展稳定面临不少深层次矛盾躲不开、绕不过。我们必须要增强忧患意识、坚持底线思维，披荆斩棘、勇毅前行，奋力开创中国式现代化事业发展新局面，让人民生活更加美好、幸福。

要坚持稳中求进工作总基调。我们始终从国情出发想问题、作决策、办事情，既不好高骛远，也不因循守旧，保持历史耐心，坚持稳中求进、循序渐进、持续推进。稳中求进是当前和今后一个时期党和国家工作总基调。做工作就要以稳求进、以进固稳，经济发展是这样，社会发展也是这样。我们巩固拓展脱贫攻坚成果，全面推进乡村振兴，采取减税降费等系列措施为企业纾难解困，着力解决人民群众急难愁盼问题。新征程上，我们要继续坚持稳中求进工作总基调，凝聚民心民力、推动改革发展，在同心共筑中国梦、共创美好新时代的新长征路上，把新时代中国特色社会主义事业不断推向前进。

要坚持以人民为中心发展思想。我国 14 亿多人口整体迈进现代化社会，规模超过现有发达国家人口的总和，艰巨性和复杂性前所未有。要坚持以人民为中心发展思想，在幼有所育、学有所教、劳有所得、病有所医、老有所养、住有所居、弱有所扶上持续用力，牢牢掌握我国发展主动权，坚持道不变、志不改，既不走封闭僵化的老路，也不走改旗易帜的邪路，坚定不移走好自己的路，心无旁骛做好自己的事，团结带领 14 亿多中国人民，心往一处想、劲往一处使，同舟共济、众志成城，以奋斗创造奇迹，以愚公移山的志气、滴水穿石的毅力，脚踏实地，埋头苦干，把宏伟目标变为美好现实，让人民群众获得感、幸福感、安全感更加充实、更有保障、更可持续，并不断取得新进展。

要坚持团结奋斗。过去一百年，中国共产党向人民、向历史交出了一份优异的答卷。现在，党团结带领全国各族人民踏上了实现第二个百年奋斗目标新的赶考之路。党和人民取得的一切成就都是团结奋斗的结果，团结奋斗是中国共产党和中国人民最显著的精神标识。百年奋斗历史告诉我们，团结就是力量，奋斗开创未来；能团结奋斗的民族才有前途。我们全面建成小康社会，实现第一个百年奋斗目标，依靠的是团结奋斗。全面建成小康社会，为中国式现代化提供了更为完善的制度保证、更为坚实的物质基础、更为主动的精神力量。全面建设社会主义现代化国家，我们依然要坚持团结奋斗。习近平总书记指出："推进中国式现代化是一个探索性事业，还有许多未知领域，需要我们在实践中去大胆探索，通过改革创新来推动事业发展，决不能刻舟求剑、守株待兔。"[①] 14 亿多中国人民始终手拉着手一起向未来，我们就一定能在中国式现代化新征程上，创造人民生活更加美好令人刮目相看的奇迹。

党的十九届五中全会审议通过的《中共中央关于制定国民经济和社会发展第十四个五年规划和二〇三五年远景目标的建议》（以下简称《建

[①] 《习近平在学习贯彻党的二十大精神研讨班开班式上发表重要讲话强调 正确理解和大力推进中国式现代化》，《人民日报》2023 年 2 月 8 日。

议》)指出:"坚持以人民为中心。坚持人民主体地位,坚持共同富裕方向,始终做到发展为了人民、发展依靠人民、发展成果由人民共享,维护人民根本利益,激发全体人民积极性、主动性、创造性,促进社会公平,增进民生福祉,不断实现人民对美好生活的向往。"①

党的十九届五中全会着眼于我们党为中国人民谋幸福,为中华民族谋复兴的初心使命,站在统筹中华民族伟大复兴战略全局和世界百年未有之大变局高度,擘画了到2035年我国基本实现社会主义现代化的远景目标,系统谋划和战略部署了"十四五"时期我国经济社会发展,《建议》是开启全面建设社会主义现代化国家新征程,向第二个百年奋斗目标进军的纲领性文件,是我国经济社会发展的行动指南。习近平总书记指出:"人民对美好生活的向往就是我们的奋斗目标。好的方针政策和发展规划都应该顺应人民意愿、符合人民所思所盼,从群众中来、到群众中去。"② 面向全面建设社会主义现代化国家新征程,我们要始终坚持以人民为中心的发展思想,必须始终做到发展为了人民、发展依靠人民、发展成果由人民共享,不断实现人民对美好生活的向往。

必须始终做到发展为了人民。发展是党执政兴国的第一要务。我们的发展始终是为了人民的发展。人民是人类社会发展一切物质财富和精神财富的创造者。我们党的初心和使命就是为人民谋幸福,为民族谋复兴。人民幸福是人民发展事业的生动体现。习近平总书记指出:"以人民为中心的发展思想,不是一个抽象的、玄奥的概念,不能只停留在口头上、止步于思想环节,而要体现在经济社会发展各个环节。要坚持人民主体地位,顺应人民群众对美好生活的向往,不断实现好、维护好、发展好最广大人民群众根本利益,做到发展为了人民、发展依靠人民、发展成果由人民共享。"③

为什么人的问题,是检验一个政党、一个政权性质的试金石。带领人民创造美好生活,是我们党始终不渝的奋斗目标。习近平总书记深刻

---

① 《中共中央关于制定国民经济和社会发展第十四个五年规划和二〇三五年远景目标的建议》,《人民日报》2020年11月4日。
② 习近平:《在基层代表座谈会上的讲话》,《人民日报》2020年9月20日。
③ 《习近平关于社会主义社会建设论述摘编》,中央文献出版社2017年版,第13页。

地指出:"我们的人民热爱生活,期盼有更好的教育、更稳定的工作、更满意的收入、更可靠的社会保障、更高水平的医疗卫生服务、更舒适的居住条件、更优美的环境,期盼着孩子们能成长得更好、工作得更好、生活得更好。人民对美好生活的向往,就是我们的奋斗目标。"① 在经济发展的基础上,不断提高人民生活水平,是党和国家一切工作的根本目的。

但是,我们也要看到,当前,我国社会主要矛盾已经转化为人民日益增长的美好生活需要和不平衡不充分的发展之间的矛盾,发展中的矛盾和问题集中体现在发展质量上。这就要求我们必须把发展质量问题摆在更为突出的位置,着力提升发展质量和效益。而且,我国发展不平衡不充分问题仍然突出,城乡区域发展和收入分配差距较大,生态环保任重道远,民生保障存在短板,社会治理还有弱项。此外,人民美好生活需要日益广泛,不仅对物质文化生活提出了更高要求,而且在民主、法治、公平、正义、安全、环境等方面的要求日益增长。

我国发展环境面临深刻复杂变化。当前和今后一个时期,我国发展仍然处于重要战略机遇期,但机遇和挑战都有新的发展变化。因此,我们要统筹中华民族伟大复兴战略全局和世界百年未有之大变局,深刻认识我国社会主要矛盾变化带来的新特征新要求,深刻认识错综复杂的国际环境带来的新矛盾新挑战,立足社会主义初级阶段基本国情,始终把人民利益摆在至高无上的地位,让改革发展成果更多更公平惠及全体人民,朝着实现全体人民共同富裕不断迈进,始终坚持发展为了人民,要更加聚焦人民群众普遍关心关注的民生问题,采取更有针对性的措施,一件一件抓落实,一年接着一年干,让人民群众获得感、幸福感、安全感更加充实、更有保障、更可持续。

必须始终做到发展依靠人民。人民是历史的创造者,人民是真正的英雄。我们党从革命、建设到改革开放,始终与人民休戚与共、命运相连,始终与人民团结在一起、奋斗在一起,不断依靠人民创造历史伟业。我们必须深刻明白:波澜壮阔的中华民族发展史是中国人民书写的!博

---

① 《习近平关于社会主义社会建设论述摘编》,中央文献出版社2017年版,第3—4页。

大精深的中华文明是中国人民创造的！历久弥新的中华民族精神是中国人民培育的！中华民族迎来了从站起来、富起来到强起来的伟大飞跃是中国人民奋斗出来的！人民是共和国的坚实根基，人民是我们执政的最大底气。一路走来，中国人民自力更生、艰苦奋斗，创造了举世瞩目的中国奇迹。

中国共产党根基在人民、血脉在人民。人民有信心，国家才有未来，国家才有力量。在依靠人民的发展中，要真抓实干践行以人民为中心的发展思想。发挥好我国国家制度和国家治理体系中坚持以人民为中心的发展思想，不断保障和改善民生、增进人民福祉，走共同富裕道路的显著优势。习近平总书记深切地指出："生活过得好不好，人民群众最有发言权。要从人民群众普遍关注、反映强烈、反复出现的问题出发，拿出更多改革创新举措，把就业、教育、医疗、社保、住房、养老、食品安全、生态环境、社会治安等问题一个一个解决好，努力让人民群众的获得感成色更足、幸福感更可持续、安全感更有保障。"[①]

民心是最大的政治。当今世界正经历百年未有之大变局，今后一个时期，我们将面对更多逆风逆水的外部环境。不管乱云飞渡、风吹浪打，我们都要紧紧依靠人民，坚持自力更生、艰苦奋斗。习近平总书记精辟地指出："我们党是全心全意为人民服务的党，坚持立党为公、执政为民，把人民对美好生活的向往作为始终不渝的奋斗目标。在近百年的奋斗历程中，我们党不仅是这么说的，也一直是这么做的。"[②] 新发展阶段，面对我国发展环境面临深刻复杂变化。我们要增强使命感和责任感，紧紧依靠人民，把为人民造福的事情真正办好办实，把老百姓的安危冷暖时刻放在心上，以造福人民为最大政绩，想群众之所想，急群众之所急，让人民生活更加幸福美满，着力解决好人民最关心最直接最现实的利益问题，不断提高公共服务均衡化、优质化水平，促进教育、就业、收入、社保、医疗、养老、居住、环境等方面不断取得新进展，改善人民生活

---

① 习近平：《在深圳经济特区建立40周年庆祝大会上的讲话》，《人民日报》2020年10月15日。

② 习近平：《在基层代表座谈会上的讲话》，《人民日报》2020年9月20日。

品质，提高社会建设水平。

必须始终做到发展成果由人民共享发展。我们伟大的发展成就由人民创造，应该由人民共享。习近平总书记明确指出："谋划'十四五'时期发展，要坚持发展为了人民、发展成果由人民共享，努力在推动高质量发展过程中办好各项民生事业、补齐民生领域短板。"

共享是新发展理念的重要一环。促进共享发展根本目的在于让人民共享人民创造的发展成果，最终实现共同富裕。从共享的覆盖面而言，共享是全民共享。共享发展是人人享有、各得其所，不是少数人共享、一部分人共享。从共享的内容而言，共享是全面共享。共享发展就是要共享国家经济、政治、文化、社会、生态各方面建设成果，全面保障人民在各方面的合法权益。从共享的实现途径而言，共享是共建共享。共建才能共享，共建的过程也是共享的过程。从共享发展的推进进程而言，共享是渐进共享。共享发展必将有一个从低级到高级、从不均衡到均衡的过程，即使达到很高的水平也会有差别。①

习近平总书记在作关于《中共中央关于制定国民经济和社会发展第十四个五年规划和二〇三五年远景目标的建议》说明时指出，建议稿在到2035年基本实现社会主义现代化远景目标中提出"全体人民共同富裕取得更为明显的实质性进展"，在改善人民生活品质部分突出强调了"扎实推动共同富裕"，提出了一些重要要求和重大举措。这样表述，在党的全会文件中还是第一次，既指明了前进方向和奋斗目标，也是实事求是、符合发展规律的，兼顾了需要和可能，有利于在工作中积极稳妥把握，在促进全体人民共同富裕的道路上不断向前迈进。

在人民走向共享发展、共同富裕的过程中，我们要在全面建成小康社会的基础上，在新发展阶段，坚持把实现好、维护好、发展好最广大人民根本利益作为发展的出发点和落脚点，让人民生活更加美好，人的全面发展、全体人民共同富裕取得更为明显的实质性进展，要促进中等收入群体显著扩大，实现基本公共服务均等化，显著缩小城乡区域发展差距和居民生活水平差距，把新发展理念贯穿发展全过程和各领域，实

---

① 《习近平关于社会主义社会建设论述摘编》，中央文献出版社2017年版，第38—39页。

现更高质量、更有效率、更加公平、更可持续、更为安全的发展。

坚持以人民为中心的发展思想,不断促进人的全面发展和社会全面进步。以人民为中心的发展思想体现了我们党全心全意为人民服务的根本宗旨,体现了人民是推动发展的根本力量的唯物史观。在人民发展事业过程中,坚持以人民为中心的发展思想,要坚持发展为了人民,发展依靠人民,发展成果由人民共享,把增进人民福祉、促进人的全面发展、社会全面进步、朝着共同富裕方向稳步前进作为经济发展的出发点和落脚点。习近平总书记指出:"在整个发展过程中,都要注重民生、保障民生、改善民生,让改革发展成果更多更公平惠及广大人民群众,使人民群众的共建共享发展中有更多获得感。"①

坚持以人民为中心的发展思想。发展为了人民,这是马克思主义政治经济学的根本立场。邓小平同志指出,社会主义的本质,是解放生产力,发展生产力,消灭剥削,消除两极分化,最终达到共同富裕。事实证明,发展起来以后的问题不比不发展时少。我国社会结构正在发生深刻变化,互联网深刻改变人类交往方式,社会观念、社会心理、社会行为发生深刻变化。在发展的过程中,我们要多谋民生之利、多解民生之忧,着力提高人民收入水平,着力提高低收入群体收入,扩大中等收入群体,改善收入和财富分配格局,强化就业优先政策,建设高质量教育体系,健全多层次社会保障体系,全面推进健康中国建设,实施积极应对人口老龄化国家战略,实现更加平衡、更加充分的发展,不断带领人民不断创造幸福生活,激发全体人民积极性、主动性、创造性,使人人都有通过辛勤劳动实现自身发展的机会,引导个人发展融入国家富强、民族复兴进程之中。

改革发展必须坚持以人民为中心,把人民对美好生活的向往作为我们的奋斗目标。坚持以人民为中心的发展思想,体现了党的理想信念、性质宗旨、初心使命,是对党的奋斗历程和实践经验的深刻总结。在全面建设社会主义现代化国家新征程,要更深入地贯彻落实以人民为中心的发展思想,坚持发展为了人民、发展依靠人民、发展成果由人民共享,

---

① 《习近平关于社会主义社会建设论述摘编》,中央文献出版社2017年版,第12页。

不断促进人的全面发展和社会全面进步。

五、把人民至上落实到每一个具体行动中

人民至上、生命至上是党中央反复强调的重大原则，也是当前我们做好各项工作的根本遵循，更是推进国家治理现代化必须长期坚持的重要理念，必须持之以恒地贯彻落实到国家治理全过程、各方面。

要牢牢坚持"人民至上"。依靠人民、造福人民、植根人民，是我们党一以贯之的革命经验、建设经验、发展经验，更是党带领人民不断从胜利走向胜利的根本保证。党的十八大以来，以习近平同志为核心的党中央提出坚持以人民为中心的发展思想，这既是对党的根本宗旨的继承和发展，更是对党的初心和使命在中国特色社会主义进入新时代背景下的深刻诠释。

坚持以人民为中心，是新时代坚持和发展中国特色社会主义的基本方略之一。人民是历史的创造者，是决定党和国家前途命运的根本力量，必须始终牢牢坚持人民主体地位，坚持立党为公、执政为民，践行全心全意为人民服务的根本宗旨，把党的群众路线贯彻到治国理政全部活动之中，把人民对美好生活的向往作为奋斗目标，依靠人民创造历史伟业。

面对国内外纷繁复杂的发展形势，习近平总书记多次强调人民至上，坚持以人民为中心的发展思想，要求在治国理政全过程中，始终践行党的根本宗旨，始终践行党的初心和使命，统筹国内国际两个大局，统揽世界发展百年未有之大变局和中华民族伟大复兴战略全局，把人民对美好生活的向往作为奋斗目标，深刻彰显了国家治理的人民属性和价值归一。习近平总书记深刻指出："坚持以人民为中心的发展思想，体现了党的理想信念、性质宗旨、初心使命，也是对党的奋斗历程和实践经验的深刻总结。必须坚持人民至上、紧紧依靠人民、不断造福人民、牢牢植根人民，并落实到各项决策部署和实际工作之中，落实到做好统筹疫情防控和经济社会发展工作中去。"①

---

① 习近平：《坚持人民至上》，《求是》杂志 2022 年第 20 期。

定下了"人民至上"这个根本性的价值尺度，我们不管作出什么决策，开展什么样的具体工作，就有了一个根本的出发点和落脚点，那就是：即使付出再大的代价，只要是为了人民，就没有什么不能做的。正是牢牢坚持了这一点，始终把人民生命安全放在第一位，我们才取得了抗击疫情人民战争的决定性胜利，也必将取得抗击汛情、完成全年经济社会发展目标的最终胜利。

把人民安全、民生保障，放到更加突出的位置，在此基础上逆势而为、顺势而起，闯出发展新路。人民至上是新时代人民观的重要组成部分。如何按照总书记要求，将其贯彻到国家治理全过程中，落实到每一项具体工作和实际行动中，把人民安全放到发展和治理更加突出的位置。对此，必须坚持人民安全观和总体国家安全观，统筹粮食、经济、社会等各方面安全工作，把工作做实做细，不留"死角"。生命安全是根本前提和基础，保住了生命安全，就保住了希望和一个个家庭。要坚持把人民生命安全和身体健康放在第一位，不拿人民生命安全试错，把人民至上、生命至上原则落实到每一项具体工作中，给人民以安全感，进一步维护好、保障好人民的生命安全，守住人民生命安全的底线，在此基础上统筹做好经济社会发展等各方面工作。

坚持保障和改善民生，为人民筑牢民生保障的安全网。在保障人民生命安全的同时，也要为人民筑牢民生安全的保障网。民生涉及人民的生存安全，是人民在社会可以安身立命的重要保障。要坚持人民至上，始终把人民安危冷暖放到心上。习近平总书记强调："要始终把人民安居乐业、安危冷暖放在心上，千方百计稳定现有就业，积极增加新的就业，促进失业人员再就业，突出做好高校毕业生、退役军人、农民工和城镇困难人员等重点群体就业工作。"[①] 要深入贯彻落实习近平总书记重要讲话精神，助力我国经济社会发展和民生改善持续迈上新的发展台阶。一方面把就业这个民生之本放到更加突出的位置；另一方面，加大民生保障，对困难群体、重点人群，加大兜底力度，要精谨细腻地做好百姓身

[①] 《习近平在参观内蒙古代表团审议时强调 坚持人民至上 不断造福人民 把以人民为中心的发展思想落实到各项决策部署和实际工作之中》，《人民日报》2020年5月23日。

边事的治理，不断破除发展中的不充分、不平衡问题。人民幸福是我们永远的奋斗目标。广大党员干部要立足两个一百年的奋斗目标，与人民同舟共济，为人民搭建好安全的避风港，全面推进经济发展与社会发展，闯出新旧动能转换、高质量发展的机遇之路。

六、在高质量发展中创造高品质生活

党的十九届五中全会在擘画"十四五"时期及2035年远景目标发展蓝图时，提出将"改善人民生活品质，提高社会建设水平"作为重要目标，并明确指出："坚持把实现好、维护好、发展好最广大人民根本利益作为发展的出发点和落脚点，尽力而为、量力而行，健全基本公共服务体系，完善共建共治共享的社会治理制度，扎实推动共同富裕，不断增强人民群众获得感、幸福感、安全感，促进人的全面发展和社会全面进步。"① 习近平总书记指出："要始终把最广大人民根本利益放在心上，坚定不移增进民生福祉，把高质量发展同满足人民美好生活需要紧密结合起来，推动坚持生态优先、推动高质量发展、创造高品质生活有机结合、相得益彰。"②

高品质生活是人民对美好生活向往的生动体现。人民对美好生活的向往，就是我们的奋斗目标。习近平总书记在党的十八大闭幕后即明确指出："我们的人民热爱生活，期盼有更好的教育、更稳定的工作、更满意的收入、更可靠的社会保障、更高水平的医疗卫生服务、更舒适的居住条件、更优美的环境，期盼孩子们能成长得更好、工作得更好、生活得更好。"③ 总书记所指明的不但是人民的美好期盼，也是人民对美好幸福生活追求的生动写照。在党的十九大报告中，习近平总书记进一步指

---

① 《中共中央关于制定国民经济和社会发展第十四个五年规划和二〇三五年远景目标的建议》，《人民日报》2020年11月4日。
② 《习近平在参加青海代表团审议时强调 坚定不移走高质量发展之路 坚定不移增进民生福祉》，《人民日报》2021年3月8日。
③ 《习近平在十八届中共中央政治局常委同中外记者见面时强调 人民对美好生活的向往就是我们的奋斗目标》，《人民日报》2012年11月16日。

出:"我国稳定解决了十几亿人的温饱问题,总体上实现小康,不久将全面建成小康社会,人民美好生活需要日益广泛,不仅对物质文化生活提出了更高要求,而且在民主、法治、公平、正义、安全、环境等方面的要求日益增长。"①

党的十九届五中全会进一步深化了对人民发展需求和期待的深刻认识,进一步提出了改善人民生活品质的发展目标。这是在全面建成小康社会基础上,对人民的发展要求、发展期盼,对人民美好生活向往需求不断满足的呼应。当前,我国国内发展环境也经历着深刻变化,全面建设社会主义现代化国家时期,人民美好生活向往的内容和形式也会随着时代的发展而发生变化。习近平总书记在庆祝中国共产党成立100周年大会上的讲话中明确指出,新的征程上,我们必须紧紧依靠人民创造历史,坚持全心全意为人民服务的根本宗旨,站稳人民立场,贯彻党的群众路线,尊重人民首创精神,践行以人民为中心的发展思想,发展全过程人民民主,维护社会公平正义,着力解决发展不平衡不充分问题和人民群众急难愁盼问题,推动人的全面发展、全体人民共同富裕取得更为明显的实质性进展!②

改善人民生活品质是马克思主义关于实现人的全面发展的基本要求。有品质的生活、有品质的人生,不但成为人民主观幸福感的体现,也成为人民对客观幸福感的主观感官认识。2008年和2018年,国家统计局分别进行了全国时间利用调查,10年间我国居民的时间分配结构发生了较大变化,从一个新角度反映了我国经济社会的发展以及人民生活品质的提升。例如,2018年,个人生理必需活动时间为11小时53分钟,比2008年增加19分钟,餐饮活动用时1小时44分钟,2018年比2008年增加4分钟。睡觉休息和用餐时间的增加,反映了居民生活方式更加健康。休闲娱乐时间为1小时5分钟,比2008年增加25分钟;健身锻炼时间增加8分钟,居民自由支配时间增加。2008年,无线网络覆盖面很小,智

---

① 习近平:《在经济社会领域专家座谈会上的讲话》,《人民日报》2020年8月25日。
② 习近平:《在庆祝中国共产党成立100周年大会上的讲话》,《人民日报》2021年7月2日。

能手机使用不普及，人们平均一天的上网时间仅有 14 分钟。随着互联网快速发展，2018 年居民一天使用互联网时间为 2 小时 42 分钟，比 2008 年增加 2 小时 28 分钟。这些都从一个侧面反映了人们生活水平的提高和科学技术的进步，以及人民生活品质发生改变的趋势。

从我国居民一天时间利用分布和内容来看，我国居民的生活品质与生活内容在我国经济社会迈上大台阶的同时，不但实现了量的发展，也取得了质的变化。正是在这样的时代背景和客观发展条件下，我们深刻认识到：一方面，人民对有品质生活充满期待，希望各方面的发展在"好"和"有"的基础上，实现"更好""更优"的发展；另一方面，我国发展不平衡不充分问题仍然突出，重点领域关键环节改革任务仍然艰巨，创新能力不适应高质量发展要求，城乡区域发展和收入分配差距较大，生态环保任重道远，民生保障存在短板，社会治理还有弱项。

为此，围绕人民对美好生活发展的新期待、新向往，立足新发展阶段的发展要求和时代特征，党的十九届五中全会以新发展理念为统领从提高人民收入水平、强化就业优先政策、建设高质量教育体系、健全多层次社会保障体系、全面推进健康中国建设、实施积极应对人口老龄化国家战略、加强和创新社会治理等方面出发，全方位擘画创造人民高品质生活路线图，着力破除发展中的不平衡、不充分问题，不断将改善人民生活品质的成果，通过人民群众的获得感、幸福感、安全感得以彰显。让人民所期盼的更好的教育、更稳定的工作、更满意的收入、更可靠的社会保障、更高水平的医疗卫生服务、更舒适的居住条件、更优美的环境，孩子们成长得更好、工作得更好、生活得更好等所代表的人民美好生活向往，在全面建设社会主义现代化国家新征程改善人民生活品质的奋斗中，得以实现。

高品质生活体现高质量发展的价值。高品质生活要以高质量发展作为前提和基础。同样，高品质生活是衡量高质量发展情况的重要标准。习近平总书记指出："我国已进入高质量发展阶段，社会主要矛盾已经转化为人民日益增长的美好生活需要和不平衡不充分的发展之间的矛盾，人均国内生产总值达到 1 万美元，城镇化率超过 60%，中等收入群体超过4亿人,人民对美好生活的要求不断提高。"① 要看到新发展阶段的发展必然是高质量的发展,高质量发展是"十四五"乃至更长时期我国经济社会发展的主题,关系我国社会主义现代化建设全局。高质量发展不只体现在经济方面,而是体现在经济社会发展的方方面面。在推动高质量发展的过程中,必须始终坚定不移增进民生福祉,把高质量发展同满足人民美好生活需要紧密结合起来,不断推动高质量发展、创造人民期待的高品质生活。

高质量发展为人民生活品质改善奠定雄厚基础。发展是硬道理,发展是解决中国所有问题的关键所在。面向未来,根据《中华人民共和国国民经济和社会发展第十四个五年规划和2035年远景目标纲要》划定的"施工图",我国将坚定不移走好高质量发展之路,不断实现新发展阶段我国经济社会发展新跨越,人民生活品质新改善。人民生活品质改善彰显高质量发展成果。新发展阶段,要坚持把实现好、维护好、发展好最广大人民根本利益作为发展的出发点和落脚点,办好就业、教育、社保、医疗、养老、托幼、住房等民生实事,提高公共服务可及性和均等化水平,坚持以人民为中心统领推动高质量发展,创造高品质生活,努力实现更高质量、更有效率、更加公平、更可持续、更为安全的发展。

在高质量发展、高品质生活中促进人的全面发展和社会全面进步。立足新发展阶段,贯彻新发展理念,构建新发展格局,在推动高质量发展,创造高品质生活的过程中,要坚持统筹发展和安全,不断将改革发展的成果惠及广大人民群众,促进人的全面发展和社会全面进步。新发展阶段全体人民共同富裕取得更为明显的实质性进展。习近平总书记指出:"在整个发展过程中,都要注重民生、保障民生、改善民生,让改革发展成果更多更公平惠及广大人民群众,使人民群众的共建共享发展中有更多获得感。"② 共同富裕是社会主义的本质要求,中国式现代化新征程,也是逐步实现全体人民共同富裕的新征程。新发展阶段,要迎难而上,继续保持居民收入与经济同步增长,扎实推进共同富裕,着力提高

---

① 习近平:《在经济社会领域专家座谈会上的讲话》,《人民日报》2020年8月25日。
② 《习近平关于社会主义社会建设论述摘编》,中央文献出版社2017年版,第12页。

人民收入水平，着力提高低收入群体收入，扩大中等收入群体，改善收入和财富分配格局，补齐民生短板、破解民生难题、兜牢民生底线，不断增进人民福祉。不断促进共享发展，健全共享发展机制，加大力度促进社会流动，增强向上流动的动力，塑造形成使人人辛勤劳动皆可获得成功的环境与氛围，促进人的全面发展。

新发展阶段实现巩固拓展脱贫攻坚成果同乡村振兴有效衔接，推动乡村全面振兴。脱贫摘帽不是终点，而是新生活、新奋斗的起点。新发展阶段，加强前瞻性思考、全局性谋划、战略性布局、整体性推进，统筹城乡发展。改善城乡居民生产生活条件，加强农村人居环境整治，促进城乡融合发展。既为城市留下美好乡村，也要让乡村得到城市的美好生活。共同提升城乡人民生活品质，让城市文明建设与发展的成果更多地惠及乡村，让乡村人民可以共享城市居民一样的均等、便利的公共服务与基础设施。在托幼、养老、家政、教育、医疗服务等方面启动面向乡村的专项行动计划。

新发展阶段促进经济社会发展全面绿色转型。生态文明建设关系经济社会发展，关系人民生活幸福，关系青少年健康成长。深入实施可持续发展战略，完善生态文明领域统筹协调机制，构建生态文明体系。加强生态文明建设，是推动经济社会高质量发展的必然要求，也是广大群众的共识和呼声。要更加深入地推进绿色发展，一方面，要持续改善城乡居民人居环境，深入推进"厕所革命"和垃圾分类工作，不断改善人民的生活品质，促进人民消费向绿色、健康、安全发展转变。要将生态文明建设融入新发展格局之中，在保护中实现发展，在发展中实现保护。促进人民形成绿色自觉，为青少年健康成长搭建更广阔的生态屏障。另一方面，要做好绿色发展空间格局优化，促进生态环境持续改善，把保护城市生态环境摆在更加突出的位置，科学合理规划城市的生产空间、生活空间、生态空间，处理好城市生产生活和生态环境保护的关系，提高经济发展质量，营造优美城市人居生态环境，构建系统完备、高效实用、智能绿色、安全可靠的现代化基础设施体系。

我国发展环境面临深刻复杂变化。当前和今后一个时期，我国发展仍然处于重要战略机遇期，但机遇和挑战都有新的发展变化。新发展阶段，要在继续推动高质量发展的基础上，着力解决好发展不平衡不充分问题，大力提升发展质量和效益，更好满足人民在经济、政治、文化、社会、生态等方面日益增长的需要，更好推动人的全面发展、社会全面进步。

第六章　中国式现代化与人民城市建设[*]

《决定》提出："健全推进新型城镇化体制机制"，并进一步指出"坚持人民城市人民建、人民城市为人民。"[①] 党的二十届三中全会重点研究进一步全面深化改革、推进中国式现代化问题。[②] 这对我国城市现代化建设提出了新的发展要求，要立足从进一步全面深化改革，推进中国式现代化发展出发，面向"十五五"和中长期发展要求，建设好现代化人民城市。在以中国式现代化全面推进中华民族伟大复兴的历史进程中，人民城市建设在我国城市现代化建设过程中发挥着全局性的带动作用。人民城市现代化建设，以中国式现代化为引领，凸显中国式现代化的价值意涵和实践意涵。价值意涵层面，人民城市建设体现服务中华民族伟大复兴战略全局的中国式现代化根本价值，体现以人民为中心发展的思想所彰显的中国式现代化发展价值，体现中华优秀传统文化与中华民族现代文明守正创新所彰显的中华民族现代文明价值，体现中国式现代化红色基因所彰显的自信自强精神价值。实践意涵层面，人民城市建设体现创新的实践意涵、绿色和开放发展的实践意涵、共享发展的实践意涵、统筹发展和安全的实践意涵，在中国式现代化伟大实践中努力将人民城

---

[*] 本文曾发表于《重庆邮电大学学报（社会科学版）》，2024年第4期，入书有修改。
[①] 《中共中央关于进一步全面深化改革 推进中国式现代化的决定》，《人民日报》2024年7月22日。
[②] 《中共中央政治局召开会议 决定召开二十届三中全会 分析研究当前经济形势和经济工作 审议〈关于持续深入推进长三角一体化高质量发展若干政策措施的意见〉中共中央总书记习近平主持会议》，《人民日报》2024年5月1日。

市打造成中国式现代化制度文明和制度优势的展示窗口，绿色与开放交相辉映的高水平发展平台，建设成为全体人民共同富裕和人民安全的现代化城市。中国式现代化人民城市将传承中华优秀传统文化与建设中华民族现代文明融合到城市现代化路径之中，彻底摒弃西方现代化城市建设以资本为中心的路径。以中国式现代化的人类文明新形态，创造中国特色的城市现代化文明新形态，彰显中国特色社会主义制度优越性，使人民城市成为中华民族现代化文明形态的重要表现载体。

一、人民城市建设的中国式现代化价值意涵

在党的二十大报告中，习近平总书记提出了人民城市的建设理念，全面、科学擘画了我国现代化城市建设和发展蓝图。习近平总书记指出："坚持人民城市人民建、人民城市为人民，提高城市规划、建设、治理水平，加快转变超大特大城市发展方式，实施城市更新行动，加强城市基础设施建设，打造宜居、韧性、智慧城市。"① 习近平总书记关于人民城市的重要论述为在我国这样一个人口规模巨大的国家，以中国式现代化全面推进中华民族伟大复兴阶段，全面推进城市现代化建设，提供了科学的路径和指南，也彰显了人民城市所体现的中国式现代化价值意涵和实践意涵，为广大发展中国家以城市化带动现代化，以现代化促进城市化发展，提供了不同于西方现代化进程中城市化发展的新经验、新选择和新路径。

建设中华民族现代文明，以人民城市理念为指引建设中华民族现代城市文明也是其题中之意。千百年来，城市文明始终是中华文明的载体形式之一，也承担了文明交流互鉴的职能。从长安到罗马的丝路传奇，绘就了中华文明的传奇和辉煌。今天，在摒弃西方现代化老路所铸就的西方现代化城市建设桎梏的同时，新的人类城市文明新形态，也在中国式现代化的成功实践和拓展中孕育，成为激活了现代活力的中华民族优

---

① 习近平：《高举中国特色社会主义伟大旗帜　为全面建设社会主义现代化国家而团结奋斗——在中国共产党第二十次全国代表大会上的报告》，《人民日报》2022年10月26日。

秀传统文化与中华民族现代文明的空间载体与外在具现。为了人民，而不是为了资本，是达成这一目标的根本原因所在，孕育了中国现代化建设最新成果的人民城市，也必将为广大发展中国家走向现代化，推动城市现代化建设，在城市现代化建设中促进各国本国优秀传统文化创造性转化、创新性发展，提供中国经验、中国智慧。

城市的出现是人类社会进入文明时代的标志。恩格斯在《家庭、私有制和国家的起源》中指出："游牧部落从其余的野蛮人群中分离出来——这是第一次社会大分工"。① 随着第一次社会大分工的出现，"用石墙、城楼、雉堞围绕着石造或者砖造房屋的城市，已经成为部落或部落联盟的中心；这是建筑艺术上的巨大进步，同时也是危险增加的和防卫需要增加的标志。"② 城市成为承载人类社会文明发展的空间载体，也成为了延续至今的发展的"中心"。城市的建设必然要承载着一些基本的居住、生活、防卫等需求，但是当在社会大分工中实现文明的跃升之时，城市建设本身也就蕴含了艺术的意涵、价值的意涵。在私有制的基础上，即使在资本主义现代文明的加持下，在高大恢弘的建筑背后，它也摆脱不了以资本为中心为少数人牟利的本质，城市现代化文明的价值意涵也成为资本文明而不是其创造者人民所有的文明。"中国式现代化坚持发展为了人民、发展依靠人民、发展成果由人民共享。"③ 而"西方现代化的最大弊端，就是以资本为中心而不是以人民为中心，追求资本利益最大化而不是服务绝大多数人的利益，导致贫富差距大、两极分化严重。"④ 人民城市承担着我国城市现代化建设的全局性作用，体现中国式现代化价值意涵。从根本上讲，"城市是人民的，城市建设要贯彻以人民为中心的发展思想，让人民群众更幸福。"⑤ 这与西方现代化赋予城市以资本为中心的现代化价值有着本质的不同。实际上，人民属性才是城市建设和发展的本质属性。

---

① 《马克思恩格斯选集》第4卷，人民出版社2012年版，第176页。
② 《马克思恩格斯选集》第4卷，人民出版社2012年版，第179页。
③ 习近平：《中国式现代化是强国建设、民族复兴的康庄大道》，《求是》2023年第16期。
④ 习近平：《中国式现代化是强国建设、民族复兴的康庄大道》，《求是》2023年第16期。
⑤ 《习近平关于城市工作论述摘编》，中央文献出版社2023年版，第37页。

第六章　中国式现代化与人民城市建设

人民城市建设体现服务中华民族伟大复兴战略全局的中国式现代化根本价值。党的十九届五中全会在擘画"十四五"及2035年远景目标时期蓝图时，提出"全党要统筹中华民族伟大复兴战略全局和世界百年未有之大变局"①，而且，"实现中华民族伟大复兴是近代以来中华民族最伟大的梦想。"② 全面建成小康社会，我国经济实力、科技实力、综合国力跃上新的大台阶，党的二十大提出："从现在起，中国共产党的中心任务就是团结带领全国各族人民全面建成社会主义现代化强国、实现第二个百年奋斗目标，以中国式现代化全面推进中华民族伟大复兴。"③ 中国式现代化是强国建设、民族复兴的唯一正确道路，这也是中国式现代化的根本价值所在。

新中国成立70多年来，特别是改革开放40多年来，我们用几十年的时间走完发达国家几百年走过的工业化历程，创造了经济快速发展奇迹与社会长期稳定奇迹，"两大奇迹"的创造彰显了中国特色社会主义制度的优越性。在高速增长阶段，城镇化与工业化协同推进，带动我国经济跃升为世界第二大经济体，创造了我国城市建设和发展的奇迹，创造了深圳速度，也让深圳从一个渔村跃升为世界级的特大城市。高质量发展阶段，城市建设新的内涵也在集聚，千年大计雄安新区从擘画到落地，彰显了中国式现代化城市建设新的篇章。习近平总书记指出："改革开放初期设立了深圳经济特区，创造了深圳的速度，40年后的今天，我们设立雄安新区要瞄准2035年和21世纪中叶'两步走'的目标，创造'雄安质量'，在推动高质量发展方面成为全国的一个样板。"④ 可见，全面建设社会主义现代化国家时期，我国发展进入了新发展阶段，城市现代化建设的任务和发展价值也发生了改变。习近平总书记在《国家中长期经

---

① 《中共中央关于制定国民经济和社会发展第十四个五年规划和二〇三五年远景目标的建议》，《人民日报》2020年11月4日。
② 习近平：《决胜全面建成小康社会 夺取新时代中国特色社会主义伟大胜利——在中国共产党第十九次全国代表大会上的报告》，《人民日报》2017年10月28日。
③ 习近平：《高举中国特色社会主义伟大旗帜 为全面建设社会主义现代化国家而团结奋斗——在中国共产党第二十次全国代表大会上的报告》，《人民日报》2022年10月26日。
④ 《雄安新区规划建设六周年，重温习近平总书记的重要论述》，http://www.news.cn/politics/leaders/2023-04/01/c_1129485792.htm。

济社会发展战略若干重大问题》一文中，将"完善城市化战略"作为新发展阶段国家中长期经济社会发展战略若干重大问题之一，并明确指出，"我国城市化道路怎么走？这是个重大问题，关键是要把人民生命安全和身体健康作为城市发展的基础目标。"[1] 这为我国城市化道路选择和城市现代化建设提出了更高的发展目标和要求。党的十八大以来，我国城市经济实力显著提高，2012年我国万亿GDP城市仅有7个，上海成为第一个GDP超过2万亿的城市，2021年我国万亿GDP城市增至24个，有6个城市GDP突破2万亿。[2] 截止到2023年底，我国城镇常住人口93267万人，城镇化率为66.16%，[3] 我们走出了一条中国特色的人民城市发展道路和中国特色的城市管理和建设道路。城市在我国现代化建设中的比重进一步提高，在中国式现代化建设中的战略作用也更加明显。党的二十大报告明确提出："没有坚实的物质技术基础，就不可能全面建成社会主义现代化强国。"[4] 这对城市现代化建设提出了更高的要求。人民城市是党的二十大面向基本实现现代化和建成社会主义现代化强国的战略安排。因此，推进人民城市建设，也要自觉融入与服务于中华民族伟大复兴战略全局之中，融入以中国式现代化全面推进中华民族伟大复兴进程之中。人民城市建设在中国式现代化进程中不但是人民幸福承载的平台，也是国家现代化建设成就展示的大舞台。新发展阶段，中国特色的城市化建设与治理同样进入新发展阶段。新发展阶段的发展特征、发展目标，要求我国城市建设必须体现民族复兴的时代召唤，必须体现高质量的发展要求，必须体现治理现代化的时代要求，促进社会全面进步和人的全面发展。人民城市建设要全面体现服务于中华民族伟大复兴战略全局的根本价值之中，做大做强城市发展的根基，为高质量发展奠定坚实的物

---

[1] 习近平：《国家中长期经济社会发展战略若干重大问题》，《求是》2020年第21期。
[2] 国家统计局：《新型城镇化建设扎实推进 城市发展质量稳步提升——党的十八大以来经济社会发展成就系列报告之十二》，https://www.stats.gov.cn/sj/sjjd/202302/t20230202_1896688.html。
[3] 国家统计局：《2023年国民经济回升向好 高质量发展扎实推进》，https://www.stats.gov.cn/sj/zxfb/202401/t20240117_1946624.html。
[4] 习近平：《高举中国特色社会主义伟大旗帜 为全面建设社会主义现代化国家而团结奋斗——在中国共产党第二十次全国代表大会上的报告》，《人民日报》2022年10月26日。

质基础技术。

人民城市建设体现以人民为中心发展的思想所彰显的中国式现代化发展价值。在 2015 年召开的中央城市工作会议上，习近平总书记明确指出："做好城市工作，要顺应城市工作新形势、改革发展新要求、人民群众新期待，坚持以人民为中心的发展思想，坚持人民城市为人民。这是我们做好城市工作的出发点和落脚点。"① 2019 年，习近平总书记在上海考察时强调，"城市是人民的城市，人民城市为人民。无论是城市规划还是城市建设，无论是新城区建设还是老城区改造，都要坚持以人民为中心，聚焦人民群众的需求，合理安排生产、生活、生态空间，走内涵式、集约型、绿色化的高质量发展路子，努力创造宜业、宜居、宜乐、宜游的良好环境，让人民有更多获得感，为人民创造更加幸福的美好生活。"② 2023 年，习近平总书记在考察雄安新区时，再次强调"要坚持人民城市人民建、人民城市为人民"。③ 可见，党的十八大以来，中国式现代化进程中坚持以人民为中心建设人民城市是我国城市现代化建设一以贯之的根本指导思想。以人民为中心不但是建设人民城市的价值属性，也体现了城市建设的根本出发点和落脚点是人民。"依靠谁、为了谁是任何一个现代化模式形成必须回答的理论问题，也是中国式现代化新道路的价值旨归。"④ 中国式现代化坚持以人民为中心，这不但是中国式现代化与西方现代化本质区别，也是中国式现代化城市建设与西方现代化城市建设的本质区别。中国式现代化的发展价值体现在以人民为中心发展思想是之中，"中国式现代化则始终坚持人民至上的立场，追求的是人民的根本利益，最终目的是促进人的全面发展。"⑤ 西方的现代化是以资本为中心的现代化，其导致的必然结果是对人的忽视。资本成为社会发展的主导

---

① 《十八大以来重要文献选编》（下），中央文献出版社 2018 年版，第 78 页。
② 《习近平在上海考察时强调 深入学习贯彻党的十九届四中全会精神 提高社会主义现代化国际大都市治理能力和水平》，《人民日报》2019 年 11 月 4 日。
③ 《习近平在河北雄安新区考察并主持召开高标准高质量推进雄安新区建设座谈会时强调 坚定信心保持定力 稳扎稳打善作善成 推动雄安新区建设不断取得新进展》，《人民日报》2023 年 5 月 11 日。
④ 唐兴军：《论中国式现代化新道路的生成逻辑》，《决策与信息》2022 年第 4 期。
⑤ 丰子义：《中国式现代化道路的文明价值》，《前线》2022 年第 3 期。

力量。"资本主义基本矛盾在这种赤裸裸的人身依附关系下愈发不可调和,进而生发出贫富差距、种族歧视、经济危机、社会失序等现象。"①从而使得两极分化、物质主义膨胀、对外扩张掠夺成为西方现代化的外在表现形式和伴生品,将资本的"反文明面"无限放大,无法纠正,不但背离了人的现代化的初衷,而且西方现代化道路从根本上也不可能走向人民的现代化,这是由资本主义生产资料私有制本质决定的,以资本为依托的各种利益集团绑架国家的发展成为必然。因此,中国的城市现代化建设"要坚持以人民为中心的发展思想,坚持从社会全面进步和人的全面发展出发,在生态文明思想和总体国家安全观指导下制定城市发展规划,打造宜居城市、韧性城市、智能城市,建立高质量的城市生态系统和安全系统"。②

人民城市建设体现在以人民为中心发展思想所彰显的发展观和现代化观之中,它是现代化人民城市建设价值参照系。"要坚持以人民为中心的发展思想,坚持共建共治共享,坚持重心下移、力量下沉,着力解决好人民群众关心的就业、教育、医疗、养老等突出问题,不断提高基本公共服务水平和质量,让群众有更多获得感、幸福感、安全感。"③习近平总书记指出:"人民城市人民建、人民城市为人民。城市是人集中生活的地方,城市建设必须把让人民宜居安居放在首位,把最好的资源留给人民。"④此外,坚持以人民为中心发展思想推进人民城市建设,也是由党的性质和宗旨所决定的。"中国共产党根基在人民、血脉在人民、力量在人民。中国共产党始终代表最广大人民根本利益,与人民休戚与共、生死相依,没有任何自己特殊的利益,从来不代表任何利益集团、任何

---

① 孙开、李效东:《中国式现代化新道路演进历程、核心意蕴与经验启示》,《齐齐哈尔大学学报(哲学社会科学版)》2022年第3期。
② 习近平:《国家中长期经济社会发展战略若干重大问题》,《求是》2020年第21期。
③ 《习近平在上海考察时强调 坚定改革开放再出发信心和决心 加快提升城市能级和核心竞争力》,《人民日报》2018年11月8日。
④ 习近平:《在浦东开发开放30周年庆祝大会上的讲话》,《人民日报》2020年11月13日。

权势团体、任何特权阶层的利益。"① 中国共产党作为中国式现代化的领导力量，发挥着中流砥柱的作用。中国共产党自身的性质和宗旨，决定了中国式现代化进程中无论是有条件的地区先行先试的探索，还是推动全国全面建设社会主义现代化国家的新征程，中国的现代化道路必然是人民的现代化，以人民为中心的现代化。

人民城市体现中华优秀传统文化与中华民族现代文明守正创新所彰显的中华民族现代文明价值。"中国式现代化是赓续古老文明的现代化，而不是消灭古老文明的现代化；是从中华大地长出来的现代化，不是照搬照抄其他国家的现代化；是文明更新的结果，不是文明断裂的产物。"② 而且，"历史文化是城市的灵魂，要像爱惜自己的生命一样保护好城市历史文化遗产。"③ 中国特色城市文化，即体现在传统与现代交相辉映的城市建筑之美中，也体现在城市中人的日用而不觉的生活中。物质成果和精神成果共同构成了人民城市独有的中国特色和人民属性，使得城市现代化建设，从属性上真正摆脱了西方现代化背景下的物质主义膨胀与精神世界萎靡、堕落的发展路径。"中国式现代化赋予中华文明以现代力量，中华文明赋予中国式现代化以深厚底蕴。"④ 中国特色城市现代化建设，让中华优秀传统文化的复兴，被赋予了现代化文明的物质载体，也让中国特色的城市发展更加具有了文化的主体性，并统一到人民物质生产和精神生产的创造性活动中。习近平总书记指出："我们要借鉴国外城市建设有益经验，但不能丢掉了中华优秀传统文化。"⑤

人民城市建设要体现中国式现代化的红色基因所彰显的自信自强精神价值。习近平总书记指出："一个民族需要有民族的精神，一个城市同样需要有城市精神。"⑥ 我们的城市是人民的城市，承载着人民创造物质财富与精神财富的成果。新中国成立后，城市所有权回到人民的手中，

---

① 习近平：《在庆祝中国共产党成立100周年大会上的讲话》，《人民日报》2021年7月2日。
② 习近平：《在文化传承发展座谈会上的讲话》，《求是》2023年第17期。
③ 《习近平关于城市工作论述摘编》，中央文献出版社2023年版，第100页。
④ 习近平：《在文化传承发展座谈会上的讲话》，《求是》2023年第17期。
⑤ 《习近平关于城市工作论述摘编》，中央文献出版社2023年版，第108—109页。
⑥ 《十八大以来重要文献选编》（下），中央文献出版社2018年版，第88页。

这是人民在中国共产党的领导下付出生命和血的代价获得的。红色精神成为中华民族精神的天然构成,这种构成也必然反映到城市精神、城市文化之中。"红色是中国共产党、中华人民共和国最鲜亮的底色,在我国960多万平方公里的广袤大地上红色资源星罗棋布,在我们党团结带领中国人民进行百年奋斗的伟大历程中红色血脉代代相传。"①

现代化人民城市建设要赓续红色血脉,传承红色基因,坚定红色信仰。习近平总书记指出:"新中国是无数革命先烈用鲜血和生命铸就的。要深刻认识红色政权来之不易,新中国来之不易,中国特色社会主义来之不易。"② 中国式现代化道路是在坚持和发展中国特色社会主义制度中被创造的。它体现中国共产党领导中国人民从事社会主义现代化建设的一脉相承性和继承性。改革开放之初,邓小平同志就提出"走出一条中国式的现代化道路"。③ 而且,中国式现代化不仅是物质富裕,而是物质和精神都富裕,物质文明和精神文明都发展的现代化。"中国式现代化既要物质财富极大丰富,也要精神财富极大丰富在思想文化上自信自强。"④ 赓续红色血脉、传承红色基因是中国式现代化的精神内核。习近平总书记指出:"只有物质文明建设和精神文明建设都搞好,国家物质力量和精神力量都增强,全国各族人民物质生活和精神生活都改善,中国特色社会主义事业才能顺利向前推进。"⑤ 这也是人民城市建设的精神价值所在。在服务中华民族伟大复兴、坚持以人民为中心推进中国式现代化建设的过程中,始终贯穿着一条精神价值的主线。这条主线既包含走自己的路的全部价值归一,也包括传承历史使命。习近平总书记指出:"如果没有自己的精神独立性,那政治、思想、文化、制度等方面的独立性就会被

---

① 习近平:《用好红色资源 赓续红色血脉 努力创造无愧于历史和人民的新业绩》,《求是》2021年第19期。
② 习近平:《用好红色资源,传承好红色基因 把红色江山世世代代传下去》,《求是》2021年第10期。
③ 《邓小平文选》第2卷,人民出版社1994年版,第163页。
④ 习近平:《中国式现代化是强国建设、民族复兴的康庄大道》,《求是》2023年第16期。
⑤ 习近平:《决胜全面建成小康社会 夺取新时代中国特色社会主义伟大胜利——在中国共产党第十九次全国代表大会上的报告》,《人民日报》2017年10月28日。

釜底抽薪。"① 城市发展不但是一个为什么人的问题，也是一个属于什么人的问题。人民城市从根本上回答了这个问题，城市建设的最终目的是人民，这根源于中国共产党的性质宗旨和红色政权的本质特色。城市不但是一个空间载体也是一个精神文化价值的载体，城市的物质形态承载着历史记忆与未来传承。因此，在中国式现代化进程中建设的人民城市，自然要传承红色文化，并将其内嵌于人民城市建设之中。从站起来、富起来到强起来，传承红色基因、彰显红色精神、坚定红色信仰是人民城市建设一以贯之的精神价值。

人民城市建设之路要坚持自信自强，走好中国特色城市建设之路。习近平总书记指出："走自己的路，是党的全部理论和实践立足点，更是党百年奋斗得出的历史结论。"② 新时代，走自己的路，就是要在中国式现代化的建设中坚定"四个自信"，坚守独立自主的发展道路。新时代新征程，面向第二个百年奋斗目标，在新的起点上谋划人民城市建设，实践道路自信、理论自信、制度自信、文化自信，在建设中国式现代化人民城市进程中彰显自信自强的精神价值，更好向世界展示中国理念、中国精神、中国道路。在"东升西降"的时代大格局、大背景之下，成为展示社会主义制度优越性的"窗口"和坚持独立自主不依附于西方而走向现代化的"样板"。建设人民城市，人民至上不但是时代所需，发展之要，更是由中国式现代化的领导力量中国共产党的性质和宗旨所决定的。人民的现代化是人民城市建设的首要发展价值，只有坚持人民属性，才能更好地把握城市建设的出发点和落脚点，提高对我国城市建设的规律性认识，形成可复制、可推广的现代化建设经验和方案。

二、人民城市建设的中国式现代化实践意涵

中国式现代化孕育于新中国成立 70 多年来的伟大创造之中，孕育于

---

① 《习近平关于防范风险挑战、应对突发事件论述摘编》，中央文献出版社 2020 年版，第 37 页。
② 习近平：《在庆祝中国共产党成立 100 周年大会上的讲话》，《人民日报》2021 年 7 月 2 日。

改革开放40多年来的伟大实践之中。马克思曾指出:"人们自己创造自己的历史,但是他们并不是随心所欲地创造,并不是在他们自己选定的条件下创造,而是在直接碰到的、既定的、从过去承继下来的条件下创造。"① 中国特色社会主义,中国式现代化是在理论与实践中不断走出来的,并在理论与实践中不断实现创造性发展。"70多年前,中国社会在政治上'站起来'之后迅速进行社会主义改造,集全社会之力建设独立完整的社会主义工业体系,建设'四个现代化',就是旨在通过现代化让中国社会在经济社会各个方面也真正'站起来'。"② 改革开放以来,党领导人民坚持"'发展才是硬道理',中国式现代化重新步入轨道,中国经济实现了腾飞,取得了巨大的发展成果"。③ 习近平总书记指出:"40年来取得的成就不是天上掉下来的,更不是别人恩赐施舍的,而是全党全国各族人民用勤劳、智慧、勇气干出来的!"④ 新征程,全面建设社会主义现代化国家,继续发挥实干精神,建设人民城市,在实践中坚持和发展中国特色社会主义制度。

"理念是行动的先导,一定的发展实践都是由一定的发展理念来引领的。"⑤ 人民城市建设坚持立足新发展阶段以新发展理念引领实践,并作为人民城市建设的实践意涵。根本原因在于中国式现代化"是以新发展理念为基本依托的现代化。从'又快又好'到'又好又快'再到'五大文明'齐头并进,中国式现代化新道路深化了对新阶段、新理念、新格局的科学认识,凸显社会主义现代化建设的系统性、整体性、协调性,解构了西方现代化的发展框架"。⑥ 要坚持新发展理念统领现代化人民城市建设的全过程、各领域,推进完善新时代城市化发展战略,建设创新、协调、绿色、开放、共享的人民城市建设。

---

① 《马克思恩格斯文集》第2卷,人民出版社2009年版,第470—471页。
② 辛鸣:《中国式现代化的文明创造》,《前进》2021年第10期。
③ 张占斌:《中国共产党创造了中国式现代化新道路》,《旗帜》2021年第10期。
④ 习近平:《在庆祝改革开放40周年大会上的讲话》,《人民日报》2018年12月19日。
⑤ 习近平:《把握新发展阶段,贯彻新发展理念,构建新发展格局》,《求是》2021年第9期。
⑥ 孙开、李效东:《中国式现代化新道路演进历程、核心意蕴与经验启示》,《齐齐哈尔大学学报(哲学社会科学版)》2022年第3期。

人民城市建设体现创新的实践意涵，努力将人民城市打造成中国式现代化制度文明和制度优势的展示窗口。

创新是第一动力，更是永葆生机与活力的力量源泉。全面建设社会主义现代化国家时期，高质量发展的要求不仅体现在推动科技自立自强，加强科技原始创新，解决"卡脖子"问题方面，也包括制度创新，形成全新的制度文明。"我国各地情况千差万别，要因地制宜推进城市空间布局形态多元化。"① 人民城市建设可以鼓励有条件的地区率先实现推进，重点是在更高水平的"摸着石头过河"中，摸出人民城市的建设规律，形成制度性、体系性的高度文明化的成果。既可以对国内其他地区推进人民城市建设，形成经验输出和带动效应，又要立足人类现代化文明探索，形成展示中国式现代化和中国特色社会主义制度优越性的窗口。加强原始制度创新与原始科技创新的融合，将人民城市建设成高端原始制度创新带动的高端服务业与原始技术创新带动的高端制造业交融的载体，成为制度文明的汇集之地、输出之地，打造创新惠及人民的现代化发展范例。

国家治理体系与治理能力现代化是我国在长期总结现代化实践经验基础上，提出的全新的现代化理念。党的十八届三中全会上，习近平总书记提出第五个现代化，即"国家治理体系和治理能力现代化"的重大概念。② 而且，"城市治理是推进国家治理体系和治理能力现代化的重要内容"。③ 新时代制度构建不再是简单的经验形成和推广，必须是整体性的成套制度体系创造。这样才能形成以理念为引领，以机制为模具的制度体系。也就是说，"城市建设和管理相辅相成，建设提供硬环境，管理增强软实力，共同指向完善城市功能。要加快形成与世界城市相匹配的城市管理能力，城市管理目标、方法、模式都要现代化。"④ 西方现代化

---

① 习近平：《国家中长期经济社会发展战略若干重大问题》，《求是》2020年第21期。
② 何星亮：《中华民族创造"中国式现代化新道路"的四个保障》，《人民论坛》2021年第26期。
③ 《习近平在上海考察时强调 坚定改革开放再出发信心和决心 加快提升城市能级和核心竞争力》，《人民日报》2018年11月8日。
④ 《习近平关于城市工作论述摘编》，中央文献出版社2023年版，第76页。

对于人类文明进步曾经发挥过推动作用，展现出它的文明一面，但是它的"反文明面"给人类社会带来的灾难远大于它的文明一面，在当今国际社会日渐破产，丧失吸引力。因此，在世界发展百年未有之大变局的背景下，探索一种全新的非西方的现代化制度文明，不仅是时代发展的需要，也是人类社会求解人类未来发展方案的需要。一种全新的人类文明形态需要在重新建构的现代化理念和现代化模式中经过实践而孕育。当然，"在西方力量占据绝对优势的世界中，人类文明的重建在实践上是艰难的。"但是，"当今世界正经历百年未有之大变局，确立一种与世界大变局相适应的人类新文明，是全世界的唯一选择。"① 在这一背景下，建设人民城市不单单被赋予带动中国自身现代化发展的意义，也赋予了体现人类对更好制度探索的重任。

人民城市建设体现绿色和开放发展的实践意涵，形成绿色与开放交相辉映的高水平发展平台。推进人民城市建设绿色发展，"构建和谐优美生态环境，把城市建设成为人与人、人与自然和谐共生的美丽家园。"② 围绕碳中和、碳达峰推进城市绿色建设，不但要让人民有"绿色"感受和环境的绿色改善，而且要形成绿色发展的经济体系、社会体系、治理体系，让人民在绿色发展中感受环境美丽的同时，记得住乡愁，得到发展实实在在的实惠，生态文明建设取得新突破。

"对外开放是我国的基本国策，任何时候都不能动摇。"③ 当前我国正在加快构建新发展格局，要将人民城市建设打造成国内大循环的高地、双循环的耦合地、国际循环的端口。着力推动规则、规制、管理、标准等制度型开放，提供高水平制度供给、高质量产品供给、高效率资金供给，更好参与国际合作和竞争。以开放服务人民满足美好生活的需求，以开放形成新一轮发展的中国机遇，带动中国整体的服务业、制造业向中高端位移，实现世界市场与世界工厂在人民城市建设中的耦合，为人

---

① 陈曙光：《世界大变局与人类文明的重建》，《哲学研究》2022年第3期。
② 《(受权发布)中共中央 国务院关于支持浦东新区高水平改革开放打造社会主义现代化建设引领区的意见》，http://www.xinhuanet.com/politics/zywj/2021-07/15/c_1127659292.htm。
③ 习近平：《在浦东开发开放30周年庆祝大会上的讲话》，《人民日报》2020年11月13日。

民创造更多的就业机会、富裕机会、发展机会。

人民城市建设体现共享发展的实践意涵，扎实推动建设全体人民共同富裕的人民城市。共享发展体现人民城市为人民的根本特征。推进现代人民城市建设要把最好的资源留给人民。"共同富裕是社会主义的本质要求，是中国式现代化的重要特征。"① 实现共同富裕不但体现共享发展的要义，而且也是社会主义制度优越性的体现。习近平总书记指出："要树立战略眼光，顺应人民对高品质生活的期待，适应人的全面发展和全体人民共同富裕的进程，不断推动幼有所育、学有所教、劳有所得、病有所医、老有所养、住有所居、弱有所扶取得新进展。"② 中国式现代化的一个显著特征就是摒弃了西方两极分化现代化的老路，两极分化的结果对于西方社会发展教训是非常深刻的，成为社会动荡和社会成员对立的根源所在。"我国必须坚决防止两极分化，促进共同富裕，实现社会和谐安定。"③ 一是建设共同富裕的人民城市。"在我国社会主义制度下，既要不断解放和发展社会生产力，不断创造和积累社会财富，又要防止两极分化。"④ 让改革发展成果更多惠及人民，探索、完善人民共同富裕机制，不断扩大中等收入群体，促进社会结构，特别是财富与收入结构更加优化，调动社会成员更加积极地投入到"人民城市"建设中。另一方面，不断促进共享发展，健全共享发展机制，将"人民城市"建设成机遇之城、机会之城。"要防止社会阶层固化，畅通向上流动通道，给更多人创造致富机会，形成人人参与的发展环境，避免'内卷'、'躺平'。"⑤ 加大力度促进社会流动，增强向上流动的动力，塑造形成使人人辛勤劳动皆可获得成功的环境与氛围，促进人的全面发展。同时，要加强棚户区、老旧住宅的改造力度，不能一边霓虹璀璨，一边棚户区遍地，实现人民的居住正义与居住尊严。

二是建设秩序与活力相统一的人民城市，让人民在社会活力创造中

---

① 习近平：《扎实推动共同富裕》，《求是》2021年第20期。
② 《习近平关于城市工作论述摘编》，中央文献出版社2023年版，第40页。
③ 习近平：《扎实推动共同富裕》，《求是》2021年第20期。
④ 张占斌：《中国共产党创造了中国式现代化新道路》，《旗帜》2021年第10期。
⑤ 习近平：《扎实推动共同富裕》，《求是》2021年第20期。

共享发展成果，实现共同富裕。秩序与活力是涉及中国式现代化发展的重要方面。习近平总书记在阐述《推进中国式现代化需要处理好若干重大关系》之时，将秩序与活力列为推进中国式现代化需要处理的重大关系之一，从充分激发全社会创造活力方面要求"加强社会舆论引导，形成劳动创造财富实干创造业绩、奋斗创造幸福的正确导向，防止轻视劳动、不劳而获、一夜坐享其成、消极躺平等不良思想长蔓延，充分激发全社会创造活力"。① 幸福生活都是奋斗出来的，共同富裕要靠勤劳智慧来创造，充分激发全社会创造活力。在人民城市建设过程中，善于把握人民城市的精神品格，形成中国式城市现代化建设的本质路径，让中国特色社会主义在现代化人民城市建设中展现更加蓬勃的生机和活力，让现代化人民城市成为人人都有人生出彩机会、人人都能有序参与治理的路径、人人都能享有品质生活的可能、人人都能切实感受温度空间的城市。

人民城市建设要体现统筹发展和安全的实践意涵，建设人民安全的现代化人民城市。"城市发展不能只考虑规模经济效益，必须把生态和安全放在更加突出的位置，统筹城市布局的经济需要、生活需要、生态需要、安全需要。"② 统筹发展和安全是重要发展理念。习近平总书记指出："我们越来越深刻地认识到，安全是发展的前提，发展是安全的保障。"③ "无论规划、建设还是管理，都要把安全放在第一位，把住安全关、质量关，并把安全工作落实到城市工作和城市发展各个环节各个领域。"④ 可见，新征程，统筹发展与安全，需要打造人民安全的现代化人民城市。面对城市发展及治理过程中存在的短板和弱项，面对新发展阶段对城市发展及治理提出的更高要求、更高目标、更高标准，新时代城市化发展战略要坚持一切为了人民的根本出发点，探索和形成符合客观规律的新时代现代化人民城市建设、治理的规律和路径，为新发展阶段我国城市现代化发展提供高质量发展的经验。

---

① 习近平：《推进中国式现代化需要处理好若干重大关系》，《求是》2023年第19期。
② 《十九大以来重要文献选编（中）》，中央文献出版社2021年版，第498页。
③ 《习近平谈治国理政》第四卷，外文出版社2022年版，第117页。
④ 《习近平著作选读》第一卷，人民出版社2023年版，第414页。

要坚持安全发展理念，建设人民安全的现代化人民城市。一方面，要合理城市功能布局，优化城市空间设置，建设更加全面的城市安全体系与应急管理体系，加强突发公共安全问题的应对能力，建设多元合一、专兼结合，以及职业化与专业化深度融合的人民安全应急队伍体系，更加突出专业性、技术性特征；另一方面，控制人口密度，形成多中心、主中心区与卫星区多元、分散、一体协调的城市空间发展格局。分散城市人口、资源、产业构成，增强城市功能组团发展，提高城市应对各种风险能力，加强城市在极端状况下的自主运行能力。要坚持以人为核心的城镇化，统筹城乡发展、城乡建设，以城带乡、以城促乡，促进城乡融合发展，全面建设现代化城市与促进全面乡村振兴紧密结合，畅通城乡经济循环、公共服务均等化、基础设施现代化。

三、人民城市是展现中华民族现代文明形态的载体

人民城市的本质属性是人民性，是在以人民为中心的发展思想指导下坚持正确的发展观和人民观的中国式现代化进程中不断发展、壮大起来的。新征程上，要坚持以人民至上理念统领人民城市建设，贯彻党全心全意为人民服务的根本宗旨，坚定新时代"赶考"精神的价值灵魂。①"中国式现代化，民生为大。"② 推进中国式城市现代化建设，无论是城市规划、建设布局的大项目，还是社区发展与治理的细微处，要把人民至上、民生为大贯彻到城市现代化建设的全过程、各领域，从人的全面发展和社会全面进步出发，在习近平生态文明思想和总体国家安全观指导下推进城市发展规划与建设。既要久久为功，也要下好绣花功夫，不断开创中国特色城市现代化建设与发展新局面，将传承中华优秀传统文化与建设中华民族现代文明融入城市现代化路径之中，彻底摒弃

---

① 胡刚：《中国共产党"赶考"精神及其对新时代的价值启示》，《重庆邮电大学学报（社会科学版）》2023年第4期。
② 《习近平在重庆考察时强调 进一步全面深化改革开放 不断谱写中国式现代化重庆篇章》，《人民日报》2024年4月25日。

西方现代化城市建设以资本为中心的路径。以中国式现代化创造的人类文明新形态，创造中国特色的城市现代化文明新形态，彰显中国特色社会主义制度优越性，使人民城市成为中华民族现代文明形态的重要展现载体。

第七章　中国式现代化的社会治理

社会治理体系与治理能力现代化建设是国家治理体系与治理能力现代化建设的重要组成部分。党的十八届三中全会通过的《中共中央关于全面深化改革若干重大问题的决定》从创新社会治理体制的高度出发，将社会治理现代化作为全面深化改革的重要一环，提出"改进社会治理方式。坚持系统治理，加强党委领导，发挥政府主导作用，鼓励和支持社会各方面参与，实现政府治理和社会自我调节、居民自治良性互动"。①

党的十九大报告指出："打造共建共治共享的社会治理格局。加强社会治理制度建设，完善党委领导、政府负责、社会协同、公众参与、法治保障的社会治理体制，提高社会治理社会化、法治化、智能化、专业化水平。"②

党的二十大报告提出："完善社会治理体系。健全共建共治共享的社会治理制度，提升社会治理效能。"并进一步指出，"建设人人有责、人人尽责、人人享有的社会治理共同体。"③《决定》提出："创新社会治理体制机制和手段"，"健全社会治理体系。"④ 一个现代化的社会，应该既充满活力又拥有良好秩序，呈现出活力和秩序有机统一。社会治理是国

---

① 《中共中央关于全面深化改革若干重大问题的决定》，《人民日报》2013年11月16日。
② 习近平：《决胜全面建成小康社会 夺取新时代中国特色社会主义伟大胜利——在中国共产党第十九次全国代表大会上的报告》，《人民日报》2017年10月28日。
③ 习近平：《高举中国特色社会主义伟大旗帜 为全面建设社会主义现代化国家而团结奋斗——在中国共产党第二十次全国代表大会上的报告》，《人民日报》2022年10月26日。
④ 《中共中央关于进一步全面深化改革 推进中国式现代化的决定》，《人民日报》2024年7月22日。

家治理的重要方面在我国社会建设事业中承担着重要的载体功能。新发展阶段，要发展壮大群防群治力量，营造见义勇为社会氛围，建设人人有责、人人尽责、人人享有的社会治理共同体。在精细化治理中，聚焦人民群众的需求，推动治理的重心和配套资源向街道社区下沉，推进服务供给精细化，找准服务群众的切入点和着力点，办好一件件民生实事，为人民创造宜业、宜居、宜乐、宜游的良好社会发展环境，让人民群众有更多获得感。从改进社会治理方式到打造共建共治共享的社会治理格局，从全面深化改革的视角，全面推进社会治理体系现代化，形成了新时代社会治理新格局。党委领导、政府负责、社会协同、公众参与、法治保障的社会治理体制日臻完善。

一、中国式现代化的社会治理是时代发展之需

习近平总书记提出"打造人人有责、人人尽责的社会治理共同体"的科学判断。总书记指出："要完善基层群众自治机制，调动城乡群众、企事业单位、社会组织自主自治的积极性，打造人人有责、人人尽责的社会治理共同体。"① 人人有责、人人尽责社会治理共同体科学概念的提出，进一步深化了新时代推进社会治理体系与治理能力现代化的新认识。

党的十九届四中全会通过的《中共中央关于坚持和完善中国特色社会主义制度 推进国家治理体系和治理能力现代化若干重大问题的决定》从坚持和完善中国特色社会主义制度、推进国家治理体系和治理能力现代化的高度提出要"坚持和完善共建共治共享的社会治理制度，保持社会稳定、维护国家安全"，② 并进一步指出："社会治理是国家治理的重要方面。必须加强和创新社会治理，完善党委领导、政府负责、民主协商、社会协同、公众参与、法治保障、科技支撑的社会治理体系，建设人人有责、人人尽责、人人享有的社会治理共同体，确保人民安居乐业、社

---

① 《习近平在中央政法工作会议上强调 全面深入做好新时代政法各项工作 促进社会公平正义保障人民安居乐业》，《人民日报》2019 年 1 月 17 日。
② 《中共中央关于坚持和完善中国特色社会主义制度 推进国家治理体系和治理能力现代化若干重大问题的决定》，《人民日报》2019 年 11 月 6 日。

会安定有序,建设更高水平的平安中国。"①《决定》提出:"坚持和发展新时代'枫桥经验',健全党组织领导的自治、法治、德治相结合的城乡基层治理体系,完善共建共治共享的社会治理制度。"②

党的十八大以来,我们不断推进国家治理体系和治理能力现代化,不断提高防范和化解重大风险的能力,政治、经济、文化、社会、生态文明建设取得历史性成就,在世界发展高度不确定的背景下,"中国集中、统一、高效、民主、法治的治理体系,在后危机时代纷乱的各国治理变革中,更彰显传统与现代完美结合的创新治理体系所代表的中国智慧。"③

今天,伴随着国家治理体系和治理能力现代化的推进,特别是党的十八大以来在新理念新思想新战略指导下进行的新的实践,经过四十年的探索,我国新的社会治理体系机制架构基本形成,高效、集中、法治的社会治理能力基本建立,已基本建成党委领导、政府负责、社会协同、公众参与、法治保障的社会治理体系,提高了社会治理社会化、法治化、智能化、专业化水平,增强了全社会防范和抵御安全风险的能力。

建设人人有责、人人尽责、人人享有的社会治理共同体,完善党委领导、政府负责、民主协商、社会协同、公众参与、法治保障、科技支撑的社会治理体系,不但是全面建成小康社会后,开启社会主义现代化建设新征程的时代要求,也是坚持和完善中国特色社会主义制度、推进国家治理体系和治理能力现代化的客观要求,对于保持社会稳定、维护国家安全、防范化解重大风险、提高社会运营能力具有重要意义,也是有力的制度保障。

新时代的中国社会治理面临国内外多种社会发展风险因素的影响,新问题、新挑战不断。不确定性风险成为新时代中国社会治理面临的主

---

① 《中共中央关于坚持和完善中国特色社会主义制度 推进国家治理体系和治理能力现代化若干重大问题的决定》,《人民日报》2019 年 11 月 6 日。
② 《中共中央关于进一步全面深化改革 推进中国式现代化的决定》,《人民日报》2024 年 7 月 22 日。
③ 马峰:《新时代国家治理体系和治理能力现代化建设步入新境界》,http://theory.people.com.cn/n1/2018/0428/c40531-29957124.html。

要挑战,全球性的社会风险,由全球风险外溢引入的社会风险和挑战,在全球一体化密切的背景下,成为新型社会风险的主要来源。

基本实现现代化,进而建成社会主义现代化强国是近代以来无数仁人志士为之奋斗的中华民族复兴之梦。新时代社会治理体系与能力现代化,必然成为新时代国家治理体系和治理能力现代化建设重要组成部分。我们必须明确的是"治理是各种公共的或私人的个人和机构管理其共同事务的诸多方式的总和。它是使相互冲突的或不同的利益得以调和并且采取联合行动的持续的过程"。①

2008年金融危机后,西方社会一系列制度失序、国家治理失序导致的社会治理危机潜藏在社会运行的方方面面,正在向世人展示一个因内部社会冲突而导致的从国家到社会整体治理失序或制度崩塌而引发的高风险社会的到来,西方或这些已完成工业化或进入后工业化的国家和地区,正在进入一种高风险社会下精英堕落时代的秩序危机。事实上,"国际上的问题林林总总,归结起来就是要解决好治理体系和治理能力的问题。"② 西方社会内部由此引发的社会动荡,进而反映到制度层面导致的从国家治理体系到社会治理体系的崩解成为影响社会运行和运转的重大风险。

当今时代发展的不确定性风险远超以往,面对不确定的风险,没有一个现代化的治理体系做基础,没有一个现代化的治理能力做后盾,很难应对今天各种潜在和显在的风险因素。风险常在,而一套混乱、失序、冲突、崩塌的治理体系以及衍生的治理能力,不可能有效应对今天纷繁复杂社会带来的高风险因素的挑战。事实上,"社会运动既是实践性搏击的原初动力又是其表现形式,它不仅表现为社会运动,还包含建立积极的社会机制。"③

从发展的视角来看,中国的社会风险防控之路要比西方更加复杂。这种复杂时刻伴随着中国的工业化和现代化进程,它不同于西方或其他

---

① 俞可平:《全球治理引论》,《马克思主义与现实》2002年第1期。
② 《习近平会见联合国秘书长古特雷斯》,《人民日报》2018年4月9日。
③ 斯科特·拉什:《风险社会与风险文化》,《马克思主义与现实》,2002年第4期。

国家、地区已经进入一个中等收入群体为主、工业化基本完成或进入后工业化阶段，而且这些国家或地区国家治理体系和社会治理架构已经基本成型，甚至有的都已经成熟运作几百年，整个社会在国家治理体系和社会治理格局失序或走向崩塌的过程中，以居民自治为主导的社会秩序还可以有效运作，形成了社会成员"习以为常"的制度运作模式和社会运行机制，带有程序性的特征。西方是线性的发展，而中国是并联式现代化的发展模式，我们用几十年的时间，走过了西方几百年的现代化之路，这个过程的艰辛和挑战是可想而知的。

在新时代社会主要矛盾发生转移的背景下，不平衡不充分的问题日渐突出，总体来看，主要是发展不平衡不充分的一些突出问题尚未解决，民生领域还有不少短板，城乡区域发展和收入分配差距依然较大，群众在就业、教育、医疗、居住、养老等方面面临不少难题。新时代中国社会治理现代化，必然为破解发展的不平衡、不充分提供从制度到效能的保障。在新时代中国社会治理体系和治理能力现代化建设过程中，我们还面临新型社会风险带来的新挑战。事实上，"新型社会风险对社会治理提出新问题、新挑战。当今世界，现代化的推进特别是新科技不断产生，在推动经济社会发展的同时，也使人类社会进入现代'风险社会'。现代风险不同于传统风险的最大特征就是不确定性和难以预测性，其迅速而广泛的传播可能造成大范围社会恐慌。"①

在新时代社会治理体系和治理能力现代化建设过程中，我们既要应对传统社会风险的挑战，也要面对新型社会风险的挑战。在国际形势发展高度不确定，主要发达经济体内部民粹主义泛起、治理失序的情况下，中国的国家治理和社会治理现代体系构建在进入新时代背景下，其有效应对力、高度发展的聚合力、结构性改革推进力、强有力的组织力，成为后金融危机时代国际社会应对挑战，加快治理体系和治理能力重组和建构的重要参照系，"中国之治"正成为各国借鉴的重要制度供给和国际公共产品。

---

① 李培林：《用新思想指导新时代的社会治理创新》，《人民日报》2018年2月6日。

二、中国式现代化的社会治理路径

新时代推进会治理体系和治理能力现代化建设，重点是打造社会治理共同体。新时代社会治理体系和治理能力现代化，既要让社会充满活力，又要安定有序，形成新时代社会建设和社会发展新局面、新格局。

（一）全面加强和完善党委领导

习近平总书记指出："要善于把党的领导和我国社会主义制度优势转化为社会治理效能，完善党委领导、政府负责、社会协同、公众参与、法治保障的社会治理体制，打造共建共治共享的社会治理格局。"①"党的领导是进一步全面深化改革、推进中国式现代化的根本保证。"② 中国社会治理体系在防范和化解社会风险上的制度优势，集中体现在中国特色社会主义制度的优越性上，即可以集中力量办大事，政策具有高度的稳定性和长期性，不犯战略性、颠覆性错误。作为治理体系的主干架构，一个强有力的领导核心建构了全套治理制度体系的基石和核心。"中国共产党领导是中国特色社会主义最本质的特征，中国共产党是国家最高政治领导力量，是实现中华民族伟大复兴的根本保证。东西南北中，党政军民学，党是领导一切的。"③

党的强有力领导是中国的社会治理体系和治理能力在应对风险和挑战的时候，具有更强的抗风险能力和调集资源应对能力。中国的国家治理不同于西方的国家治理，但是作为国家管理的组织形式，也具有一些共通性，"中国共产党人对于'治理'和'国家治理'概念的运用，坚持和贯彻马克思主义国家学说，积极探索政治统治与政治管理科学民主

---

① 《习近平在中央政法工作会议上强调 全面深入做好新时代政法各项工作 促进社会公平正义保障人民安居乐业》，《人民日报》2019年1月17日。
② 《中共中央关于进一步全面深化改革 推进中国式现代化的决定》，《人民日报》2024年7月22日。
③ 习近平：《在第十三届全国人民代表大会第一次会议上的讲话》，《人民日报》2018年3月21日。

有效性和有机结合性，探索不同历史时期和国家治理战略下，两者之间以及两者与市场和社会之间的组合方式和实现机制。"① 中国的国家治理体系在探索中完善、在发展中进步、在建构中成熟定型，其一个鲜明的特征在于中国共产党的领导构成了整个治理体系的基座，而党领导一切、协调各方，成为中国社会稳步前行、有效应对各种风险挑战的基石。

中国的发展比西方社会的发展更具有复杂性，中国遇到的问题比西方社会更具有多样化，同样的麻烦在后危机时代中国同样遇到，中国社会转型发展中的成员不安全感也在一定程度上存在，不同利益主体的利益诉求和利益关注也为凝聚发展的社会共识增加了难度，社会发展和改革的成本也在增加，难度也在加大。

因此，一个更有效的治理体系也需要一个强有力的领导核心和主导力量，而这个主导力量必须是以全体人民的利益为中心进行执政和施政的，如果作为整个治理体系基座的领导力量，不能代表整体人民的利益，而是仅代表一部分社会成员的利益，处于西方社会非左即右的状态，陷入政治争执和社会成员的对抗就是在所难免的，在经济繁荣的时候这或许不是问题，因为政府治理社会的核心事务是在无节制的选举中"分蛋糕"，但是当经济下行或停滞，"蛋糕"缩小的时候，谁也不愿意成为利益的受损者，利益的分化和利益的冲突，争取本集团利益的最大化自然成为政治斗争和社会冲突的全部，代表部分人利益的治理体系的失序和崩塌，也就是自然而然的事情了。中国特色的政治优势就集中体现在它的人民性和坚持以人民为中心的发展理念，以及以此为依据建构起来的社会治理体系。

只有进一步加强党委的领导，才能奠定稳定的社会治理体系，形成全面的社会治理能力，从而增强防范和化解社会风险的领导力，才能在处理涉及不同社会阶层和利益群体关注的问题时，具有强有力的协调能力，避免造成社会分裂和社会成员之间的冲突。通过发展不断增加社会成员的获得感，促进社会流动，调节好收入差距、地区差距、城乡差距等利益格局，不断打破利益固化的藩篱，从根本上防范和化解潜在的社

---

① 王浦劬：《国家治理现代化理论与策论》，人民出版社2016年版，第39页。

会风险。此外，可以集中力量开展经济建设，强化基础设施建设，增强抵御自然风险的能力，统一协调调配资源，应对区域性、局域性风险，防止风险从一点扩散到一面，进而引发系统性、全局性的重大风险。

(二) 强化政府职责 建设责任政府

政府是社会治理体系和社会治理能力中的重要环节。政府在社会治理中承担的负责功能，是在党委领导下的政府职能的充分发挥。政府的责任功能不仅涉及在经济社会发展中落实党的重大政策和方针，还涉及具体微观"百姓身边事儿"的处理。

明确政府在社会治理中的责任，要立足政府的组织定位和管理定位，社会治理要明确政府权力边界，突出共建共治共享，提高精细化水平。政府责任集中体现在它的管治能力，即参与社会管理与从事社会治理的能力。政府负责社会治理的治理责任，以管治能力加以实现。管治机制重在社会风险防控的高效一体化，发挥政府治理的独特优势，规避西方国家政府负责社会治理整体性欠缺的问题。在党委的领导下，政府负管治的总责，化解利益纠纷，实现社会发展的协同性。通过提升社会风险防控的程序性和秩序性，形成社会成员矛盾化解和危机应对的路径选择性，即建构起社会风险防控、社会问题解决的路径。从操作的层面实现政府治理、社会调节、居民自治的整体风险防控的良性互动机制，避免政府治理失序、社会调节失灵、居民自治无序的状态，形成风险防控的合力，这是完备、现代的国家治理体系的正常运转的必然状态。恩格斯曾经论述到："历史事件似乎总的来说同样是有偶然性支配者的。但是，在表面上是偶然性起作用的地方，这种偶然性始终是受内部的隐蔽着的规律支配的，而问题只是在于发现这些规律。"[1]

强化政府在社会治理中的责任是中国传统文化中的风险意识和现代工业化的风险防控理念的结合，使得中国社会治理体系建构中更加符合中国国情和文化传统。社会治理形式各种不同，治理制度各有差异，但是政府的作用是重要的。强化政府责任的重心是建立起社会治理的责任

---

[1] 《马克思恩格斯选集》第 4 卷，人民出版社 1995 年版，第 247 页。

体系，不断创新社会治理，加强社会治理体系和能力现代化建设。"一个国家选择什么样的治理体系，是由这个国家的历史传承、文化传统、经济社会发展水平决定的，是由这个国家的人民决定的。我国今天的国家治理体系，是在我国历史传承、文化传统、经济社会发展的基础上长期发展、渐进改进、内生性演化的结果。"①

（三）强化社会协同、公众参与

习近平总书记指出："创新社会治理，要以最广大人民根本利益为根本坐标，从人民群众最关心最直接最现实的利益问题入手。"② 《决定》提出："健全基层党组织领导的基层群众自治机制，完善基层民主制度体系和工作体系，拓宽基层各类组织和群众有序参与基层治理渠道。"③ 中国社会治理体系和治理能力在应对重大和微观社会发展问题上优势明显。采用高效应对、多元施策、协商民主的形式凝聚社会共识，减少全面深化改革的社会成本支出，实现从长期性战略性顶层设计方案制定到执行，再到基层自治矛盾化解的一贯式社会治理机制。国家层面的协商民主解决重大利益格局调整，社会成员之间的协商民主解决群体间的利益格局调整，居民自治组织和居民间的协商民主解决微观利益格局的调整和矛盾纠纷的化解，并根据不同地区和不同主体的阶层和利益构成，多元施策、多维处理，实现社会治理多元一体和秩序建构，发挥群众参与与政府治理两个积极性。《决定》提出："推动人民当家作主制度更加健全、协商民主广泛多层制度化发展"。④ 总的来说，"中国社会转型现阶段的风险管理策略应当是而且必须是多元的、灵活而富有弹性的，不能局限于

---

① 《习近平在省部级主要领导干部学习贯彻十八届三中全会精神全面深化改革专题研讨班开班式上发表重要讲话强调 完善和发展中国特色社会主义制度 推进国家治理体系和治理能力现代化》，《人民日报》2014年2月18日。
② 《习近平关于全面建成小康社会论述摘编》，中央文献出版社2016年版。
③ 《中共中央关于进一步全面深化改革推进中国式现代化的决定》，《人民日报》2024年7月22日。
④ 《中共中央关于进一步全面深化改革推进中国式现代化的决定》，《人民日报》2024年7月22日。

一种思路、一种策略。"①

此外,在社会治理中,重点解决百姓的"身边事",全面推进社会治理精准化精细化,将社会协同与群众参与细化到精准化精细化服务中。"要推动社会治理重心向基层下移,把更多资源、服务、管理放到社区,更好为社区居民提供精准化、精细化服务。"② 新时代的社会治理格局强调的是打造共建共治共享的制度体系,在国家治理总体机制和体系下,搭建起强有力的社会治理基本制度体系、系统性的社会治理能力体系、全面性的社会安全发展体系、应急高效的灾害和事故应对体系、维护社会安定发展体系、完备的社区治理体系、以人为本的社会心理服务体系,从而在新时代社会治理格局之下,搭建起联通国家治理、社会治理的制度运作体系和治理能力体系,在这个格局中,治理主体各具特色、各有分工、协调推进整体性的治理体系。将资源、服务、管理下沉到基层和社区,提高服务的精准化和精细化,可以更好地服务群众,提高群众参与水平和参与能力,整体推进社会协同和公众参与水平。我们"要改革创新,完善基层治理,加强社区服务能力建设,更好为群众提供精准化精细化服务。"③ 社会治理是国家治理体系之下的,它不独立于国家治理体系之外,社会治理重在处理社会问题,形成社会风险的防范化解机制、社会矛盾解决的调处解决机制、社会发展的有序参与和推动机制、社会利益格局的有效调整机制、重大自然和安全事故应对机制、社会成员保障和发展机制等社会整体的治理建构和治理体系。社会治理更偏重和强调的是社会成员的参与,这个过程中政府、社会、居民的互动构成了治理格局的基本参与主体架构,而且治理形式和治理手段更加多样化。

---

① 洪大用:《应对高风险社会,社会学家茶座(精华本·卷一)》,山东人民出版社2006年版,第61页。
② 《习近平在山东考察时强调 切实把新发展理念落到实处 不断增强经济社会发展创新力》,《人民日报》2018年6月15日。
③ 《习近平在湖北考察时强调 坚持新发展理念打好"三大攻坚战"奋力谱写新时代湖北发展新篇章》,《人民日报》2018年4月29日。

三、中国式现代化的社会治理新格局

中国特色的社会治理格局，在新中国成立七十五年之际，正在成为一种中国方案和中国智慧，在世界各国应对高风险发展的危机中彰显出它的时代价值和制度优势。"相比过去，新时代改革开放具有许多新的内涵和特点，其中很重要的一点就是制度建设分量更重，改革更多面对的是深层次体制机制问题，对改革顶层设计的要求更高，对改革的系统性、整体性、协同性要求更强，相应地建章立制、构建体系的任务更重。"[①]高效运转、核心稳固、协调有力、凝聚共识、积淀深厚、有效参与、积极应对成为中国特色社会治理格局的时代特色。

聚焦中国社会发展的新特征，中国社会建设的新特点，新时代我们必须推进社会治理现代化。中国社会发展的态势正在经历态势调整阶段，这一调整阶段与中国经济走势呈现同步性，新旧动能转换在经济领域转换态势，同样传导到社会发展领域。政府、市场、社会成为2008年国际金融危机后世界范围内实现有效发展的"三边机制"。看得见的手和看不见的手依然存在，其效能也在发挥，但是社会治理成为影响经济发展的新功能，社会的作用更加突出。一系列新经济新业态的出现，社会功能发挥了独特的作用。结构性就业矛盾的解决一部分要靠社区的转接，去过剩产能的下岗工人要靠基层治理为其搭建避风港，社会治安的强化、风险防控的加强为经济发展提供了强有力的保障，为政府治理解决了"最后一公里"问题，弥补了发展死角，弥合了社会分歧，可以说社会治理也是生产力，也是满足人民美好生活需要，解决发展中不平衡、不充分的"利器"。

[①] 《习近平关于〈中共中央关于坚持和完善中国特色社会主义制度 推进国家治理体系和治理能力现代化若干重大问题的决定〉的说明》，《人民日报》2019年11月6日。

四、加强和创新社会治理 建设更高水平的平安中国

社会治理现代化是国家治理现代化的重要方面。新时代加强和创新社会治理，一方面，要聚焦全面建设社会主义现代化国家新征程的时代布局、战略格局；另一方面要从推动经济社会更高质量、更高水平的角度出发，立足改善人民生活品质、提高社会建设水平的目的，更加注重系统集成、更加注重平等参与、更加注重发展与安全、更加注重数字治理与传统治理集合，全面推进新时代社会治理现代化，建设更高水平的平安中国、平安浙江。在这个方面，作为努力成为新时代全面展示中国特色社会主义制度优越性的重要窗口的浙江，大有可为、大有可做，在率先全面建设社会主义现代化进程中，探索出、建设成加强和创新社会治理、平安浙江的浙江经验、浙江智慧，创新发展好新时代"枫桥经验"为平安中国建设贡献力量。

新发展阶段要加强和创新社会治理。加强和创新社会治理，深入推进社会治理现代化，特别是基层社会治理现代化始终是党和国家工作的重要方面。中国的发展已经进入新发展阶段，新发展格局正在加速形成，新发展理念统领各方面、全过程发展，"十三五"时期，国家治理体系和治理能力现代化加快推进，中国共产党领导和我国社会主义制度优势进一步彰显，经济实力、科技实力、综合国力跃上新的大台阶，中华民族伟大复兴向前迈出了新的一大步，社会主义中国以更加雄伟的身姿屹立于世界东方。在历史发展的大潮面前，当前和今后一个时期，我国发展仍然处于重要战略机遇期，但机遇和挑战都有新的发展变化。面对新发展面对的机遇与挑战，面对更加突出的发展不平衡、不充分的矛盾，要从解决实际问题入手，在社会建设领域，新发展阶段要加强和创新社会治理，特别是要在基层治理水平提高上，出实招、见真章。浙江在"干在实处、走在前列、勇立潮头"的发展进程中，立足中长期发展和远景目标，要用实干和实绩彰显加强和创新社会治理的实践伟力，展示"重要窗口"建设的丰硕成果，努力走出一条可复制、可推广的全面建设社

会主义现代化的加强和创新社会治理，特别是基层治理水平提高的路子，为全国提供基层社会治理创新发展的浙江经验和智慧。

新发展阶段要建设更高水平的平安中国。统筹发展和安全，建设更高水平的平安中国。要加强国家安全体系和能力建设，确保国家经济安全，保障人民生命安全，维护社会稳定和安全。平安中国是人民安居乐业、快乐生活的重要保障。发展与安全是平安中国建设的题中之意，更是重要方面。新中国成立75年来，我们党领导人民创造了世所罕见的经济快速发展奇迹和社会长期稳定奇迹。没有一个平安、和谐、稳定的发展环境，是不可能取得这样的成就的。

事实证明，发展起来以后的问题不比不发展时少。面向新发展阶段和全面建设社会主义现代化国家时期，要立足新战略布局，统筹发展和安全，建设更高水平的平安中国，为中长期发展蓝图的实现提供平安的生产力。在推进建设更高水平的平安中国进程中，要融入到国家治理体系与治理能力现代化建设的大局中，努力将治理的体系优势、能力优势转化为治理的效能优势，着力加强国家安全体系和能力建设，一方面确保国家经济安全，为新发展格局的构建保驾护航；另一方面保障人民生命安全，坚持人民至上、生命至上，把人民生命安全放到首位，增强人民的安全感，为人民生命安全打造全周期的防护体系。维护好社会稳定和安全，让人民在发展中感受幸福、感受安全。

新发展阶段加强和创新社会治理，要发展好以新时代"枫桥经验"为代表的浙江基层社会治理经验。以新时代"枫桥经验"为代表的基层社会治理创新、平安建设实践为实现更高水平的社会治理体系和能力建设、更高水平的平安建设提供了可取的借鉴之处。新时代"枫桥经验"在守正创新中发展，不断根据变化的情况，在创新中发展、在创新中进取、在创新中坚持一切为了人民的初心，丰富了加强和创新基层社会治理的内涵，为新发展阶段加强和创新社会治理，建设更高水平的平安中国、平安浙江带来了基层一线尊重人民群众首创精神的经验财富和实践做法。

习近平总书记在经济社会领域专家座谈会讲话中指出："一个现代化的社会，应该既充满活力又拥有良好秩序，呈现出活力和秩序有机统一。

要完善共建共治共享的社会治理制度，实现政府治理同社会调节、居民自治良性互动，建设人人有责、人人尽责、人人享有的社会治理共同体。要加强和创新基层社会治理，使每个社会细胞都健康活跃，将矛盾纠纷化解在基层，将和谐稳定创建在基层。"① 习近平总书记的讲话为新时代加强和创新社会治理、建设平安中国指明了方向。在推动以新时代"枫桥经验"为代表的加强和创新社会治理的经验和智慧高质量发展的过程中，要以习近平新时代中国特色社会主义思想为指导，更加尊重人民群众的首创精神，把人民的主人翁地位发挥出来，在人人有责、人人尽责、人人享有社会治理共同体构建中，实现人民平等参与。

新发展阶段加强和创新社会治理，发展好以新时代"枫桥经验"为代表的浙江基层社会治理经验过程中，要"坚持'大平安'理念不动摇，统筹发展和安全，加快完善平安建设体系，筑牢政治安全体系，夯实基层治理体系，健全风险防控体系，巩固和发展'平安浙江'建设的良好态势，努力打造平安中国示范区"。②

要以新发展理念统领以新时代"枫桥经验"为代表的浙江基层社会治理经验发展，并贯彻到发展各领域和全过程。要坚持以创新为引领，在基层社会治理体系与能力现代化建设中，要把治理方法创新、治理制度创新放到更加突出的位置，以人民所急所思所盼所忧的实际问题、发展难题作为创新治理体制机制和找到解决办法的重点。例如，社会矛盾纠纷调处化解中心"聚多元为一元""合多口为一口"为人民省心办、放心办、安心办提供了一个平台，为合法、合理、合情化解基层社会矛盾，维护社会和谐稳定，促进"家和万事兴"进行了有益探索。习近平总书记指出："基层是社会和谐稳定的基础。要完善社会矛盾纠纷多元预防调处化解综合机制，把党员、干部下访和群众上访结合起来，把群众矛盾纠纷调处化解工作规范起来，让老百姓遇到问题能有地方'找个说法'，

---

① 习近平：《在经济社会领域专家座谈会上的讲话》，《人民日报》2020 年 8 月 25 日。
② 《王昌荣在金华调研时强调 坚持"大平安"理念不动摇 加快完善平安建设体系 努力为交出平安高分报表贡献更多金华力量》，《浙江法制报》2020 年 9 月 21 日。

切实把矛盾解决在萌芽状态、化解在基层。"① 2023 年习近平总书记在视察浙江时进一步强调，"要坚持好、发展好新时代'枫桥经验'，坚持党的群众路线，正确处理人民内部矛盾，紧紧依靠人民群众，把问题解决在基层、化解在萌芽状态。"② 要善于创新创造、善于于危机中育新机，于变局中开新局，推动创新的、协调的、绿色的、开放的、共享的新时代浙江基层社会治理发展经验，以基层社会治理的新发展带动经济建设、政治建设、文化建设、社会建设和生态文明建设在基层、在人民身边全面发展、全面实现现代化。

要以安全发展统筹以新时代"枫桥经验"为代表的浙江基层社会治理经验发展，并贯彻到发展各领域和全过程。要"坚持'大平安'理念不动摇，统筹发展和安全，加强社会治安防控体系建设。不断推进社会治安防控体系的立体化、信息化。社会治安是社会治理的重点，也是百姓日常生活的关注点。治安环境的好坏，直接影响百姓的生活质量，发展环境和营商环境。要紧紧依靠群众，既要打造好安定的社会环境，也要加大网上社会的治理，在发挥数字技术等新技术在促进发展与安全优势的同时，也要加大防范和化解新技术带来的新风险。此外，要不断发挥基层警民协调的力度，发扬"枫桥经验"扎根人民、立足人民、服务人民、发动人民的工作方法，及时掌握社会发展动态，民心动态，建立基层舆情反馈机制，塑造风清气正的社区生活生态，将防控体系建在一线、前沿，让人民群众获得身边看得见，摸得着的安全感，塑造更加安全的发展环境。

总之，全面建设社会主义现代化国家新征程时期，人民不仅对物质文化生活提出了更高要求，而且在民主、法治、公平、正义、安全、环境等方面的要求日益增长。在发展的进程中要统筹发展与安全两个方面，建设更高质量、更高水平的平安中国、平安浙江，加强和创新社会治理，特别是基层治理，不断满足人民对治理能力，特别是治理服务能力和水

---

① 《习近平在浙江考察时强调 统筹推进疫情防控和经济社会发展工作 奋力实现今年经济社会发展目标任务》，《人民日报》2020 年 4 月 2 日。
② 《习近平在浙江考察时强调 始终干在实处走在前列勇立潮头 奋力谱写中国式现代化浙江新篇章 返京途中在山东枣庄考察》，《人民日报》2023 年 9 月 26 日。

平的新要求、新期待，不负人民。新时代"枫桥经验"是一种工作的方法，更是一种解决问题的思维，要把这种方法、思维运用于解决基层实际问题的实践中，主动作为而不是被动等待，要把风险化解在基层、一线和萌芽状态，保人民安全，安一方百姓和地方平安。要坚持以人民为中心的发展思想，将以人民为中心的发展思想贯穿推进社会治理现代化的始终，贯彻好党的群众路线，不断从人民群众中汲取社会治理创新发展的源泉。新征程上，不管乱云飞渡、风吹浪打，我们都要紧紧依靠人民，在社会治理现代化的进程中，让人民安居乐业，让社会和谐发展。

下编

新质生产力

第八章　新质生产力与我国社会结构发展

改革开放以来，随着我国生产力的解放和发展，传统生产力推动我国社会结构现代化加速转型。党的十八大以来，全面深化改革向纵深推进，我国由高速增长阶段向高质量发展阶段转变，新质生产力的形成和发展，推动我国社会结构现代化呈现新的发展趋向。进一步全面深化改革，破除阻碍中国式现代化的体制机制障碍，打通新质生产力的卡点堵点，形成与新质生产力相适应的新型生产关系，将进一步催动我国社会结构现代化持续深化，带动中等收入群体进一步扩大，人民生产方式和生活方式的新变革和共同富裕社会的形成。进而，在中国式现代化进程中产生超越西方资本主义现代化社会结构的中国式现代化社会结构。

生产力的变革是全局性的变革，纵观人类社会的发展历史，每一次生产力的跃升必然带来所处时代生产方式和生活方式量的提升和质的改变。而且，"生产力是人类社会发展的根本动力，也是一切社会变迁和政治变革的终极原因。"① 生产力决定生产关系，经济基础决定上层建筑，新质生产力涉及中国式现代化高质量发展根本问题，新质生产力这一科学论断的提出有着极其重要的经济社会发展意义，是对马克思主义生产力理论的创新和发展。以进一步全面深化改革为重点推动中国式现代化向纵深发展，在破除制约中国式现代化发展的体制机制障碍和打通新质

---

① 习近平：《发展新质生产力是推动高质量发展的内在要求和重要着力点》，《求是》2024年第11期。

生产力发展的卡点堵点进程中,我国社会结构现代化的趋向,也将走向由传统生产力主导向新质生产力主导的转变。

事实上,新质生产力的形成和发展,必然会对原有的生产关系和生活方式产生质的影响,进而促使新的生产关系和生活方式产生,并与之适应、匹配。也就说,"生产关系必须与生产力发展要求相适应。发展新质生产力,必须进一步全面深化改革,形成与之相适应的新型生产关系。"① 与此同时,"新质生产力不断形成和发展,而旧的生产关系则逐渐被扬弃,进而可能会引起社会制度和社会形态的变革。"② 社会结构就在社会制度和社会形态变革过程中必然会发生新的质变。有的学者认为"新质生产力的发展对我国社会结构变迁产生质的影响",还有的学者认为新质生产力会对我国人口结构等社会基础结构、城乡区域结构等社会空间结构、就业职业结构等社会经济活动结构产生影响,并成为我国社会结构现代化的直接动力。③ 实际上,在传统生产力的推动下,改革开放以来我国社会结构向着现代化的方向转型发展,"转型的标志是:中国社会正在从自给半自给的产品经济社会向有计划的商品经济社会转型,从农业社会向工业社会转型;从乡村社会向城镇社会转型,从封闭半封闭社会向开放社会转型。"④ 中国式现代化进程中,我国社会结构的现代化转型始终与我国生产力的变革紧密相连,并深层次地影响到百姓生活方式的方方面面。在新质生产力的发展和带动下,我国社会结构现代化,也将在新型生产关系的形成与发展中展现出新的发展趋向,并将在进一步全面深化改革的中国式现代化进程中走向成熟和定型,展现出中国式现代化社会结构的形态。

---

① 习近平:《发展新质生产力是推动高质量发展的内在要求和重要着力点》,《求是》2024年第11期。
② 李政、廖晓东:《发展"新质生产力"的理论、历史和现实"三重"逻辑》,《政治经济学评论》2023年第6期。
③ 《"新质生产力与中国社会结构现代化"研讨会在京举行》,https://www.cssn.cn/skgz/bwyc/202405/t20240504_5749227.shtml。
④ 李培林:《另一只看不见的手:社会结构转型》,《中国社会科学》1992年第5期。

一、改革开放后传统生产力对我国社会结构现代化的影响

我国正在进行的现代化是人类历史上从未有过的，十几亿人口同时进入现代化进程，其规模已经超过目前已经实现现代化的发达国家和地区的人口总和。在全面推进现代化的进程中，我国社会结构的现代化转型特征是十分明显的。它不单纯是一个从计划经济走向市场经济，从农业社会走向工业社会的过程，在具有一些国家社会结构现代化转型共同特征同时，还具有典型的中国特色。

第一，改革开放以来，伴随着我国生产力的解放和发展，我国社会结构持续向现代化社会结构趋向发展和演进。党的十一届三中全会以来，随着改革开放政策的深入推进，我国社会结构现代化进程明显加快。在改革开放十几年之时，我国社会结构现代化转型的现代化和结构性特征即已明显显现，"经过十几年的改革开放，中国已进入一个新的社会转型时期。转型的主体是社会结构，"[①] 随着社会主义市场经济体制的确立，以及我国加入世界贸易组织、更加深入地融入世界，内外部因素的牵动作用，对我国社会结构的现代化起到更大的带动作用。党的十八大以来，我国进入全面深化改革开放的新时代，高质量发展成为新时代的发展特色，我国社会结构的现代化也在加速演化，"整体的发展趋势正朝着现代化社会结构推进。"[②]

可以说，"中国走向现代化是一场非常罕见的巨大社会变迁。"[③] 这种巨大的社会结构变迁体现在很多方面，其中大规模的工业化是这一结构转型的显著特征，我们用几十年的时间走完西方几百年的大规模工业化过程，从一个农业农民社会为主的社会走向工业化后期的社会，发生的是社会结构的巨变而不是渐变。以社会结构中的阶层结构变化为例，农

---

① 李培林：《另一只看不见的手：社会结构转型》，《中国社会科学》1992 年第 5 期。
② 李春玲：《我国社会结构现代化转型进程》，《湖南社会科学》2021 年第 1 期。
③ 李培林：《中国式现代化和新发展社会学》，《中国社会科学》2021 年第 12 期。

民和非农业从业人员的比例从"七三开"到"三七开",欧洲主要工业国家用了150年,而我国仅用了40年。① 这是一个非常快速和剧烈的变动。大规模工业化的进程,生产力的巨大跃迁,推动中国社会结构加速向现代化转型,促进人口红利的释放,上亿人口从农村到城市,从农民到市民,从田间地头到工地工厂,从内陆到沿海,从北到南,从西到东,巨大的流动性释放着中国经济和社会的活力,塑造中国成为世界工厂、世界市场,也塑造着中国人的生活方式。个人的生活方式,集体的生活方式,共同构成了物质生产活动的现实具象,在每一个具体个人的生活活动中生成了个人与国家总和的中国式现代化社会结构。马克思曾经指出:"社会结构和国家总是从一定的个人的生活过程中产生的。"用马克思的话来说,"这里所说的个人不是他们自己或别人想象中的那种个人,而是现实中的个人,也就是说,这些个人是从事活动的,进行物质生产的,因而是在一定的物质的、不受他们任意支配的界限、前提和条件下活动着的。"② "人们为了能够'创造历史',必须能够生活。"③ 人们的物质生产活动构成了人们创造历史的驱动力,在大历史带来的嬗变中,我国把解放和发展生产力作为驱动中国式现代化的内在动力,时代大潮中每一个具体的、现实中的中国人民个人为了"能够生活"的需求,在"第一个历史活动"中,也就是"生产物质生活本身"④ 的活动中,创造了从小岗村到深圳,并延续到今天的历史性发展奇迹。"中国正在经历着世所罕见的巨大社会结构转型",经过新中国七十五年的发展,"中国已经使数以亿计的人口免除饥馑、贫穷和恐惧,也定将实现把十几亿人带入现代化生活的宏伟目标"。⑤ 中国社会结构也从现代化转型中的社会结构走向中国式现代化社会结构。

第二,我国社会结构现代化孕育于中国式现代化的发展逻辑之中,

---

① 李培林:《改革开放四十年我国阶级阶层的变化》,《中国社会科学评价》2019 年第 1 期。
② 《马克思恩格斯选集》第 1 卷,人民出版社 2012 年版,第 151 页。
③ 《马克思恩格斯选集》第 1 卷,人民出版社 2012 年版,第 158 页。
④ 《马克思恩格斯选集》第 1 卷,人民出版社 2012 年版,第 158 页。
⑤ 李培林:《新中国 70 年社会建设和社会巨变》,《北京工业大学学报(社会科学版)》2019 年第 4 期。

生产力的解放和发展起到决定性作用。社会结构现代化的实现与现代化进程是紧密相连的。西方社会结构现代化是伴随着工业化、城镇化、社会化大分工为代表的西方现代化的进程而实现的。马克思在《共产党宣言》中曾经指出："每一历史时代的经济生产以及必然由此产生的社会结构，是该时代政治的和精神的历史的基础。"① 可见，社会结构的产生是由所处历史时代的经济生产所决定的。社会结构的现代化是实现现代化的重要标志之一，它与经济结构的现代化是同步的。"社会结构与经济结构紧密相关，在某种程度上，经济发展的不同阶段及其产业结构和物质生活水平，决定了社会的基本形态。"② 经济基础决定上层建筑，社会结构的现代化与现代化本身的推动力量和决定性因素始终跟生产力紧密相连。在实现中国式现代化的进程中，我们深刻认识到"科学技术是第一生产力"，党的二十大报告强调"必须坚持科技是第一生产力、人才是第一资源、创新是第一动力"，③ 并"坚持创新在我国现代化建设全局中的核心地位"。④ 因为我们深刻认识到"生产力的总和决定着社会状况"的科学意义，而且解放生产力、发展生产力也是社会主义本质的基本构成。习近平总书记指出，"实现社会主义现代化，实现中华民族伟大复兴，最根本最紧迫的任务还是进一步解放和发展社会生产力。"⑤

我国社会结构的现代化与我国社会主义现代化建设过程中不断解放生产力、发展生产力不但是紧密相连的，而且也是由其所决定的。马克思认为生产力的发展是社会进步的基础，而生产力的提高则是在与生产关系的相互作用中实现的。⑥ 这一过程不但伴随着宏观的结构性改变，也体现在个人或百姓生活的微观层面。马克思指出："以一定的方式进行生

---

① 《马克思恩格斯选集》第1卷，人民出版社2012年版，第380页。
② 李春玲：《我国社会结构现代化转型进程》，《湖南社会科学》2021年第1期。
③ 习近平：《高举中国特色社会主义伟大旗帜 为全面建设社会主义现代化国家而团结奋斗——在中国共产党第二十次全国代表大会上的报告》，《人民日报》2022年10月26日。
④ 习近平：《高举中国特色社会主义伟大旗帜 为全面建设社会主义现代化国家而团结奋斗——在中国共产党第二十次全国代表大会上的报告》，《人民日报》2022年10月26日。
⑤ 《习近平著作选读》第1卷，人民出版社2023年版，第181页。
⑥ 马克思：《资本论》第3卷，人民出版社2004年版，第106页。

产活动的一定的个人，发生一定的社会关系和政治关系。"① 以改革开放四十多年来与产业结构相关的就业结构变化为例，作为社会基本结构变革重要组成部分的就业结构，随着生产力的变化，也经历了结构性的转型，1978 年，我国 4 亿多从业人员中，第二产业就业人员为 6900 万左右，占总人数的 17.3%；第三产业从业人员近 4900 万人，占总人数的 12.2%。到 2016 年时，我国第三产业从业人员达到近 3.3 亿人，占 43.5%，超出了第二产业就业人口，而且在非农业就业人口中，第二产业从业人员达到 2.2 亿人，占 28.8%。这一变化的结果表明，"传统的产业工人逐渐在社会结构中不再具有绝对的重要地位，在第三产业部门、特别是现代服务业中就业的人口已占据相对多数的地位"。② 在这种社会基本结构的转型过程中，人们的行为方式和价值观也与传统产业工人时期发生了较大的变化，也就是说"长期以来人们对生活质量的评价都是主要基于物质生活条件和相关福利的指标，而现在人们的获得感、幸福感、安全感、满意度得到前所未有的重视"。③ 这也从一个侧面折射了解放和发展生产力、以经济建设为中心在给国家面貌带来巨大变化的同时，也在不同层面推动着社会层面的巨变，特别是在人们的需求层面，即从"有没有"的需求，向"好不好"的需求的转变。习近平总书记在党的十九大上指出："中国特色社会主义进入新时代，我国社会主要矛盾已经转化为人民日益增长的美好生活需要和不平衡不充分的发展之间的矛盾。"④ 我国社会主要矛盾的变化是关系全局的历史性变化，从社会结构现代化转型来看，这既预示着我国社会结构的现代化转型已经发展到一定的转型阶段，同时又预示着我国社会结构现代化转型在进一步的生产力解放和发展的过程中，开启了一个新的发展阶段。我国社会主要矛盾发生转化，"我国社会生产力水平总体上显著提高，社会生产能力在很多方面进

---

① 《马克思恩格斯选集》第 1 卷，人民出版社 2012 年版，第 51 页。
② 李路路：《中国 70 年社会结构变革及其研究》，《社会科学战线》2019 年第 8 期。
③ 李培林：《改革开放四十年的社会巨变和中国社会学的当代使命》，《学习与探索》2018 年第 9 期。
④ 习近平：《决胜全面建成小康社会 夺取新时代中国特色社会主义伟大胜利——在中国共产党第十九次全国代表大会上的报告》，《人民日报》2017 年 10 月 28 日。

入世界前列,更加突出的问题是发展不平衡不充分,这已经成为满足人民日益增长的美好生活需要的主要制约因素。"[1] 这也意味着在酝酿中的新的生产力跃升中,中国式现代化进程进入高质量发展阶段后,我国社会结构必然将进入新的质变方向,愈加体现中国式现代化本质和特征的质变方向。

第三,我国社会结构的现代化是在社会主义现代化建设和发展中实现的,社会结构现代化体现社会主义的本质要求。"社会主义的本质,是解放生产力,发展生产力,消灭剥削,消除两极分化,最终达到共同富裕。"[2] 其中,"消灭剥削,消除两极分化,最终达到共同富裕"蕴含了社会结构现代化的基本内容,也就是说在社会主义制度下,它有比资本主义制度更加优化的现代化社会结构,这种现代化社会结构能够形成,并展现出它的优越性,在于社会主义可以持续地解放和发展生产力,进而带动生产关系不断的优化和跃升,并逐步推动人类社会向着更高级别的社会形态发展,从而推动人类社会结构的升级与社会形态的升级同步,并反馈到人的全面发展与社会全面进步方面,而且这个过程也体现在个人的生产活动层面。例如,随着我国生产力水平的极大提升,国家综合国力的提高,人们生活水平和生活质量也发生了质的变化,从温饱到全面小康的转变,本身就体现了社会结构从宏观到微观的巨大蝶变。党的十八大以来的十年,从宏观层面看,我国国内生产总值从54万亿元增长到114万亿元,我国经济总量占世界经济的比重达18.5%,提高7.2%,稳居世界第二位。[3] 从微观层面看,人均国内生产总值从39800百元增加到81000元,近一亿农村贫困人口实现脱贫,人均预期寿命增长到78.2岁,建成世界上规模最大的教育体系、社会保障体系、医疗卫生体系,教育普及水平实现历史性跨越,基本养老保险覆盖10亿4千万人,基本

---

[1] 习近平:《决胜全面建成小康社会 夺取新时代中国特色社会主义伟大胜利——在中国共产党第十九次全国代表大会上的报告》,《人民日报》2017年10月28日。
[2] 《邓小平文选》第3卷,人民出版社1993年版,第373页。
[3] 习近平:《高举中国特色社会主义伟大旗帜 为全面建设社会主义现代化国家而团结奋斗——在中国共产党第二十次全国代表大会上的报告》,《人民日报》2022年10月26日。

医疗保险参保率稳定在95%。① 中国式现代化是全体人民共同富裕的现代化，在国力增长的同时必然要将发展的成果惠及人民。这也体现了社会主义的本质要求和中国式现代化的本质要求。"世界上有200多个国家和经济体，虽然大家都在走自己的发展道路，实行不同的社会制度，但制度和道路比较优劣的根本标志，归根结底还是要看国家综合实力的提高和人民生活改善情况。"②

中国的社会主义现代化社会结构转型是在量变与质变交替演进的过程进行的，每一阶段的发展，都是在上一阶段打下的坚实基础之上实现的，这个过程实质上也是生产力的解放和发展的过程。每一个阶段都有生产力发展跃升的特征，进而带动社会制度、生活的改变，这是一种客观的发展变化，也是生产力发展潜移默化的作用。马克思曾经指出工业和社会状况的产物，是历史的产物，是世世代代活动的结果，"其中每一代都立足于前一代所奠定的基础，继续发展前一代的工业和交往，并随着需要的改变而改变他们的社会制度。"③ 全面建成小康社会，顺利完成第一个百年奋斗目标，进入全面建设社会主义现代化国家的新发展阶段，这是我国发展新的历史方位，也是新的发展阶段。在这一时代背景下，新质生产力的出现和发展壮大，客观上反映了我国发展即将开始的新的跃迁。新质生产力是催动高质量发展的根本动力，也是我国生产力发展新的方位。这也必然决定了我国社会结构现代化转型，在新质生产力的决定和影响之下，在高质量发展的时代背景中其转型演化的方向与之前将有着较大的社会状况的变革和社会关系总和的变化。毕竟我国社会主义现代化社会结构的转型和发展，是在120多万亿元人民币GDP总量基础之上进行的，这与新中国成立之初和改革开放之初已经有着质的不同。在以中国式现代化全面推进中华民族伟大复兴的历史进程中，我国社会结构也将更加显露出中国式现代化社会结构的特征，这种特征内嵌于中

---

① 习近平：《高举中国特色社会主义伟大旗帜 为全面建设社会主义现代化国家而团结奋斗——在中国共产党第二十次全国代表大会上的报告》，《人民日报》2022年10月26日。
② 李培林：《新中国70年社会建设和社会巨变》，《北京工业大学学报（社会科学版）》2019年第4期。
③ 《马克思恩格斯选集》第1卷，人民出版社2012年版，第155页。

国式现代化特征之中，体现新质生产力解放和发展的客观特性，是新质生产力发展在社会层面的映射和对社会生活、制度等带来的改变。这是新时代社会结构现代化的新特征，也意味着随着新质生产力的发展、对中国式现代化认识和发展的更加成熟，我国社会结构现代化转型特征也将结束，中国特色社会主义的现代化社会结构将成熟、定型，与中国式现代化共同融入中华民族现代文明之中，成为一种全新人类文明形态的基本骨架。

二、新质生产力与我国社会结构现代化新趋向

生产力以及第一生产力科学技术的革命性变革，其影响对人类社会发展的各个层面也都是革命性的。马克思早就认识到"劳动生产力是随着科学和技术的不断进步而不断发展的"。[①] 而且，"生产力中也包括科学技术"，[②] "社会的劳动生产力，首先是科学力量"。[③] 从历史的发展来看，从蒸汽机的发明使用到内燃机和电力的发明和广泛使用，再到原子能、计算机的使用和发明创造，每一次以科技革命为代表的生产力革命都极大地促进着人类社会发生革命性的发展，社会结构也随之发生变化。这在进入以资本主义工业化为代表的现代化之后，更加明显地表现出来。人类社会的社会结构再也不是封建制度之下小农社会自给自足的表现特征，而是走向了社会化大分工的时代。也就是马克思所说的"手推磨所决定的分工不同于蒸汽磨所决定的分工"。[④] 在生产力构成的劳动者、劳动资料和劳动对象视角来看，"随着演化速率的加快和影响范围的扩大，科技创新必然会对劳动者、劳动资料和劳动对象进行干预和渗透，使上

[①] 卡尔.马克思：《政治经济学批判大纲（草稿）：第3册》，人民出版社1963年版，第271页。
[②] 《马克思恩格斯文集》第8卷，人民出版社2009年版，第188页。
[③] 卡尔.马克思：《政治经济学批判大纲（草稿）：第3册》，人民出版社1963年版，第369页。
[④] 《马克思恩格斯选集》第1卷，人民出版社2012年版，第24页。

述三个要素以新颖独特的状貌联结成为新质生产力。"①

新质生产力实际上代表的是第四次科技革命的成果，是在前三次科技革命基础之上，更广泛推进的新的生产力质变引领下的新科技革命，其不但对人类社会的生产方式将产生质的影响，也将对人类社会生活方式产生质的影响，其影响烈度不是第二次工业革命对第一工业革命、第三次工业革命对第二次工业革命的变革模式，而是如同"蒸汽磨"对"手推磨"的根本性革命性的嬗变，如马克思所说"蒸汽和机器引起了工业生产的革命"。② 这种革命性的变革，正在成为世界百年未有之大变局中正在酝酿的新的经济增长点和机遇，也正在成为各国竞争的新赛道。以新能源、新材料、先进制造、电子信息等战略性新兴产业和未来产业为代表的新质生产力发展，已经成为我国加速引领新一轮科技革命的突破口，也成为形成满足人民美好生活向往，破除发展不平衡、不充分问题物质技术基础的关键。习近平总书记在党的二十大报告中指出："没有坚实的物质技术基础，就不可能全面建成社会主义现代化强国。"③ 因此，新质生产力的发展不但是全局性的，而且对中国式现代化建设事业的推进也是战略性的，进而促动我国社会结构现代化在改革开放以来的现代化转型的基础上，走向新时代社会结构现代化再转型的新进程，向着中国式现代化社会结构的方向演进。

第一，新质生产力形成我国发展新动能，为带动中等收入群体的扩大和形成橄榄型社会结构提供动力。中国式现代化是一个人口规模巨大的现代化，这是中国式现代化的显著特征。现在，全球进入现代化的国家也就20多个，总人口10亿左右。我国14亿多人口进入现代化，14亿多人口奔向美好生活，需要强大的物质生产基础，而扩大中等收入群体不仅是社会结构现代化的重要方面，也是人民收入持续增长的标志，关键是要形成橄榄型的分配格局和社会结构。在党的十八届三中全会通过

---

① 蒲清平、向往：《新质生产力的内涵特征、内在逻辑和实现途径——推进中国式现代化的新动能》，《新疆师范大学学报（哲学社会科学版）》2024年第1期。
② 《马克思恩格斯选集》第1卷，人民出版社2012年版，第401页。
③ 习近平：《高举中国特色社会主义伟大旗帜 为全面建设社会主义现代化国家而团结奋斗——在中国共产党第二十次全国代表大会上的报告》，《人民日报》2022年10月26日。

的决定中明确将"扩大中等收入者比重,努力缩小城乡、区域、行业收入分配差距,逐步形成橄榄型分配格局"① 作为全面深化改革的重要方面。党的十九届四中全会通过的《中共中央关于制定国民经济和社会发展第十四个五年规划和二〇三五年远景目标的建议》,把"人均国内生产总值达到中等发达国家水平,中等收入群体显著扩大,基本公共服务实现均等化,城乡区域发展差距和居民生活水平差距显著缩小"② 作为到2035年基本实现社会主义现代化远景目标之一。《中华人民共和国国民经济和社会发展第十四个五年规划和2035年远景目标纲要》进一步明确将"扩大中等收入群体"作为"十四五"时期乃至2035年远景规划重要目标。可见,扩大中等收入群体是优化收入分配格局的重要方面,方向是要逐步形成橄榄型的社会结构。"十四五"规划和2035远景目标纲要将扩大中等收入群体的对象确定为"以高校和职业院校毕业生、技能型劳动者、农民工等为重点"。③

扩大中等收入群体对于我们这样一个人口大国是极其不容易的。中等收入群体的扩大也有赖于经济总量的扩大,这就要求我们在我国经济由高速增长阶段转入高质量发展阶段之后,依然需要保持一定的经济增长率,这样才能创造充分、有效的就业,进而带动高校和职业院校毕业生、技能型劳动者、农民工等重点群体进入中等收入群体。我们计划到2035年,我国人均国内生产总值达到中等发达国家水平,也就是要从现在人均1万多美元提高到2万多美元,这个发展阶段不再是单纯量的扩张,而是量和质都要扩张,才能达到这一发展目标,从而基本实现现代化。以美国为例来看,作为人类社会发展史上在第二次世界大战后第一个形成"中产社会"的国家,第二次世界大战后得益于科技进步的巨大带动作用,美国制造业的欣欣向荣,极大地释放了美国经济潜能,20世纪五六十年代,原来的工人阶层,包括工厂工人、零售店雇员和教师等,

---

① 《中共中央关于全面深化改革若干重大问题的决定》,《人民日报》2013年11月16日。
② 《中共中央关于制定国民经济和社会发展第十四个五年规划和二〇三五年远景目标的建议》,《人民日报》2020年11月4日。
③ 《中华人民共和国国民经济和社会发展第十四个五年规划和2035年远景目标纲要》,《光明日报》2021年3月13日。

"他们正处于迈向美国中产阶层的过程之中"。① 大量"蓝领"进入"中产"成为这一时期美国社会发展的显著特征。此时,美国社会每个群体收入都增长了,"特别是底层群体的收入比上层群体的收入增长得更快。"② 但是,自20世纪80年代以来,美国制造业逐渐空心化,金融等非实体经济主导了美国的发展和经济,使得美国不但大量处于中产阶层的人群跌出中产,而且中低收入阶层的人也更难以进入中产,"到了2015年,制造业劳动人数占比下降到10%",这样的结果在社会层面"也逐渐侵蚀了人们从50年代中期就已形成的愿景——即使一个高中及以下学历的蓝领工人,在郊区也有住房,至少有一两辆车。"③ 对于这一现象,斯蒂格利茨尖锐地指出:美国"政府没有采取有效的政策去鼓励其他产业的发展,有目的性地应对变革的经济状况,而是允许金融产业胡作非为,创造'经济发展'的泡沫","我们对美国制造业不再是我们经济的中心这种经济结构变动无计可施。"④ 可见,从第二次世界大战后美国成为一个中产社会,再到20世纪80年代以来中产社会逐渐萎缩的历史过程,揭示了一个深刻的道理,没有制造业,没有实体经济,就没有中产赖以产生的物质技术基础,也就没有"蓝领"成为中产阶层或者进入中等收入群体的可能。

综上,无论从我国中长期发展战略,还是美国发展的教训来看,扩大中等收入群体我们需要把做大做强制造业和实体经济放到经济结构的核心位置。2023年4月习近平总书记在广东考察时,从涉及我国发展长远和战略的高度强调,"中国式现代化不能走脱实向虚的路子,必须加快建设以实体经济为支撑的现代化产业体系。"⑤ 制造业和实体经济的背后

---

① [美] 罗伯特·戈登:《美国增长的起落》,张林山等译,中信出版社2018年版,第356页。
② [美] 约瑟夫·E. 斯蒂格利茨:《不平等的代价》,张子源译,机械工业出版社2020年版,第5页。
③ [美] 罗伯特·戈登:《美国增长的起落》,张林山等译,中信出版社2018年版,第481页。
④ [美] 约瑟夫·E. 斯蒂格利茨:《不平等的代价》,张子源译,机械工业出版社2020年版,第165页。
⑤ 《习近平在广东考察时强调 坚定不移全面深化改革扩大高水平对外开放 在推进中国式现代化建设中走在前列》,《人民日报》2023年4月14日。

是我国庞大的就业人口，牵连的是人口资源、人力资源和人才资源。第二次世界大战后，第二次科技革命的余波和第三次科技革命奠定美国制造业和实体经济强势崛起的同时，也成就了美国中产社会的形成。今天第四次科技革命的代表新质生产力的出现，其对我国科技自立自强、制造业的崛起和实体经济的强大也必将起到巨大的牵引和推动作用，从而在进一步推动我国全要素生产率提升和社会物质财富总量增长的同时，从中长期来看，将为我国中等收入群体的扩大，人才红利的释放，提供契机。可见，"由于生产力的发展是经济发展的基础性、根本性动力所在，因此，唯有以科技创新驱动生产力迭代升级，以新质生产力赋能经济建设，我国才能在经济发展的多重困境中成功突围，实现经济高质量发展。"①

中央财办有关负责同志详解 2023 年中央经济工作会议精神时，提出从打造新型劳动者队伍、用好新型生产工具、塑造适应新质生产力的生产关系三个方面加快培育新质生产力，其中打造新型劳动者队伍，"包括能够创造新质生产力的战略人才和能够熟练掌握新质生产资料的应用型人才"。② 这本身在客观上也会直接带动在新质生产力产业中产生有别于传统产业和行业的新的中等收入群体。实际上，从新质生产力本身和在适应新质生产力的生产关系层面产生的"三新"经济（以新产业、新业态、新商业模式为核心内容的经济活动）来看，2017 年全国"三新"经济增加值为 129578 亿元，相当于 GDP 的比重为 15.7%，分三次产业来看，第一产业、第二产业、第三产业"三新"经济增加值分别为 5998 亿元、54253 亿元和 69326 亿元。③ 2022 年我国"三新"经济增加值为 210084 亿元，相当于 GDP 的比重为 17.36%。分三次产业来看，第一产业、第二产业、第三产业"三新"经济增加值分别为 8457 亿元、92813

---

① 蒲清平、向往：《新质生产力的内涵特征、内在逻辑和实现途径——推进中国式现代化的新动能》，《新疆师范大学学报（哲学社会科学版）》2024 年第 1 期。
② 《中央财办有关负责同志 详解 2023 年中央经济工作会议精神》，《人民日报》2023 年 12 月 18 日。
③ 《2017 年我国"三新"经济增加值相当于 GDP 的比重为 15.7%》，https://www.stats.gov.cn/sj/zxfb/202302/t20230203_1900153.html。

亿元和108815亿元。① 可见，从党的十九大到二十大的五年间，新质生产力的发展，"三新"经济的崛起在催动我国经济转型的同时，也通过带动产业转型，进而带动我国社会结构转型，并通过产业结构、就业结构、收入结构的变化表现出来，带动大量人口进入中等收入群体，甚至成为摆脱贫困走向富裕的重要抓手。

第二，新质生产力将带动与之适应的新型生产关系产生，我国人民的生产方式、生活方式等社会结构方面将迎来新的变革。这种改变实际上在第三次工业革命不断发展并向以人工智能为代表的第四次工业革命的跃迁中即已经发生了。习近平总书记在经济社会领域专家座谈会上明确指出："我国社会结构正在发生深刻变化，互联网深刻改变人类交往方式，社会观念、社会心理、社会行为发生深刻变化。"② 这实际上是科学技术的发展在人类生活方式上直接的投射，并反映到人类的交往方式和价值观层面。以新质生产力为代表的第四次工业革命带来的改变，不但对中国社会，而且对人类社会的发展，可能都将是革命性的，并且会在新质生产力从发育、形成到占据社会生产力主导地位的长周期中逐渐显现出来。这种革命性的影响主要体现在两个维度：

一是新质生产力将在中国式现代化进程中引领中国社会形成绿色社会结构，塑造新的生活方式和行为模式。第四次科技革命为代表的新质生产力将是带领人类社会进入低碳时代的科技革命。这不但是一次绿色的科技革命，而且将带来人类社会绿色生产方式和绿色生活方式的变革。主要原因还是在于自西方资本主义开启以近代工业化为代表的现代化以来，大规模的工业污染排放，已经严重威胁到人类社会的生存与长远发展，引发的气候变化已经极大地改变了人类社会的生存状态。因此，将人类社会的经济社会发展模式向绿色发展转型已经不是要不要的问题，而是客观存在的问题。中国式现代化是人与自然和谐共生的现代化，这是中国式现代化摒弃西方现代化老路的原因之一。"近代以来，西方国家

---

① 《2022年我国"三新"经济增加值相当于国内生产总值的比重为17.36%》，https://www.stats.gov.cn/sj/zxfb/202307/t20230727_1941591.html。
② 习近平:《正确认识和把握中长期经济社会发展重大问题》，《求是》2021年第2期。

的现代化大都经历了对自然资源肆意掠夺和生态环境恶性破坏的阶段，在创造巨大物质财富的同时，往往造成环境污染、资源枯竭等严重问题。"① 实际上，开启西方现代化的生产力在创造巨大的物质财富的同时，实际上是一种高污染、高排放的生产力，在当时和人类社会很长的一段历史发展过程中来看，它的存在和发展都有其必要性，甚至今天依然在满足人类生存和发展需要方面发挥着重要作用。但是，从人类社会长远发展来看，以高科技含量、绿色低碳为代表的新质生产力支撑的中国式现代化，预示了人类文明新形态发展的未来。绿色能源、绿色科技在今天的中国已经大范围使用，"绿水青山就是金山银山"的理念深入人心，新能源汽车被中国社会广泛接受和使用。随着中国绿色发展的推进，新质生产力的壮大，人类历史上第一个绿色、低碳的社会结构将在中国式现代化进程中产生。与此同时，中国的中等收入群体也将是在绿色发展中实现。这与西方中产阶层社会形成和演进的基础有着本质的不同，由此产生的人的社会观念、社会心理、社会行为也将有着本质的不同。中国式现代化是一种物质文明和精神文明相协调的现代化。新质生产力的带动下，中国人不但物质富足，而且精神富有。

二是新质生产力将推动一种智能化社会结构的形成。智能化的人类社会给人类生活方式带来方便的同时，将更加深刻地改变人类的社会关系和传统的社会结构。以当前正在发生的就业形态改变为例，我国灵活就业人员已经达到了2亿人左右，而且据调查，一些平台外卖骑手达到400多万人；有的平台上从事主播及相关岗位的从业人员达160多万人，比2020年增加近3倍。② 以抖音为代表的短视频在改变人们展示自我的方式的同时，也创造了平台主播的新就业形式。这种就业形式和人与人交往的形式在之前的科技革命创造的社会结构中很少存在，甚至是几乎没有的。这种深度的改变是带有颠覆性的。克劳斯·施瓦布在《第四次工业革命》一书中，将这种转型的力量描述为"正在彻底颠覆我们的生

---

① 习近平：《中国式现代化是强国建设、民族复兴的康庄大道》，《求是》2023年第16期。
② 《国家统计局局长就2021年国民经济运行情况答记者问》，https：//www.stats.gov.cn/sj/sjjd/202302/t20230202_1896579.html。

活、工作和相互关联的方式",不但各行各业都在发生着重大转变,"新的商业模式出现,现有商业模式被颠覆",生产、消费、运输与交付体系被重塑,而且在社会层面,人们的工作与沟通方式,以及自我表达、获取信息和娱乐方式也在发生改变,"无论从规模、速度还是广度来看,本次技术革命带来的变化都具有历史意义。"[①] 很多新的应用场景在一些发达国家无法实现,无现金社会和数字货币在中国或许已经不是初具雏形的问题,而是已经成为中国人每日日用而不觉的生活的一部分。在现实生活中,很多来到中国的外国朋友为了生活的方便,首先就要对接中国这种已经发生改变的这种颠覆性的生活方式,然后才能更好地接入中国社会,使用微信和支付宝也成为他们新的行为模式。而大量中国人改变了传统的就业模式,也改变了传统生活与就业二分的大工业发展的生活模式,转而将生活方式与工作方式融合在一起,生活就是就业,就业就是生活,因为他们通过生活场景的直播带来了新的就业契机和方式,并不再是单纯的像电视时代的销售方式。而智能技术在社会治理、生产设计、信息生成、生活和工业机器人的使用等方面给中国社会带来的改变,也将与原有生产力背景下推动的社会结构现代化转型有着不同之处。如果说之前的社会结构现代化转型在百姓消费品层面是从"三大件"(手表、自行车、缝纫机)等工业制成品向"楼上楼下、电灯电话"的转变,在新质生产力推动的中国式现代化进程中的社会结构现代化在消费品层面就是向着非实体化的物质形态转变,比如虚拟现实场景、人工智能应用等。当然,它们也是需要使用它们的物质载体的,但是这种载体本身也是超越以往科技水平的智能化产物。

第三,新质生产力的壮大将推动中国社会结构向着共同富裕的方向演进。一种摆脱了两极分化的社会结构将在人类现代化进程中出现。中国式现代化建设的成果更多的是惠及人民,而西方现代化建设的成果更多是惠及少数人。马克思在《共产党宣言》中指出:"资产阶级生存和统治的根本条件,是财富在私人手里的积累,是资本的形成和增殖。"[②] 这

[①] [德] 克劳斯·施瓦布:《第四次工业革命》,李菁译,中信出版社2016年版,第 x 页。
[②] 《马克思恩格斯选集》第1卷,人民出版社2012年版,第401页。

种关系贯穿了资本主义现代化在不同科技革命的始终，不平等也从收入、财富不平等转向了今天的数字不平等，但实质上还是利用新的科学技术将财富向少数人聚集。因此，在高收入国家人们会认为"技术是造成高收入国家大部分人的收入停滞甚至减少的重要原因之一"。① 这种变化是显见的，如同前文所说20世纪80年代以来美国中产社会的萎缩，其中一个重要原因是科技进步成果不再像20世纪五六十年代那样更多地惠及百姓，或者说现代化的成果不再更多地惠及百姓，而是被收入和财富占比前10%甚至1%的人拿走，美国社会正在重新走向金字塔结构。实际上，资本主义生产力与生产关系的关系，"只不过是现代生产力反抗现代生产关系，反抗作为资产阶级及其统治的存在条件的所有制关系的历史。"②

中国式现代化是中国特色社会主义的现代化，社会主义的本质和中国式现代化的本质不管是在原有生产力推动的社会结构现代化转型，还是新质生产力推动的再转型过程，都是贯穿始终的。这必然决定了发展生产力和解放生产力的最终目的是消灭剥削、消除两极分化，最终达到共同富裕。习近平总书记明确指出，"我国必须坚决防止两极分化，促进共同富裕，实现社会和谐安定。"③ "实现共同富裕不仅是经济问题，而且是关系党的执政基础的重大政治问题。我们决不能允许贫富差距越来越大、穷者愈穷富者愈富，决不能在富的人和穷的人之间出现一道不可逾越的鸿沟。"④ 新质生产力的发展是现代生产力与现代生产关系适应的过程，推动社会主义制度下，新的物质成果的巨大进步，以共同富裕的形式，分享给社会成员，惠及广大人民。"新质生产力的发展能够为共同富裕而有效提升整个产业体系的生产效率。"⑤ 它不是西方资本主义私有制下"涓滴经济学"的虚假渗透，而是经济增长与居民收入同步提高的过程。马克思在《1857—1858年经济学手稿》中说，在未来的社会主义制

---

① ［德］克劳斯·施瓦布：《第四次工业革命》，李菁译，中信出版社2016年版，第94页。
② 《马克思恩格斯选集》第1卷，人民出版社2012年版，第406页。
③ 习近平：《扎实推动共同富裕》，《求是》2021年第20期。
④ 习近平：《把握新发展阶段，贯彻新发展理念，构建新发展格局》，《求是》2021年第9期。
⑤ 程恩富、陈健：《大力发展新质生产力 加速推进中国式现代化》，《当代经济研究》2023年第12期。

度中，社会生产力的发展将如此迅速，生产将以所有人的富裕为目的。①在基本实现现代化 2035 远景目标和实现第二个百年奋斗目标的过程中，中国式现代化比西方现代化展现出它的优越性，实现共同富裕并形成共同富裕的社会结构是一个重要方面。这也是马克思憧憬的未来社会制度生产力发展的根本目的。因此，在中国式现代化进程中，以新质生产力为牵引，加快形成与之相适应的新质生产关系，更大程度的激发社会成员从事创新、创造生产活动的活力，"系统优化共同富裕的经济结构，促进优化共同富裕社会结构，形成经济结构与社会结构优化互促的良性循环，加快完善城乡融合、区域协调的体制机制，坚持系统观念，形成一整套共同富裕治理、共享、均衡、包容、公平、创新发展的协同推进体系。"②

三、新质生产力引领我国未来发展

中华民族自近代被裹挟进入以资本主义工业化为代表的世界体系以来，只有新中国成立后才拥有了实现工业化和现代化的可能。生产力的不断解放和发展，国力的提升，人民生活水平的提高，直至成为世界第二大经济体，每一步走来都是在量变和质变、新的量变和新的质变交换中出现的，中国社会结构的现代化也是这样的过程。在我国社会主要矛盾发生转移，新质生产力推动的高质量发展的时代背景下，走向中国式现代化社会结构生成的转型方向，形成与原有生产力发展背景下不同的转型方向，呈现面向稳定、成熟的中国式现代化社会结构特质的发展方向。马克思在《〈政治经济学批判〉导言》中指出，"一个工业民族，当它一般地达到它的历史高峰的时候，也就达到它的生产高峰"。③ 中华民族远没有达到它的历史高峰，中国式现代化社会结构的生成也必然是一个与新质生产力发展一样的长期过程。但是，这种结构生成的趋向，即

---

① 马峰：《中国式现代化是全体人民共同富裕的现代化》，《大众日报》2023 年 1 月 17 日。
② 马峰：《在高质量发展中促进共同富裕》，《大众日报》2021 年 9 月 14 日。
③ 《马克思恩格斯文集》第 8 卷，人民出版社 2009 年版，第 10 页。

面向橄榄型、绿色、智能和共同富裕方向的现代化社会结构再转型已经与之前的转型有着本质的不同了。它是中国式现代化的社会结构，这种社会结构与中国式现代化是同频的，虽然有各国现代化的一般特征，但是也具有鲜明的中国特色。中国特色主要体现在它是社会主义的生产力与生产关系奠定的社会结构，体现社会主义的本质，凸显出比资本主义现代化社会结构更优化和优越的结构特质和构成。此外，它是在一个古老文明现代化转型中形成的社会结构，也具有中国传统社会结构被现代文明激活的特质，呈现出中华民族现代文明的社会结构特征，是内嵌于中华民族现代化社会文明之中的现代化社会结构，与其他古老文明在走向现代化中形成的社会结构也有着明显的文明差异。

习近平总书记指出："从外部环境看，世界百年未有之大变局全方位、深层次加速演进。从内在条件看，我国一些领域关键核心技术受制于人的局面尚未根本改变，城乡区域发展和收入分配差距依然较大，掣肘经济社会高质量发展。"[①] 因此，在新质生产力发展过程中，要着力用新质生产力发展的成果，着力促进发展更加平衡和充分，着力实现共同富裕，优化分配格局，持续以新质生产力的发展，带动整体中国式现代化战略目标的实现。

[①] 习近平：《发展新质生产力是推动高质量发展的内在要求和重要着力点》，《求是》2024年第11期。

第九章　新质生产力与智能时代的社会结构*

发展新质生产力是推动高质量发展的内在要求和重要着力点，是推进中国式现代化的重大战略举措，对我国经济社会发展将产生深远影响。新质生产力的本质是先进生产力。新质生产力给人类社会交往方式、生活方式和社会结构现代化进程产生颠覆性影响。作为新质生产力的代表，人工智能正在成为类似于历史上蒸汽机、电力等具有广泛而深刻影响的新的通用技术。人工智能技术在工业社会、信息社会之后，正将人类社会带入智能时代，人类社会结构呈现智能现代化特征。发展新质生产力，必须进一步全面深化改革，形成与之相适应的新型生产关系。中国式现代化的本质和特征为新质生产力的解放和发展提供了契机，新质生产力也为破解我国发展不平衡不充分问题，实现社会结构现代化转型提供了历史机遇。西方现代化百年来，始终难以克服的弊病，也被带入了智能化时代，在"数字鸿沟"之后，"智能鸿沟"也在西方社会逐步形成。智能时代的中国社会结构，展示出新型现代化社会结构的特征，表现出优于西方社会结构的现代化新形态，成为与新质生产力相适应的新型生产关系的重要构成。

---

* 本文曾发表于《河南社会科学》2024年第10期，入书有修改。

第九章　新质生产力与智能时代的社会结构

一、新质生产力带来人工智能时代的社会结构变革

党的二十届三中全会提出："健全因地制宜发展新质生产力体制机制"，并指出，"健全相关规则和政策，加快形成同新质生产力更相适应的生产关系，促进各类先进生产要素向发展新质生产力集聚，大幅提升全要素生产率。"①"生产力是人类社会发展的根本动力，也是一切社会变迁和政治变革的终极原因。"② 2023 年 9 月 7 日，习近平总书记指出，"积极培育新能源、新材料、先进制造、电子信息等战略性新兴产业，积极培育未来产业，加快形成新质生产力，增强发展新动能。"③"新质生产力是创新起主导作用，摆脱传统经济增长方式、生产力发展路径，具有高科技、高效能、高质量特征，符合新发展理念的先进生产力质态。"④ 2024 年 3 月 5 日，习近平总书记在"两会"江苏代表团，进一步科学地阐述了发展新质生产力的重大意义，指出，"要牢牢把握高质量发展这个首要任务，因地制宜发展新质生产力。面对新一轮科技革命和产业变革，我们必须抢抓机遇，加大创新力度，培育壮大新兴产业，超前布局建设未来产业，完善现代化产业体系。"⑤ 与此同时，李强总理在"两会"上所做政府工作报告，也将大力发展新质生产力作为 2024 年我国国民经济和社会发展的重要任务，并开启了"人工智能+"时代，⑥ 影响深远。

---

① 《中共中央关于进一步全面深化改革推进中国式现代化的决定》，《人民日报》2024 年 7 月 22 日。

② 习近平：《发展新质生产力是推动高质量发展的内在要求和重要着力点》，《求是》2024 年第 11 期。

③ 《习近平主持召开新时代推动东北全面振兴座谈会强调 牢牢把握东北的重要使命 奋力谱写东北全面振兴新篇章》，《人民日报》2023 年 9 月 10 日。

④ 《习近平在中共中央政治局第十一次集体学习时强调 加快发展新质生产力 扎实推进高质量发展》，《人民日报》2024 年 2 月 2 日。

⑤ 《习近平在参加江苏代表团审议时强调 因地制宜发展新质生产力》，《人民日报》2024 年 3 月 6 日。

⑥ 李强：《政府工作报告——二〇二四年三月五日在第十四届全国人民代表大会第二次会议上》，《人民日报》2024 年 3 月 13 日。

新质生产力本质是先进生产力，是超越传统生产力的先进生产力质态，是第四次工业革命的标志，代表了生产力发展新的历史方位。与传统生产力相比，智能化是其显著特征之一。人工智能将智能革命带入了生产力发展之中，赋予生产力以智能化的特征，让智能化成为这个时代先进生产力的标志性成果，"人工智能与生产力要素及其系统的全方位深度融合，形成了智能生产力———一种新质生产力。"[1]"新质生产力的显著特点是创新，既包括技术和业态模式层面的创新，也包括管理和制度层面的创新。"[2] 人工智能正给人类社会带来新的变革，并在改变人类生产方式的同时，塑造人类社会新的交往方式和生活方式。2020年8月24日，习近平总书记在经济社会领域专家座谈会上，明确指出："我国社会结构正在发生深刻变化，互联网深刻改变人类交往方式，社会观念、社会心理、社会行为发生深刻变化。"[3] 可见，新质生产力的形成和发展，已经深刻影响到我国社会结构现代化。发展新质生产力是推动高质量发展的内在要求和重要着力点，是推进中国式现代化的重大战略举措，对我国经济社会发展将产生深远影响。[4]

马克思在《共产党宣言》中曾指出，"每一历史时代的经济生产以及必然由此产生的社会结构，是该时代政治的和精神的历史的基础。"[5] 也就是说每一时代生产力的发展，决定了这个时代的社会结构，并引发人类社会发展面貌的改变。工业革命的发生，形成了工业化的社会结构，带来了革命性的影响。"自然力的征服，机器的采用，化学在工业和农业中的应用，轮船的行驶，铁路的通行，电报的使用，整个大陆的开垦，河川的通航，仿佛用法术从地下呼唤出来的大量人口——过去哪一个世纪料想到在社会劳动里蕴藏有这样的生产力呢？"[6] 第二次、第三次工业

---

[1] 王水兴、刘勇：《智能生产力：一种新质生产力》，《当代经济研究》2024年第1期。
[2] 习近平：《发展新质生产力是推动高质量发展的内在要求和重要着力点》，《求是》2024年第11期。
[3] 习近平：《正确认识和把握中长期经济社会发展重大问题》，《求是》2021年第2期。
[4] 何立峰：《健全因地制宜发展新质生产力体制机制》，《党的二十届三中全会〈决定〉学习辅导百问》，党建读物出版社、学习出版社2024年版，第29页。
[5] 《马克思恩格斯选集》第1卷，人民出版社2012年版，第380页。
[6] 《马克思恩格斯选集》第1卷，人民出版社2012年版，第405页。

革命给社会结构带来的改变一直延续到今天。第四次工业革命将给人类社会结构现代化带来"巨变"。世界经济论坛的创始人兼执行主席克劳斯·施瓦布在《第四次工业革命》一书中写道,"第四次工业革命所蕴含的能量、影响力和历史意义丝毫不亚于前三次工业革命",而且"各项重大技术创新即将在全球范围内掀起波澜壮阔、势不可挡的巨变"。①

在第四次工业革命带来的巨变中,必然会带来生产关系的变革,同时引发社会结构的深刻改变。人工智能也伴随着新质生产力形成和发展过程,给社会结构现代化中增加了智能化的成分,让智能社会进入了人类生活方式的各个不同层面。新质生产力的形成和发展,为我国社会进步提供了更为广阔的发展空间和机遇。② 此外,也要看到,人工智能技术的发展在给人类社会带来发展机遇的同时,也会引发一系列问题和挑战,强人工智能对社会经济的影响是不能低估的。③ 智能社会时代,人类需要迎接这一崭新复杂现象带来的挑战。④《决定》提出"面对纷繁复杂的国际国内形势,面对新一轮科技革命和产业变革,面对人民群众新期待,必须继续把改革推向前进。"⑤ 因此,三个"面对"的提出,深刻揭示了"十四五"乃至"十五五"时期,我国以进一步全面深化改革,推进中国式现代化发展,推动"推动生产关系和生产力、上层建筑和经济基础、国家治理和社会发展更好相适应",⑥ 在新型生产关系构建过程中,促进我国社会结构进一步优化,加快形成中国式现代化社会结构,以更好适应新质生产力发展要求。

---

① [德] 克劳斯·施瓦布:《第四次工业革命》,李菁译,中信出版社 2016 年版,第 6 页。
② 李政、廖晓东:《发展"新质生产力"的理论、历史和现实"三重"逻辑》,《政治经济学评论》2023 年第 6 期。
③ 郭俏、刘玉涵、莫雅涵:《ChatGPT 爆火所引发的强人工智能社会接纳研究》,《经济研究导刊》2023 年第 23 期。
④ 梁玉成:《智能社会研究的新学术任务》,《智能社会研究》2022 年第 1 期。
⑤《中共中央关于进一步全面深化改革 推进中国式现代化的决定》,《人民日报》2024 年 7 月 22 日。
⑥《中共中央关于进一步全面深化改革 推进中国式现代化的决定》,《人民日报》2024 年 7 月 22 日。

二、生产力发展与西方社会结构现代化反思

生产力决定生产关系，生产关系必须与生产力发展要求相适应。马克思在解释这一关系时曾经指出，当资本主义制度取代封建制度之后，"封建的所有生产关系，就不再适应已经发展的生产力了。这种关系已经在阻碍生产而不是促进生产了。"① 即使在资本主义所有制关系确立后，"几十年来的工业和商业的历史，只不过是现代生产力反抗现代生产关系，反抗作为资产阶级及其统治的存在条件的所有制关系的历史。"② 而且，"生产力已经强大到这种关系所不能适应的地步，它已经受到这种关系的阻碍。"③ 可见，在资本主义社会内部，生产力不可能获得彻底的解放和发展，资本主义的生产关系始终成为生产力发展的阻碍。作为"每一历史时代的经济生产以及必然由此产生的社会结构"，在资本主义生产关系的影响下，不可能形成完全适应生产力发展要求的现代化社会结构。实际上，"社会结构与经济结构紧密相关，在某种程度上，经济发展的不同阶段及其产业结构和物质生活水平，决定了社会的基本形态。"④

第一，工业革命以来生产力的发展给社会结构带来了革命性的影响。工业革命推动资产阶级进一步壮大，使得"它按照自己的面貌为自己创造出一个世界。"⑤ 在社会结构空间内部，它极大地改变了城乡关系，使传统的农村社会结构解体，并使城市崛起，让城市化成为工业社会的显著标志，一句话"资产阶级使农村屈服于城市的统治。它创立了巨大的城市，使城市人口比农村人口大大增加起来，因而使得很大一部分居民脱离了农村生活的愚昧状态。"⑥ 而且，机器工业的使用，社会分工的细化也改变了传统职业结构、收入结构等基本社会结构。"现代化工业已经

---

① 《马克思恩格斯选集》第 1 卷，人民出版社 2012 年版，第 405 页。
② 《马克思恩格斯选集》第 1 卷，人民出版社 2012 年版，第 406 页。
③ 《马克思恩格斯选集》第 1 卷，人民出版社 2012 年版，第 406 页。
④ 李春玲：《我国社会结构现代化转型进程》，《湖南社会科学》2021 年第 1 期。
⑤ 《马克思恩格斯选集》第 1 卷，人民出版社 2012 年版，第 405 页。
⑥ 《马克思恩格斯选集》第 1 卷，人民出版社 2012 年版，第 406 页。

把家长式的师傅的小作坊变成了工业资本家的大工厂。"① 可见，工业革命让人类社会发生了翻天覆地的变化，让人类社会走上了现代化的发展道路，极大提高了人类改造自然的能力，更是推动人类社会现代文明层级不断地提升。工业革命的发生带来了工业社会，第二次工业革命内燃机和电力的革命，特别是电力的使用让人类社会进入了电气时代，极大推动了人类文明的历史进程，使得"光明"长留人间。第三次工业革命直接将人类社会带入了原子能和信息社会的时代，极大突破了人类沟通与交往的时空距离，让"近在咫尺"成为可能。工业革命的成就是历史性的，也是革命性的。

第二，先进生产力在资本主义社会中不可能获得真正的解放和发展，资本异化导致的社会结构异化是资本主义现代化的真实写照。受制于资本主义制度本身本质固有的矛盾，任何新的科技进步的最终成果都只会落入到少数人手中，不可能惠及更多人，实际上，"资产阶级在它不到一百年的阶级统治中所创造的生产力，比过去一切世代创造的全部生产力还要多，还要大。"② 但是，巨大创造成就的背后，是资本异化之后的社会结构异化，它并没有创造出一种更优化的现代化社会结构。"资产阶级抹去了一切向来受人尊崇和令人敬畏的职业的神圣光环。它把医生、律师、教士、诗人和学者变成了它出钱招雇的雇佣劳动者。"③ 而且，它还让财富更加聚敛到少数人手中，"它使人口密集起来，使生产资料集中起来，使财产聚集在少数人的手里。"④ 让两极分化成为资本主义现代化社会结构的正常现象，不平等成为资本主义现代化始终难以克服的通病。工业社会的发展，需要的资本量是非常巨大的，现代西方经济中的大部分收入来自发明创造的科技力量，而把这些发明创造的产品推向市场的是大量的资本。⑤ 工业社会时代的发展"鸿沟"，依次被信息社会时代的

---

① 《马克思恩格斯选集》第 1 卷，人民出版社 2012 年版，第 407 页。
② 《马克思恩格斯选集》第 1 卷，人民出版社 2012 年版，第 405 页。
③ 《马克思恩格斯选集》第 1 卷，人民出版社 2012 年版，第 403 页。
④ 《马克思恩格斯选集》第 1 卷，人民出版社 2012 年版，第 405 页。
⑤ [美] 威廉·J·伯恩斯坦：《繁荣的背后：解读现代世界的经济增长》，符云玲译，机械工业出版社 2021 年版，第 139 页。

"信息鸿沟",数字时代的"数字鸿沟",乃至智能社会时代的"智能鸿沟"所取代,社会不平等与资本主义制度如影随形。在资本主义社会内部,智能时代的受益人依然是资本和掌握资本的人。在资本主义社会,"第四次工业革命的最大受益者是智力和实物资本提供者——创新者、投资人、股东,这正是工薪阶层与资本拥有者贫富差距日益悬殊的原因。"① 因此,先进生产力本身的解放和发展在资本主义社会内部是不可能实现的,随着周期性的经济危机发作,资本主义制度自身的调整也总是以工薪阶层利益受损为代价的。也就是说,"西方现代化的最大弊端,就是以资本为中心而不是以人民为中心,追求资本利益最大化而不是服务绝大多数人的利益,导致贫富差距大、两极分化严重。"② 这必然导致西方现代化社会结构是一个不平等长期存在,并被资本异化的结构,成为束缚先进生产力进一步解放和发展的阻碍。进入金融垄断资本主义发展阶段后,被金融资本裹挟的西方社会,金融资本对社会结构渗透导致的发展失衡,让经济向着空心化、虚拟化的方向发展,进一步加剧了西方社会业已存在的尖锐社会矛盾。③

第三,人工智能时代,西方资本主义国家社会结构失衡将进一步加剧。资本主义制度下资本的逐利性使新技术发展的成果不可能造福于整个人类社会。人工智能时代的来临,会带来职业结构的改变,根据世界经济论坛2023年5月发布的《2023年未来就业报告》("Future of Jobs Report"),预计未来五年,有23%的工作将发生变化,其中新的工作机会将增长10.2%,而消失的工作岗位占比将达到12.3%。④ 面对这种情况,如果任由市场机制发挥作用,而政府不发挥干预的作用,可以预见会出现大量传统行业就业人员失业情况,工人又将成为资本主义社会内部的利益受损者。美国作为当今世界最发达的资本主义国家,美国人高

---

① [德]克劳斯·施瓦布:《第四次工业革命》,李菁译,中信出版社2016年版,第10页。
② 习近平:《中国式现代化是强国建设、民族复兴的康庄大道》,《求是》2023年第16期。
③ 王伟光:《国际金融垄断资本主义论》,人民出版社2022年版,第76页。
④ World Economic Forum:"Future of Jobs Report",https://www3.weforum.org/docs/WEF_Future_of_Jobs_2023.pdf.

度焦虑自动化生产的问题，他们害怕机器会抢走他们的工作，而且智能机器时代的来临，似乎不但要将收入从工人转移到资本，而且促使工人工资下降，"更加重了低工资工人的沮丧情绪，令他们感觉找份起码能维持生计的工作越发困难了"，这意味着"从事体面工作的工人确实在被机器所替代"。①

由于资本至上的作用，西方国家的政府不可能做出顺应先进生产力发展需要的政策调整，而是基于"自由市场"的原则，放任垄断资本利益集团做大，而工人阶层利益受损。例如，在美国亚马逊巴尔的摩新配送中心，亚马逊会通过算法系统追踪和计算每名工人的生产效率，低于标准的就会自动生成警告，甚至终止合同。为此，一年内有 300 名工人因为生产效率低下而被解雇。② 此外，为了保护资本的利益，以便它们可以牢牢掌握先进生产力的头部技术和资源，能够始终控制先进价值链、供应链、产业链的前端，遏制竞争对手的出现。它们就会利用代表它们利益的政府公然对别国企业进行打压，以便树立绝对的竞争优势和行业垄断。在西方科技大踏步前进的同时，"智能鸿沟"的出现，成为资本异化后新的不平等表现形式。只有在周期性的经济危机之后，西方国家的政府才会基于资本主义自我调整和改良的需要，进行一些限制资本和约束资本的活动，但是等危机过去，一切又重新回到原点。马克思对此曾精辟地指出，"在商业危机期间，总是不仅有很大一部分制成的产品被毁灭掉，而且有很大一部分已经造成的生产力被毁灭掉。"③ 今天，西方资本垄断集团利益的固化和强大，让它们已经没有了改良的可能，政治极化成为了西方社会结构性转变的表征。

---

① ［美］杰弗里·萨克斯：《重塑美国经济》，石烁、胡迪译，格致出版社 2020 年版，第 005 页。
② ［德］莫里茨·奥滕立德：《数字工厂》，黄瑶译，中国科学技术出版社 2023 年版，第 227 页。
③ 《马克思恩格斯选集》第 1 卷，人民出版社 2012 年版，第 406 页。

三、新质生产力与我国智能社会结构的形成

新质生产力是中国式现代化在高质量发展阶段的驱动力和动力。新质生产力的出现和形成深度影响我国现代化发展进程，成为推动我国社会结构现代化转型的重要决定力量。人工智能技术使我国社会结构现代化接入了智能化的特征，在含有智能社会形成一般规律的同时，也具有鲜明的中国特色。我国智能社会时代的社会结构现代化，在演进和生成中国式现代化社会结构的过程中，摒弃了西方现代化社会结构的弊病，让新质生产力解放和发展的成果更好地惠及十四亿中国人民，成为塑造人民高品质生活和满足人民美好生活需要的重要途径。

第一，新质生产力使我国社会结构现代化转型向着智能现代化社会方向发展。这为高质量发展背景下破解发展不平衡不充分问题创造了条件。习近平总书记指出，"西方发达国家是一个'串联式'的发展过程，工业化、城镇化、农业现代化、信息化顺序发展，发展到目前水平用了二百多年时间。我们要后来居上，把'失去的二百年'找回来，决定了我国发展必然是一个'并联式'的过程，工业化、信息化、城镇化、农业现代化是叠加发展的。"[①] 西方现代化在生产力的分布上是一个线性发展过程。由于历史原因，我国现代化建设真正起步也是在新中国成立之后。我国的现代化建设是在较短的时间内同时经历几种不同生产力发展水平并联出现的情况下进行的。这导致我国在现代化建设过程中，既存在"赶跑"的问题，也存在"并跑"的问题，使"国家需要在同一个时间截面上面对分处农业社会、工业社会和后工业社会的不同区域，也需要在同一个区域范围内面对上一个社会形态中的矛盾尚未充分化解而下一个社会形态中的新矛盾又叠加产生的复杂局面"[②]。可见，中国式现代化建设取得今天的成就是非常不容易的。

经过新中国 70 年，特别是改革开放 40 多来的建设发展，我们不但实

---

① 《习近平关于中国式现代化论述摘编》，中央文献出版社 2023 年版，第 65 页。
② 蔡昉等著：《中国式现代化》，中信出版社 2022 年版，第 129 页。

现了从"赶跑"到"并跑"的转变,而且在一些领域实现了"领跑",创造了生产力发展新奇迹。新质生产力的出现,第四次工业革命的兴起,让我们第一次有机会在新的工业革命萌发之时即处于"并跑"和"领跑"阶段,这与前几次工业革命失之交臂,只能奋起"赶跑"有着本质的不同。现代化转型的特征,使我国面临发展不平衡不充分问题,区域、城乡、收入差距较大,一些方面和领域还面临现代化条件发育不充分、不成熟问题。这些问题,可以通过新质生产力的发展带动我国工业化、信息化、城镇化、农业现代化叠加并联到第四次工业革命的发展阶段,并以此破解发展不平衡不充分问题。通过整体智能化、数字化转轨,将我国的经济结构和社会结构逐步换轨到新质生产力发展需要的新型生产关系上来,使处于不同生产力水平并联的现代化转化为一种全新的更高级的智能化、数字化现代化发展形态。这种形态是中国式现代化创造的人类文明新形态的自然构成,超越了既往工业文明产生的社会结构,在新工业文明中表现出数字文明与智能文明结合的现代化社会结构特征。同时,考虑到我国并联式现代化的发展特征,推动新质生产力发展也要结合我国各地发展实际,因地制宜,注重发挥传统产业的优势。

  破解并联式现代化条件下发展不平衡不充分问题的关键在于新质生产力的形成和发展。由于"相较于传统生产力,新质生产力在要素构成、属性特征上都发生了质的跃进",[1] 因此在新质生产力在形成和发展过程中,通过新旧动能转换促进我国经济结构、社会结构的更替,让这个进程体现出这个时代先进生产力的发展要求。俄罗斯莫斯科国立大学亚非学院院长、东方学家阿列克谢·马斯洛夫观察认为,大约从2015年至2016年开始中国的经济发展模式发生变化,中国政府逐步重塑经济模式,中国开始实现从"世界工厂"向"技术工厂"转变,向发展高度资本化、高科技水平的产品生产转变。这种重塑使得中国的中产阶层扩大到4到4.5亿人,中国劳动力素质也发生变化:知识水平更高。[2] 可见,新质生

---

[1] 张乐:《以新质生产力发展推进中国式现代化建设》,《人民论坛》2023年第21期。
[2] 《俄罗斯学者:中国正从"世界工厂"向"技术工厂"转变》,http://china.cankaoxiaoxi.com/#/detailsPage/%20/a49362c7d89244279bf77012a291cb60/1/2024-02-16%2010:47?childrenAlias=undefined。

产力的加快形成和发展，已经对我国的阶层结构、职业结构等产生了深刻的影响，推动我国社会结构现代化加快适应新质生产力的发展要求。

第二，发展为了人民是形成与新质生产力相适应的新型生产关系和生成新型现代化社会结构的根本问题。"全体人民共同富裕的现代化。这是中国式现代化的本质特征，也是区别于西方现代化的显著标志。"① 在中国式现代化进程中形成和发展的新质生产力，发展的最终目的是人民。尽管人工智能的发展使人类社会在智能时代更加先进和便利，但是在西方社会却避免不了几百年来两极分化社会结构的存续和科技为资本服务的弊病，科技发展"鸿沟"不断放大。实际上，这是一个生产力与生产关系相匹配的问题。新质生产力的发展是我国形成新型生产关系，最终建构出新型现代化社会结构的关键。其一，新质生产力创造力是实现我国经济社会持续发展，并最终实现建成社会主义现代化强国的物质技术基础，只有通过人工智能等高科技的带动作用，才能突破外部对我国制造业走向中高端的"规锁"，才能创造更多物质财富，进而满足人民对美好生活的向往，持续改善人民生活，让全体人民共同富裕的"蛋糕"做得更大，共同富裕的社会结构才能最终形成。

其二，新质生产力的发展是新的创造工具，会带来更多职业结构的改变。在我国还面临发展不平衡不充分问题的情况下，中国特色有效政府作用的发挥十分重要，这是中国特色社会主义制度优势所在。人工智能和生成式人工智能将在未来几年对劳动力市场产生重大影响。人工智能将会对服务业中标准化、流程化的服务岗位产生冲击，特别是对金融业、公共服务业、生活服务业等方面的就业岗位产生较大影响，一些门槛不高的就业岗位也有被替代的可能。② 根据世界经济论坛报告，未来五年人工智能和机器学习专业人员将成为增长最快的职业。然而，行政和执行秘书、会计、簿记和文员等岗位损失数加起来占预期工作岗位减少总数的一半以上，而且现在看似比较高端的白领职位数据文员的岗位，

---

① 习近平：《中国式现代化是强国建设、民族复兴的康庄大道》，《求是》2023年第16期。
② 金东寒：《秩序的重构：人工智能与人类社会》，上海大学出版社2017年版，第140页。

预计未来五年绝对损失最大,将损失 800 万个岗位。① 目前在发达国家劳动力市场上,也出现了一些新的情况,不仅仅是在制造业领域,也包括其他行业"数以亿计的从事简单决策工作的工人将被取代",为适应复杂决策过程的需要,"企业将聘用更多具有高层次的数学、定制编程和问题解决能力的人",随着人工智能机器变得更智能,对与之匹配的职业素质要求更高,准入门槛更大。② 也就是说,从劳动力市场和职业结构看,当下和未来五年就业供给与需求不匹配现象将更加突出,在西方自由放任的市场逻辑下,这种情况将对社会中低收入阶层进入社会就业产生更大的社会排斥和职业屏蔽,也将埋下社会持续动荡的诱因。

在这个过程中,职业培训和人力资源开发就显得尤为重要。习近平总书记指出,"要按照发展新质生产力要求,畅通教育、科技、人才的良性循环,完善人才培养、引进、使用、合理流动的工作机制。要根据科技发展新趋势,优化高等学校学科设置、人才培养模式,为发展新质生产力、推动高质量发展培养急需人才。"③ 而且,"发展新质生产力不是忽视、放弃传统产业,要防止一哄而上、泡沫化,也不要搞一种模式。"④ 中国式现代化创造了市场经济新的现代化运作机制,在市场起资源配置决定性作用同时,中国特色的有为政府与有效市场的结合,将使新质生产力在加速发展的同时,也将更好地促进我国各行业的平衡发展,并通过有为政府的政策牵引和有效市场机制的调节,实现就业供给和需求的平衡。此外,新经济、新业态、新模式的发展,将带动我国传统就业与新质就业的转换,促进我国从人口大国向人才强国的转变。因此,需要进一步加强产业政策牵引作用,将新质生产力发展贯穿城镇化、工业化、信息化、农村现代化全过程,带动劳动力实现整体的职业牵引、就业转移、技能提升,形成代表新型生产关系的新质职业结构,促进新型

---

① World Economic Forum:"Future of Jobs Report", https://www3.weforum.org/docs/WEF_Future_of_Jobs_2023.pdf.
② 金东寒:《秩序的重构:人工智能与人类社会》,上海大学出版社 2017 年版,第 140 页。
③ 《习近平在中共中央政治局第十一次集体学习时强调 加快发展新质生产力 扎实推进高质量发展》,《人民日报》2024 年 2 月 2 日。
④ 《习近平在参加江苏代表团审议时强调 因地制宜发展新质生产力》,《人民日报》2024 年 3 月 6 日。

现代化社会结构的生成。

其三，未来十几年，新质生产力发展将助力我国形成8亿人口规模的中等收入群体，极大促进我国社会阶层结构向着橄榄型的方向发展。中等收入群体社会形成的关键是科技创新带动的制造业扩张和消费市场的持续扩大。这两点的结合促进了经济循环的畅通，使供给侧与需求侧的匹配和良性循环更加顺畅。两者结合的关键在于存在一个稳定和持续扩大的中等收入群体。中等收入群体的产生也有赖于制造业和实体经济的繁荣。例如，美国在20世纪40—60年代能够形成一个相对稳定、富裕的中产社会，带动很多中低收入者脱贫，并进入中产阶层的关键在于受到第二次和第三次工业革命的深度影响。①

新质生产力的发展，可以助力我国中等收入群体的扩大和内需驱动经济结构的形成。依靠传统生产力带来的高速发展，已经实现了我国4亿人口进入中等收入群体的发展奇迹，如果再让4亿人进入中等收入群体，需要依靠新质生产力的创造力。而且，如果不能跨过高技术、高科技带动的高质量发展这个坎儿，我们就有被彻底锁死在制造业中低端的风险，中等收入群体的扩大也将无从谈起。2023年4月，习近平总书记在制造业大省广东考察时强调，"中国是个大国，要重视实体经济，走自力更生之路。""中国式现代化不能走脱实向虚的路子，必须加快建设以实体经济为支撑的现代化产业体系。"② 因为，实体经济、自力更生才是制造业的关键所在，也是经济基础的关键所在，没有强大的先进物质技术基础的支撑和现代化产业体系的配套，再先进的生产力也是空中楼阁，既不能落地，也不能创造就业和财富，不但会造成产业和发展的空洞化，也必然会导致社会结构的失衡。

第三，新质生产力将极大地改变人们的交往方式和生活方式，要让智能成为美好精神生活的载体。2022年末，OpenAI聊天机器人ChatGPT的面世，已经宣告了新一轮科技革命的到来，成为引领人工智能浪潮的

---

① [美] 杰克·拉斯马斯：《美国变局：从里根到特朗普的经济政策》，张维懿译，中国科学技术出版社2023年版，第269页。
② 《习近平在广东考察时强调 坚定不移全面深化改革扩大高水平对外开放 在推进中国式现代化建设中走在前列》，《人民日报》2023年4月14日。

标志性事件。2024 年 OpenAI 生成式人工智能 Sora 的诞生，带来更加巨大的颠覆性影响。以 ChatGPT 为代表的人工智能技术的实用化和普及化，"必然形成深刻的全社会的观念震动和改变，人类真正开始面临对新的智慧体的接纳。"① 技术的发展和进步是不会停止的。新质生产力的发展是在中国式现代化中孕育的，它要体现中国式现代化的本质和特征的要求，在创造巨大物质财富的同时，也要规避西方物质主义膨胀的后果。"既要物质富足、也要精神富有，是中国式现代化的崇高追求。"② 中国式现代化是物质文明和精神文明相协调的现代化。这就要求以人工智能等新质生产力为代表的高端技术发展过程中，要在社会层面成为满足人民美好精神需求的工具，形成精神富有的人与人交往模式和生活方式。从西方社会视角来看，"今天，西方国家日渐陷入困境，一个重要原因就是无法遏制资本贪婪的本性，无法解决物质主义膨胀、精神贫乏等痼疾。"③ 西方现代化导致的物质主义膨胀、精神萎靡和资本化的生活状态，金钱至上的人际交往，使生活化的科技平台也充满了资本至上的味道。发达工业社会技术进步，让人成为"单向度的人"。智能时代的发达工业社会也将难以避免这一现象。"智能社会也面临着人类劳动职责被人工智能替代、人工智能对人实行算法桎梏、'人机'关系伦理陷入困境等诸多挑战，导致智能社会中人的自由实现成为时代难题。"④ 因此，要在人工智能技术，特别是生成式人工智能应用于社会生活过程中，更加注重精神层面的价值牵引，把推动人的全面发展和社会全面进步作为根本目标，避免西方智能化时代新的"单向度的人"情况的出现。

人工智能技术的发展和智能社会时代的来临已经不是一个单纯的理论问题，而是关系到社会可持续发展与国家国际竞争力塑造的关键问题。⑤ 人工智能给人类社会发展带来的机遇与挑战并存，与前三次工业革

---

① 何哲：《ChatGPT：开启通用人工智能时代及其社会影响》，《电子政务》2023 年第 4 期。
② 习近平：《中国式现代化是强国建设、民族复兴的康庄大道》，《求是》2023 年第 16 期。
③ 习近平：《中国式现代化是强国建设、民族复兴的康庄大道》，《求是》2023 年第 16 期。
④ 汪怀君、刘卫东：《智能社会中人的自由实现困境与出路》，《西南石油大学学报（社会科学版）》2024 年第 1 期。
⑤ 王梓灼：《人工智能社会的战略问题与应对措施》，《江西科学》2023 年第 6 期。

命最本质的不同在于人工智能技术代表的第四次工业革命在带来巨大颠覆性影响的同时，也存在脱离人类"掌控"的风险，特别是在生成式人工智能方面。当虚拟与现实无法甄别，那就不仅仅是智能社会中人的自由难以实现的问题，而是何为真相的问题。

四、新质生产力、新型社会结构与全球智能社会

党的二十届三中全会擘画了我国进一步全面深化改革，推进中国式现代化发展的蓝图，也擘画了我国新质生产力发展路径。发展新质生产力是推动我国高质量发展的重要着力点，但是当前制约我国高质量发展因素还大量存在。"从外部环境看，世界百年未有之大变局全方位、深层次加速演进。从内在条件看，我国一些领域关键核心技术受制于人的局面尚未根本改变，城乡区域发展和收入分配差距依然较大，掣肘经济社会高质量发展。"① 因此，"发展新质生产力，必须进一步全面深化改革，形成与之相适应的新型生产关系。"② 对于新质生产力的发展和人工智能的影响，需要立足于科技创新，放大其发展机遇，以赢得百年未有之大变局中全球科技和综合国力竞争的新优势。也就是说，通过新的创造产生新的现代化社会结构形态，让新职业结构、新阶层结构、新收入结构、新发展结构体现新质生产力的发展结果，并成为新型生产关系的重要组成部分，并在新工业革命的进程中产生摒弃发达工业社会旧式社会结构的新型现代化社会结构。新型现代化社会结构既避免了西方发达工业社会几百年来难以克服的弊病，又可以创造出人类社会结构现代化的新图景。同时，为全球化解数字鸿沟、智能鸿沟提供中国方案和经验。新质生产力的发展重点在科技创新，要通过科技创新创造出更多发展的新质态，并以新质态成果的转化，为满足人民美好生活提供有力的物质技术

---

① 习近平：《发展新质生产力是推动高质量发展的内在要求和重要着力点》，《求是》2024年第11期。
② 习近平：《发展新质生产力是推动高质量发展的内在要求和重要着力点》，《求是》2024年第11期。

支撑，从而促进人的全面发展和社会全面进步，让人实现真正的自由发展。

此外，对于人工智能的发展，需要树立全球智能社会的概念，促进全球智能社会结构的均衡和包容发展，不能让智能技术的发展成为拉大全球发展鸿沟的工具。同时，要促成人工智能全球治理机制的形成，规避人工智能发展脱离人类掌控的情况出现，特别是在主要发达国家，由于受资本驱动，生成式人工智能更会成为超越底线的工具。中共中央政治局委员、外交部长王毅在第60届慕尼黑安全会议"中国专场"上的主旨讲话中，明确表明中国对人工智能治理架构的观点和主张，"面对人工智能挑战，中国支持在联合国框架下成立国际人工智能治理机构，共同维护人类福祉。"[1] 中国式现代化是和平发展的现代化，面对人工智能可能给人类社会存续和发展带来的挑战，中国提出了这一重要主张，有助于加强人工智能的全球治理。

总之，新质生产力的发展，对我国的发展十分重要，不但能够提升我国产业在全球价值量中的位置，"摆脱关键技术受制于人的问题"，[2] 也将重塑我国经济发展的底层逻辑。"上世纪60年代以来，全球100多个中等收入经济体中只有十几个成功进入高收入经济体。那些取得成功的国家，就是在经历高速增长阶段后实现了经济发展从量的扩张转向质的提高。"[3] 新质生产力将加速我国高质量发展，在带动经济结构性调整的同时，为中国式现代化社会结构的生成带来变革性的影响，推动我国进入高收入经济体，并成为中国式现代化创造的人类文明新形态重要内涵。一种不同于西方社会文明的新的现代化社会文明将通过中国式现代化生成的新型现代化社会结构表现出来，并将对世界现代化事业产生深远的影响。这种结构不但具有中国特色，也将具有全球意义。它代表了现代化的一种全新选择，也是人类未来发展走向的一种希望。在经过一百多

---

[1] 外交部：《坚定做动荡世界中的稳定力量——王毅在第60届慕尼黑安全会议"中国专场"上的主旨讲话》，https://www.mfa.gov.cn/wjbzhd/202402/t20240217_11246036.shtml。
[2] 程恩富、陈健：《大力发展新质生产力 加速推进中国式现代化》，《当代经济研究》2023年第12期。
[3] 习近平：《开创我国高质量发展新局面》，《求是》2024年第12期。

年现代化的建设之后,"到 2052 年,中国将在文化、经济以及政治上,以其独有的方式,对世界产生重大的影响。……这种影响来自国家内部,还有中国悠久的历史。"① 而社会结构是国家内部影响的重要表现。

---

① [挪威]乔根·兰德斯:《2052:未来四十年的中国与世界》,秦雪征、谭静、叶硕译,译林出版社 2018 年版,第 267—268 页。

第十章　新质生产力与我国青年高质量发展*

一、新质生产力与青年发展新机遇

党的二十届三中全会通过的《中共中央关于进一步全面深化改革、推进中国式现代化的决定》（以下简称《决定》）将推动新质生产力发展作为"健全推动经济高质量发展体制机制"的重要内容，并提出"健全相关规则和政策，加快形成同新质生产力更相适应的生产关系，促进各类先进生产要素向发展新质生产力集聚，大幅提升全要素生产率"②。"新质生产力是创新起主导作用，摆脱传统经济增长方式、生产力发展路径，具有高科技、高效能、高质量特征，符合新发展理念的先进生产力质态"③。习近平总书记强调，"要牢牢把握高质量发展这个首要任务，因地制宜发展新质生产力。面对新一轮科技革命和产业变革，我们必须抢抓机遇，加大创新力度，培育壮大新兴产业，超前布局建设未来产业，完善现代化产业体系"④。

＊ 本文曾发表于《中国青年研究》2024年第10期，入书有修改。第十章题目及内部标题参照前面目录修改。

② 《中共中央关于进一步全面深化改革、推进中国式现代化的决定》，《人民日报》2024年7月22日。

③ 《习近平在中共中央政治局第十一次集体学习时强调 加快发展新质生产力扎实推进高质量发展》，《人民日报》2024年2月1日。

④ 《习近平在参加江苏代表团审议时强调因地制宜发展新质生产力》，《人民日报》2024年3月6日。

中国式现代化与新质生产力

新质生产力是这个时代的先进生产力，是推动第四次工业革命的变革性力量，具有高科技、高效能、高质量等特征。新能源、新材料、先进制造、电子信息等战略性新兴产业以及未来产业是新质生产力的典型代表，也是现代化产业体系的构成产业。新质生产力的形成和发展，必将带动我国生产关系发生质的变化，这是生产力对生产关系变革提出的新要求，也是生产关系适应生产力发展的客观要求。习近平总书记指出："生产关系必须与生产力发展要求相适应"①。劳动者、劳动资料、劳动对象是生产力的基本构成。作为生产力中的劳动者和生产关系中最基本的构成，人是生产力和生产关系中最活跃的因素，也是最根本的因素。可以说，"人是生产中最积极、最活跃的因素。生产力的最简单关系便是人与自然的关系。生产力发展水平需要建立在人对自然认识的水平上"②。因此，为了推动新质生产力加快发展和形成，《决定》提出，"教育、科技、人才是中国式现代化的基础性、战略性支撑"③。"必须深入实施科教兴国战略、人才强国战略、创新驱动发展战略，统筹推进教育科技人才体制机制一体改革，健全新型举国体制，提升国家创新体系整体效能"④。通过进一步全面深化改革，必将对新质生产力的发展，加快形成与新质生产力相适应的新型生产关系，发挥巨大的作用，也将为我国青年营造更多成长成才的机会。

科学技术是第一生产力，人才是第一资源。推动新质生产力发展关键在于按照新质生产力的发展要求，顺应新型生产关系构建的需要，形成与之相适应的人才工作机制，畅通教育、科技、人才的良性循环，将人这个生产中最积极、最活跃的因素激发出来，促进新质生产力加速形成。青年是最为活跃的群体，不但是创新创造的主体，更是最积极、最

---

① 《习近平在中共中央政治局第十一次集体学习时强调 加快发展新质生产力扎实推进高质量发展》，《人民日报》2024年2月1日。

② 乔榛、徐宏鑫：《生产力历史演进中的新质生产力地位与功能》，《福建师范大学学报（哲学社会科学版）》2024年第1期。

③ 《中共中央关于进一步全面深化改革、推进中国式现代化的决定》，《人民日报》2024年7月22日。

④ 《中共中央关于进一步全面深化改革、推进中国式现代化的决定》，《人民日报》2024年7月22日。

活跃生产活动中的因素。推动新质生产力发展，关键人才培养机制必然包含青年人才。习近平总书记强调指出："要根据科技发展新趋势，优化高等学校学科设置、人才培养模式，为发展新质生产力、推动高质量发展培养急需人才"[①]。"优化高等学校学科设置、人才培养模式"等主要针对的对象是青年群体。青年群体的教育和培养，对于形成满足新质生产力发展需求的人才供给，有着举足轻重的作用。

新质生产力的发展正带来我国经济社会发展底层逻辑的改变，新业态、新模式、新动能的涌现，未来产业的发展，都在颠覆着传统生产力带来的传统发展质态，新质发展质态在新质生产力的加速发展中，已经带来人类生产方式、生活方式的深刻变革，这一点在青年人的行为方式、价值观和就业选择上表现得十分明显。这也表明，在第四次工业革命发展演化的时代背景下，世界范围内青年发展正在发生新的变化。而在我国新质生产力形成和发展过程中，也蕴含了新的工业革命对我国青年发展带来的质变性影响。例如，近年来数字经济的发展，带来我国青年就业质态的改变，可以说明新的科技革命带来的影响，已经在悄然发生。新中国成立以来的第一个《中长期青年发展规划（2016—2025 年）》，聚焦促进青年全面发展，提出"鼓励青年在经济社会发展中充分发挥生力军和突击队作用"，明确指出"围绕国家整体发展战略需要，深化各类建功活动，树立先进典型，激励青年在各行各业积极创新，拓展工作领域和空间，形成发展新动力"[②]。鼓励青年形成发展新动力深度契合新质生产力的形成和发展要求，对于发挥青年群体的领军作用，让青年成为新质生产力形成和发展的主力军，进一步顺应新型生产关系的发展要求，具有重要意义。新质生产力的形成和发展，为我国青年高质量发展路径和途径的拓展带来了新的质的变化。这种新变化正在拓展我国青年新的发展空间和成长空间，为青年搭建了更多人生出彩的舞台，创造了更多进入中等收入群体的机会。

---

① 《习近平在中共中央政治局第十一次集体学习时强调 加快发展新质生产力扎实推进高质量发展》，《人民日报》2024 年 2 月 1 日。
② 中国政府网：《中共中央 国务院印发〈中长期青年发展规划（2016—2025 年）〉》，https：//www.gov.cn/zhengce/2017－04/13/content_5185555.htm#1，2017。

二、第四次工业革命与青年发展

第四次工业革命的到来,预示着全球生产力格局的重塑,意味着新的全球科技革命和产业革命的到来,同时与之相适应的生产关系变革随之发生,这也包括社会结构的变化。第四次工业革命带来的经济和社会层面的结构性变化,与之前的历次工业革命相比既有相似性,也有其独有的特质。在经历了工业化、信息化之后,人类社会的发展正在走向智能化,这是第四次工业革命的标志性成果。

1. 第四次工业革命带来社会分工新变化

工业革命带来的社会分工改变,与产业结构紧密相连,也与社会中的每一个个体息息相关。它既意味着新的就业机会和职业选择的出现,也意味着原有的工作将被机器取代。克劳斯·施瓦布在《第四次工业革命》一书中,用"前所未有的社会变革"来形容第四次工业革命给人类社会发展带来的影响。他认为第四次工业革命从两个方面带来社会变革,一是不平等可能加大中产阶层的压力;二是数字媒体对社群形式及相互关系产生影响①。这两个变革对当代青年影响巨大。当代全球青年在生存发展和社会参与方面与之前的青年世代最大的不同在于,其受到信息化、数字化以及智能化的影响。传统意义上形成的生存发展和社会参与路径正在被第四次工业革命的数字化和智能化所颠覆,数字融入与数字参与成为新型的社交表征。当代青年可被称为数字化的一代,从幼年到成年,从家庭到学校再到社会,数字化的交流方式和交往关系,数实并存的身份特征,正在重塑现代人的生活方式。当代青年的社会化过程也是他们的数字化过程。

2. 第四次工业革命带来青年生存发展和社会参与结构形式的改变

当今青年生存发展和社会参与的结构形式正在经历深刻变革,数字化的一代初现端倪。对于身处第四次工业革命现在与未来的青年来说,

---

① [德]克劳斯·施瓦布:《第四次工业革命》,李菁译,中信出版社2016年版,第93、94页。

就业将是他们面临的最大挑战。新的工业革命在创造新就业机会的同时，也会带动新旧动能转化的阵痛，这不仅是传统职业和行业消失、就业门槛提高带来的失业和择业难度增大，还包括青年群体发展差异性的扩大。世界经济论坛《2023年未来就业报告》显示，随着人工智能技术的发展，社会变革正在不断重塑全球劳动力市场，预计在未来五年内，将有近四分之一的工作发生变化，其中新的工作机会将增长10.2%，而消失的工作岗位占比将达到12.3%，"据估计，全球雇主预计将创造6900万个新的工作岗位，淘汰8300万个工作岗位，净减少1400万个工作岗位，占当前就业人数的2%"①。

随着人工智能技术的发展，对一线工人的影响将是巨大的。据预计，2030年全球人工智能（AI）的市场规模将达到近2万亿美元，对制造业的颠覆性影响，可能会从根本上改变工作要求，导致大量劳动力需要进行技能提升和再培训②，否则将面临就业岗位迭代导致的岗位竞争加大的风险，直至被迫失去工作机会。

3. 人工智能技术给传统社会结构带来新改变

"人工智能正在成为类似于历史上蒸汽机、电力等具有广泛而深刻影响的新的通用技术"③。以人工智能技术为代表的第四次工业革命给人类社会带来的改变，除了社会分工和青年社会参与结构形式的改变，还包括对传统社会结构带来的新改变。传统的现代化社会结构构成了工业化以来青年生存发展和社会参与的主渠道，也奠定了青年参与社会发展过程中的主要进入路径，但是人工智能和机器人技术的广泛应用，已经对传统社会结构中的就业结构、职业结构产生质的影响。例如，"无人化"工作岗位从制造业到服务业的大量出现，实际上已经对传统社会结构中形成的制造业和服务业的就业产生冲击，也客观上提高了职业的准入门

---

① 世界经济论坛：《未来五年哪些职业增长最快，哪些又将消失》，https：//cn.weforum.org/agenda/2023/05/fastest-growing-and-declining-jobs/，2023。
② 世界经济论坛：《第四次工业革命对一线工人来说意味着什么》，https：//cn.weforum.org/agenda/2024/02/https-www-weforum-org-agenda-2024-01-industry-4-fourth-industrial-revolution-workers-cn/，2024。
③ 何立峰：《健全因地制宜发展新质生产力体制机制》，《人民日报》2024年7月30日。

槛，对人的职业技能、职业素质、知识结构提出了更高的要求。而且，人工智能的发展在带来人类社会发展机遇的同时，也带来了伦理与道德、法律与法规、就业与教育、安全与国际规则方面的挑战。涉及青年生存发展和社会参与主要领域的就业与教育方面，有研究表明，大概率的事件可能包括：大批量的生产岗位会被机器人所替代、个人化的工作将会被人机协同所取代、大量上班族将会更多地居家办公、自由职业者将会增多[1]。也就是说，"新的产业革命必将淘汰旧的工作模式，但也必然带来大量新的就业岗位，新的岗位代替旧的岗位是社会发展的必然趋势"[2]。这本身就是对人类社会自身传统发展社会结构和社会秩序的重构。人机交互时代和人形机器人参与的社会结构变化，也在塑造今天青年参与社会发展的认知。之前一代的年轻人在社会参与的过程中，数字化的过程是逐渐参与进来的，也就是说这一代年轻人既有数字化的生活体验和参与过程，也保留了数字化之前时代的生活印记、记忆和认知。而今天的年轻人，可能从他出生之日起，所历经的生命周期和历程都是数字化的，智能化的手机已经成为这一代人难以剥离的认知和生活、生命构成的一部分，而不像前一代年轻人——现在的中年人，智能化、数字化是在他们成年后逐渐参与进来，不断学习、接受和认知的过程。这一层面的改变，才是数字化和智能化对两代人之间认知和认识层面结构性的改变。这对社会结构和人行为模式带来了更深层次的影响。从某种意义上讲，这也为今天新一代青年人生存发展及社会参与路径和形态的不同，提供了新的解释路径和范式。

三、新质生产力与我国青年发展

新质生产力是第四次工业革命先进生产力的代表，人工智能技术的发展、经济社会的智能化、制造业的智能自动化是它的显著特征和标志。

---

[1] 金东寒：《秩序的重构：人工智能与人类社会》，上海大学出版社2017年版，第30—31、31、174页。

[2] 金东寒：《秩序的重构：人工智能与人类社会》，上海大学出版社2017年版，第30—31、31、174页。

新质生产力的发展为我国青年的生存发展和社会参与创造了新的机遇。新质生产力带来的科技创新成果和创造的物质财富，将为我国青年创造更多进入中等收入群体的机会。从中长期发展来看，随着我国社会结构现代化转型的加快，"整体的发展趋势正朝着现代化社会结构推进"①，中国式现代化社会结构在2035年基本实现现代化后形成，我国青年的生存发展水平将会得到提升，社会参与的路径将会更加宽阔并产生新的积极变化。

1. 新质生产力将有效增加我国各类青年群体进入中等收入群体的机会

新质生产力的形成和发展，为我国青年生存发展和社会参与提供了新的契机和进入中等收入群体的机会。党的十九届五中全会通过的《中共中央关于制定国民经济和社会发展第十四个五年规划和二〇三五年远景目标的建议》将"人均国内生产总值达到中等发达国家水平，中等收入群体显著扩大，基本公共服务实现均等化，城乡区域发展差距和居民生活水平差距显著缩小"作为到2035年基本实现社会主义现代化远景目标之一②。

这意味着我国社会发展结构的根本性改变，一个中等收入群体占人口绝大多数的社会结构将形成，这一过程中青年群体无疑是主要的参与人群。《中华人民共和国国民经济和社会发展第十四个五年规划和2035年远景目标纲要》明确提出，"实施扩大中等收入群体行动计划，以高校和职业院校毕业生、技能型劳动者、农民工为重点，不断提高中等收入群体比重"③。《决定》指出，"稳步扩大中等收入群体规模"④，"完善促

---

① 李春玲：《我国社会结构现代化转型进程》，《湖南社会科学》2021年第1期。
② 新华网：《中共中央关于制定国民经济和社会发展第十四个五年规划和二〇三五年远景目标的建议》，新华社北京2020年11月3日电。
③ 新华网：《中华人民共和国国民经济和社会发展第十四个五年规划和2035年远景目标纲要》，新华社北京2021年3月12日电。
④ 《中共中央关于进一步全面深化改革、推进中国式现代化的决定》，《人民日报》2024年7月22日。

进机会公平制度机制,畅通社会流动渠道"①。

随着新质生产力的形成和发展,由新质生产力带动的相关产业正在为我国高校和职业院校毕业生、技能型劳动者、农民工等群体进入中等收入群体提供新的路径。俄罗斯莫斯科国立大学亚非学院院长、东方学家阿列克谢·马斯洛夫观察发现,从2015年至2016年开始,中国的经济发展模式发生了变化,实现了从"世界工厂"向"技术工厂"转变、向发展高度资本化和高科技水平的产品生产转变。这种重塑使得中国劳动力素质知识水平更高,中产阶层扩大至4亿人到4.5亿人②。以农民工群体为例,在我国重塑经济发展态势,持续推进向高质量发展转型过程中,我国农民工的月收入也保持增长。根据国家统计局发布的《2023年农民工监测调查报告》,"农民工月均收入4780元,比上年增加165元,增长3.6%",分行业看,涉及我国农民工就业的制造业、建筑业、批发和零售业、交通运输仓储和邮政业、住宿餐饮业、居民服务修理和其他服务业等六大行业收入均保持增长③。

此外,随着我国经济社会发展格局的结构性优化,农民工群体的就业结构也在发生改变。据调查,在第三产业就业的农民工比重继续提高,农民工中从事第三产业的占53.8%,比2022年提高2.1个百分点;从事第二产业的占45.5%,比2022年下降2.3个百分点④。

这与我国国民经济结构持续优化,新质生产力带动的产业结构调整紧密相连。根据国家统计局对2023年我国国内生产总值初步核算来看,第三产业增长5.8%。2023年12月,服务业生产指数同比增长8.5%,其中,信息传输、软件和信息技术服务业生产指数增长13.8%。此外,

---

① 《中共中央关于进一步全面深化改革、推进中国式现代化的决定》,《人民日报》2024年7月22日。
② 参考消息网:《俄罗斯学者:中国正从"世界工厂"向"技术工厂"转变》,http://www.cankaoxiaoxi.com/#/detailsPage/zhongguo/a49362c7d89244279bf77012a291cb60/1/2024 - 02 - 16%2010：47？childrenAlias = undefined,2024。
③ 国家统计局:《2023年农民工监测调查报告》,https：//www.stats.gov.cn/sj/zxfb/202404/t20240429_1955161.html,2024。
④ 国家统计局:《2023年农民工监测调查报告》,https：//www.stats.gov.cn/sj/zxfb/202404/t20240429_1955161.html,2024。

新质生产力的代表产业产品——太阳能电池、新能源汽车、发电机组（发电设备）——产量分别增长54.0%、30.3%、28.5%①。

这说明我国新质生产力相对应的工业部门的发展壮大，将有效带动高质量就业岗位的持续增加。

扩大各类青年群体进入中等收入群体的规模和比例，不仅是到2035年基本实现现代化的客观要求，也是实现共同富裕的必然要求。青年群体不但是国家发展的力量基石，也是国家发展的优质战略资源所在。无论是适龄劳动力的有效供给、人口红利和人才红利的有效支撑，还是创新创造的主体、社会发展的主要参与者、推动者，青年群体都是独一无二的国家发展和民族复兴的希望。发展新质生产力的劳动者主体是青年，驱动新质生产力创新性发展的主体依然是青年，青年发挥着重要的支撑性作用。习近平总书记强调，"要按照发展新质生产力要求，畅通教育、科技、人才的良性循环，完善人才培养、引进、使用、合理流动的工作机制"②。在畅通教育、科技、人才的良性循环过程中，新质生产力将为我国高校和职业院校毕业生、技能型劳动者、农民工等群体的知识更新和教育、职业技能培训提供发展契机，促进青年群体更好地实现向新的产业和服务业转移，提升青年群体适应新工作岗位的能力，加速拓展其社会参与的深度与广度。《决定》指出，"完善高校毕业生、农民工、退役军人等重点群体就业支持体系，健全终身职业技能培训制度"③。党的十八大以来，我国经济社会结构不断优化，新质生产力为促进社会流动，带动青年群体以新经济、新业态参与社会发展，提供了新的路径。例如，在我国服务业方面，随着产业融合不断深化，新增长点不断涌现。2016—2021年，规模以上战略性新兴服务业营业收入年均增长13.5%，

---

① 国家统计局：《2023年国民经济回升向好 高质量发展扎实推进》，https：//www.stats.gov.cn/sj/zxfb/202401/t20240117_1946624.html，2024。

② 《习近平在中共中央政治局第十一次集体学习时强调 加快发展新质生产力扎实推进高质量发展》，《人民日报》2024年2月1日。

③ 《中共中央关于进一步全面深化改革、推进中国式现代化的决定》，《人民日报》2024年7月22日。

明显快于规模以上服务业营业收入增速①。2013—2021年，服务业就业人员累计增加8375万人，年均增长3.0%，平均每年增加就业人员931万人②。

"十四五"时期变化加快，"十五五"时期新质生产力带动的经济结构和社会结构双转型将会进一步加快，在为青年群体创造更多进入中等收入群体机会的工作岗位的同时，也对其知识更新和工作技能提出了新的要求，这就是需要根据新质生产力的发展要求，加快打通发展的堵点，形成教育、科技、人才的畅通循环，加快推进教育等改革。习近平总书记强调，"要根据科技发展新趋势，优化高等学校学科设置、人才培养模式，为发展新质生产力、推动高质量发展培养急需人才"③。这必将助推我国青年群体在学有所长、学有所用、学有所专上获得更大的进展，更好根据生产力发展的布局，有针对性地学习知识和专业技能，提升社会融入与社会参与的速度、质量和效能，获取更大的个人事业上升动力和成功机会，"畅通向上流动通道，给更多人创造致富机会，形成人人参与的发展环境，避免'内卷''躺平'"④。

2. 新质生产力带动的新型生产关系的产生将推动我国青年高质量发展

习近平总书记指出，"发展新质生产力，必须进一步全面深化改革，形成与之相适应的新型生产关系"⑤。新型生产关系的构建，为我国青年高质量发展创造了新的进入路径。对于新型生产关系对我国社会结构变化产生的影响，有学者已经观察到这种变化，特别是"十五五"时期的趋势性变化特征。有学者认为要重点关注新型生产关系在构建过程中，

---

① 国家统计局：《经济结构不断优化 协调发展成效显著——党的十八大以来经济社会发展成就系列报告之十》，https：//www.stats.gov.cn/sj/sjjd/202302/t20230202_1896687.html，2022。

② 国家统计局：《经济结构不断优化 协调发展成效显著——党的十八大以来经济社会发展成就系列报告之十》，https：//www.stats.gov.cn/sj/sjjd/202302/t20230202_1896687.html，2022。

③ 《习近平在中共中央政治局第十一次集体学习时强调 加快发展新质生产力扎实推进高质量发展》，《人民日报》2024年2月1日。

④ 习近平：《扎实推动共同富裕》，《求是》2021年第20期。

⑤ 《习近平在中共中央政治局第十一次集体学习时强调 加快发展新质生产力扎实推进高质量发展》，《人民日报》2024年2月1日。

对我国人口结构等社会基础结构、城乡区域结构等社会空间结构、就业职业结构等社会经济活动结构方面的影响，还有学者认为新质生产力的形成和发展在新型生产关系构建方面对于我国经济结构和社会结构优化、城镇化与劳动力转移、科技进步、人力资本提高等方面发挥巨大的牵引作用①。新型生产关系的构建不管是在人口、城乡、就业职业等社会结构方面，还是在城镇化、劳动力转移、科技进步、人力资本提高等方面主要影响和涉及的人群还是青年群体。因为，青年群体始终是这些过程的主要参与者和直接影响者。也就是说，在整个改革和发展的过程中，我国在解放生产力和发展生产力的进程中，青年总是随着时代的发展进一步自主化、全面化、务实化、多元化地参与到经济社会发展进程中，并成为其中的一员，广泛、深入地参与到政治、文化、经济和社会活动中②，成为与生产力相匹配的生产关系构建中的一部分。

科学技术是第一生产力，新质生产力也是先进的生产力质态，与之相适应的新型生产关系也代表了全新社会关系的产生。新型生产关系体现了新发展理念要旨，构成了创新、协调、绿色、开放、共享的经济关系和社会关系，形成了新型经济关系和社会关系，并由此衍生出新的社会参与路径。在新技术革命成果带来的颠覆性社会变迁背景下，青年群体作为新生事物的弄潮儿和易接受人群，他们的交往方式，社会观念、社会心理、社会行为也在发生同步化，甚至超前化的改变，这成为催动他们接受新生事物并融入新型生产关系带来的新机会、新路径的主要驱动力。以人工智能技术发展为例，人工智能的生活化已经让人类社会转向了生活即学习、生活即工作、生活即创造的状态，在改变人们社会生活方式的同时，也在不断生成新的生活场景③，而每一种生活方式改变的背后，无不是新的经济增长点、消费增长点，从而带动出新的产业、行业，创造新的就业机会和社会分工。青年群体无论是主动参与，还是被

---

① 中国社会科学网：《"新质生产力与中国社会结构现代化"研讨会在京举行》，https://www.cssn.cn/skgz/bwyc/202405/t20240504_5749227.shtml，2024。
② 刘宏森：《改革和发展进程中的青年参与》，《青年探索》2018年第1期。
③ 金东寒：《秩序的重构：人工智能与人类社会》，上海大学出版社2017年版，第30—31、31、174页。

动卷入时代发展之潮流，都为他们的人生出彩提供了无限可能和机会。青年在新的生活方式中创造出人生新的可能性，这种可能性蕴含于新型生产关系之中，是不同于之前传统生产力背景下青年生存发展和社会参与的新路径和新形态。

高质量的发展和参与方式，让创新的机会、协调的特质、绿色的生活、开放的社会、共享的机制成为中国式现代化背景下，我国青年生存发展和参与社会的新特质，这种特质在"十五五"时期，伴随新质生产力的发展和新型生产关系的构建将更加显著。这就需要在机制上和激发要素活力上持续发力，让这种特质进一步催生和升华。"要健全要素参与收入分配机制，激发劳动、知识、技术、管理、资本和数据等生产要素活力，更好体现知识、技术、人才的市场价值，营造鼓励创新、宽容失败的良好氛围"①。我国青年生存发展和参与社会的新特质，不是一个"躺平"的特质，也不是一个"内卷"的特质，而是创造新的向上流动和成功机会的特质，不但是青年发展的新机会，也是我国发展的新机遇。这为激发和激励青年创新创造活力提供了新的驱动力，它让青年群体可以更清晰地看到奋斗成功的未来方向。例如，2021年我国拥有"独角兽企业"301家，比上年增加74家，"瞪羚企业""猎豹企业"分别有171家、222家，分别比上年增加71家、96家，我国已培育"专精特新"企业4万多家，"小巨人"企业达4762家。截至2021年末，我国市场主体总量达1.54亿户，比2012年末增长1.8倍，年均增长12.1%②。

这些数字说明，自党的十八大以来，新质生产力的形成和发展、新动能的茁壮成长、新经济的方兴未艾，已经在微观企业和居民社会生活层面带动了新的社会参与方式。科技主导的特色更加明显，中高端制造业的融入特色更加鲜明。作为数字一代，这代青年与他们父辈在成长过程中最大的不同，就在于数字化和智能化的全面渗透。这一特征成为当代青年群体生存发展和社会参与新的接入机制。这与我国数字经济高速

---

① 《习近平在中共中央政治局第十一次集体学习时强调 加快发展新质生产力扎实推进高质量发展》，《人民日报》2024年2月1期。
② 国家统计局：《新动能茁壮成长 新经济方兴未艾——党的十八大以来经济社会发展成就系列报告之九》，https://www.stats.gov.cn/sj/sjjd/202302/t20230202_1896684.html，2022。

发展、数字化生活方式加速推广的时代背景紧密相连①。

3. 进一步全面深化改革，推进中国式现代化将释放新质生产力发展潜能，为我国青年高质量发展提供制度保障

党的二十届三中全会强调，"面对纷繁复杂的国际国内形势，面对新一轮科技革命和产业变革，面对人民群众新期待，必须自觉把改革摆在更加突出位置，紧紧围绕推进中国式现代化进一步全面深化改革"②。青年是经济社会发展的主干力量，也是新征程上中国式现代化发展事业的推动力量。党的二十大报告也明确指出"青年强，则国家强"，要求"全党要把青年工作作为战略性工作来抓"③。青年成长发展与社会参与的过程，根本上是一个在社会上立足和参与社会发展的过程。在这个过程中，蕴含了青年个人生命周期的全过程，每一个不同阶段代表了青年不同的内在需求和社会参与取向，甚至表现为不同的社会行为和社会心态。因此，习近平总书记高度关注青年的发展问题，提出"要帮助广大青年解决学业、就业、创业、置业面临的实际困难，为他们成长成才创造更多机会"④。学业、就业、创业、置业贯穿了一个人青年阶段全部的成长过程，更是让青年获得发展"机会"的基本社会融入和社会参与的条件。当我国经济社会发展的底层逻辑由高速增长阶段转向高质量发展阶段，我国社会主要矛盾已经转化为人民日益增长的美好生活需要和不平衡不充分的发展之间的矛盾的时候，即意味着我国青年生存发展和社会参与的模式和路径发生了改变，而且这一过程也伴随着我国新兴青年群体的形成和崛起带来的代际更替进程。在"90 后"都已经即将步入中年，"00 后"陆续走出大学校园，"10 后"陆续走出中学时代的背景下，"平视世界的一代"所带来的美好生活需要在内涵和外延上的改变，某种程

---

① 国家统计局：《新动能茁壮成长 新经济方兴未艾——党的十八大以来经济社会发展成就系列报告之九》，https://www.stats.gov.cn/sj/sjjd/202302/t20230202_1896684.html，2022 年。
② 《中国共产党第二十届中央委员会第三次全体会议公报》，《人民日报》2024 年 7 月 19 日。
③ 习近平：《高举中国特色社会主义伟大旗帜 为全面建设社会主义现代化国家而团结奋斗——在中国共产党第二十次全国代表大会上的报告》，人民出版社 2022 年版，第 71 页。
④ 庆祝香港回归祖国 25 周年大会暨香港特别行政区第六届政府就职典礼隆重举行 习近平出席并发表重要讲话》，《人民日报》2022 年 7 月 2 日。

度上影响着国家发展的脉动。因此，推动当代青年成长发展和社会参与的形式和内容顺应时代发展的要求，特别是顺应中国式现代化建设和发展的要求，就成为全面建设社会主义现代化国家时期的必然要求。这也是解放生产力和发展生产力，解放和增强社会活力必然的战略选择，是进一步全面深化改革的主要方向，要让进一步全面深化改革的红利释放到青年群体身上，从而为中国式现代化的推进提供青年力量和青春动力。

"要深化科技体制、教育体制、人才体制等改革，着力打通束缚新质生产力发展的堵点卡点"①。打通束缚新质生产力发展堵点卡点的科技体制、教育体制、人才体制等改革，必将为当代青年高质量发展开辟新赛道，提供新的发展机会和中国式现代化的制度保障，高质量发展将成为"十五五"时期进一步全面深化改革的重要方向，为当代青年高质量发展开拓广阔前景。

党的二十届三中全会擘画了新时代新征程进一步全面深化改革，推进中国式现代化事业发展的宏伟蓝图，强调"进一步解放和发展社会生产力、激发和增强社会活力"②，"以经济体制改革为牵引，以促进社会公平正义、增进人民福祉为出发点和落脚点，更加注重系统集成，更加注重突出重点，更加注重改革实效，推动生产关系和生产力、上层建筑和经济基础、国家治理和社会发展更好相适应，为中国式现代化提供强大动力和制度保障"③。进一步解放和发展社会生产力、激发和增强社会活力，进一步全面深化改革红利的释放，中国式现代化事业的深入推进，必将为我国青年塑造更加有利的中国式现代化成长发展和社会参与新形态。

进一步推进全面深化改革，将为形成与新质生产力相适应的新型生产关系带来根本性改变，使中国经济社会发展的潜能进一步释放，不平

---

① 习近平：《全面深化改革开放，为中国式现代化持续注入强劲动力》，《求是》2024 年第 10 期。
② 《中国共产党第二十届中央委员会第三次全体会议公报》，《人民日报》2024 年 7 月 19 日。
③ 《中国共产党第二十届中央委员会第三次全体会议公报》，《人民日报》2024 年 7 月 19 日。

衡不充分的发展问题进一步得到破解,就业职业结构、收入结构、阶层结构、城乡结构、区域发展结构等进一步得到优化。随着新质生产力发展的推进,将有更多先进生产力代表产业集群崛起,更多高质量工作岗位被创造,更多与之配套的高端服务业产生,更多新型发展业态、形态出现,这必将为当代中国青年进入中等收入群体、实现自身发展与成功提供新的机遇。

第十一章　新质生产力是绿色生产力，体现习近平生态文明思想的国家治理意蕴

习近平总书记指出，"绿色发展是高质量发展的底色，新质生产力本身就是绿色生产力。必须加快发展方式绿色转型，助力碳达峰碳中和。牢固树立和践行绿水青山就是金山银山的理念，坚定不移走生态优先、绿色发展之路。"① 党的二十届三中全会擘画了我国绿色发展蓝图，《决定》提出，"聚焦建设美丽中国，加快经济社会发展全面绿色转型，健全生态环境治理体系，推进生态优先、节约集约、绿色低碳发展，促进人与自然和谐共生。"② 进一步全面深化改革推动发展方式绿色转型，将加快推动形成与绿色生产力相适应的新型生产关系，带动高质量发展提质增速。2024年8月11日发布的《中共中央 国务院关于加快经济社会发展全面绿色转型的意见》提出，"推动经济社会发展绿色化、低碳化，是新时代党治国理政新理念新实践的重要标志，是实现高质量发展的关键环节，是解决我国资源环境生态问题的基础之策，是建设人与自然和谐共生现代化的内在要求。"③ 新质生产力是绿色生产力，体现了与既往工

---

① 《习近平在中共中央政治局第十一次集体学习时强调 加快发展新质生产力 扎实推进高质量发展》，《人民日报》2024年2月2日。

② 《中共中央关于进一步全面深化改革 推进中国式现代化的决定》，《人民日报》2024年7月22日。

③ 《中共中央 国务院关于加快经济社会发展全面绿色转型的意见》，《人民日报》2024年8月12日。

第十一章　新质生产力是绿色生产力，体现习近平生态文明思想的国家治理意蕴

业革命生产力发展的本质不同，是新的发展质态，蕴含了深刻的习近平生态文明思想底蕴，并渗透在习近平生态文明思想所指明的发展路径和国家治理现代化的意蕴之中。党的十八大以来，以习近平同志为核心的党中央把生态文明建设作为关系中华民族永续发展的根本大计，统筹加强生态文明顶层设计和制度体系建设，开展一系列开创性工作、推进一系列变革性实践、取得一系列突破性进展、形成一系列标志性成果，生态文明领域国家治理体系和治理能力现代化水平明显提升。[1] 以国家治理体系变革意涵，国家治理能力变革意涵，以新质生产力的绿色发展引领全球生态文明领域治理体系和能力变革，构建起生态文明领域全面治理体系，形成全方位治理能力，开辟生态文明建设国内治理与全球治理融合治理新境界。习近平生态文明思想的提出、发展和确立为时代变革发展大潮中的中国生产力发展确立了变革发展、转型发展的方向，顺应时代发展变革，推进治理体系变革，治理能力变革，引领全球生态文明领域治理体系和能力变革，走出一条美丽中国与清洁美丽世界交相辉映的现代化发展之路，为实现生态文明领域国家治理体系和治理能力现代化指明了方向。

一、新质生产力体现"四个一"的生态文明建设思想

习近平总书记指出："党的十八大以来，我们党关于生态文明建设的思想不断丰富和完善。在'五位一体'总体布局中生态文明建设是其中一位，在新时代坚持和发展中国特色社会主义基本方略中坚持人与自然和谐共生是其中一条基本方略，在新发展理念中绿色是其中一大理念，在三大攻坚战中污染防治是其中一大攻坚战。这'四个一'体现了我们党对生态文明建设规律的把握，体现了生态文明建设在新时代党和国家事业发展中的地位，体现了党对建设生态文明的部署和要求。各地区各

---

[1] 孙金龙：《深化生态文明体制改革》. 本书编写组著，《〈中共中央关于进一步全面深化改革、推进中国式现代化的决定〉辅导读本》，人民出版社 2024 年版，第 322 页。

部门要认真贯彻落实,努力推动我国生态文明建设迈上新台阶。"①

习近平总书记首次从"四个一"的角度,系统、全面、完整地论述了党关于生态文明建设思想的内在辩证性、整体性关系,将"五位一体"总体布局、中国特色社会主义基本方略、新发展理念、三大攻坚战有机联系在一起,深刻论述了我们党对生态文明建设规律的把握、生态文明建设在新时代党和国家事业发展中的地位、党对建设生态文明的部署和要求的内在机理,实现了生态文明建设理论与实践结合的统一、战略与战术结合的统一、发展思路与发展定位的统一、立足现实与面向未来的统一,是对习近平生态文明思想的新发展,是闪烁着马克思主义与时俱进闪光点的重要科学判断,更是以辩证唯物主义、历史唯物主义分析当前生态文明建设现实问题,面向未来发展趋势问题的科学判断,必将为推动我国生态文明建设迈向新台阶,提供科学的指南和理论的指引。

习近平生态文明思想是习近平新时代中国特色社会主义思想的重要组成部分。"坚持人与自然和谐共生"②是新时代中国特色社会主义基本方略之一。"中国式现代化是人与自然和谐共生的现代化。人与自然是生命共同体,无止境地向自然索取甚至破坏自然必然会遭到大自然的报复。我们坚持可持续发展,坚持节约优先、保护优先、自然恢复为主的方针,像保护眼睛一样保护自然和生态环境,坚定不移走生产发展、生活富裕、生态良好的文明发展道路,实现中华民族永续发展。"③这不但是对改革开放四十年多年来发展实践和经验的总结,也是面向下一个三十年"新时代两步走"发展战略期间的重大战略部署。生态文明建设是中国特色社会主义事业总体布局"五位一体"的重要组成部分,并发挥着重要作用。生态文明建设不是单纯的对环境的保护和对已破坏生态环境的修复和恢复,而是立足当前、面向未来的全新发展模式的重要表征,体现了

---

① 《习近平在参加内蒙古代表团审议时强调 保持加强生态文明建设的战略定力 守护好祖国北疆这道亮丽风景线》,《人民日报》2019年3月6日。
② 习近平:《决胜全面建成小康社会 夺取新时代中国特色社会主义伟大胜利——在中国共产党第十九次全国代表大会上的报告》,《人民日报》2017年10月28日。
③ 习近平:《高举中国特色社会主义伟大旗帜 为全面建设社会主义现代化国家而团结奋斗——在中国共产党第二十次全国代表大会上的报告》,《人民日报》2022年10月26日。

第十一章　新质生产力是绿色生产力，体现习近平生态文明思想的国家治理意蕴

新质生产力带来的对社会变迁的和发展模式的深刻变革。习近平生态文明思想是对这一全新发展模式——高质量增长方式，在生态领域的科学总结和概括，是人类从工业文明生产力向生态文明新质生产力转变的基本路径，是治理理念、治理体系、治理能力的巨大变革。

习近平总书记强调："加快建立以治理体系和治理能力现代化为保障的生态文明制度体系。"①"到本世纪中叶，物质文明、政治文明、精神文明、社会文明、生态文明全面提升，绿色发展方式和生活方式全面形成，人与自然和谐共生，生态文明领域国家治理体系和治理能力现代化全面实现，建成美丽中国。"② 习近平总书记在论述新质生产力时，进一步指出，"在全社会大力倡导绿色健康生活方式。"③ 这意味着中国共产党带领中国人民在生态文明建设的进程中对生态文明的认识升华到一个全新的发展阶段。推进生态文明建设，既不是单纯的从生态环境本身出发，仅止于对生态环境的保护与修复，也不是只讲保护，不讲发展，将生态环境保护与经济社会发展对立起来，更不是立足运动式的治理，短期见效，治标不治本。习近平生态文明思想蕴含的国家治理意涵④将生态环境立于生态文明建设的高度，从实现两个一百年梦想的视角出发，将制度体系建设摆在重要的位置，以生态文明制度体系建设作为推进生态文明建设的顶层设计，并将生态文明建设置于全面深化改革的重要环节之中，"紧紧围绕建设美丽中国深化生态文明体制改革，加快建立生态文明制度，健全国土空间开发、资源节约利用、生态环境保护的体制机制，推动形成人与自然和谐发展现代化建设新格局。"⑤ 从而实现从上到下、从一维到多维的系统性生态文明建设机制。

国家治理体系与治理能力现代化是一个完整的整体。制度体系的建

---

① 《中共中央关于全面深化改革若干重大问题的决定》，《人民日报》2013 年 11 月 16 日。
② 《中共中央关于全面深化改革若干重大问题的决定》，《人民日报》2013 年 11 月 16 日。
③ 《习近平在中共中央政治局第十一次集体学习时强调　加快发展新质生产力　扎实推进高质量发展》，《人民日报》2024 年 2 月 2 日。
④ 《习近平在全面生态环境保护大会上强调　坚决打好污染防治攻坚战　推动生态文明建设迈上新台阶》，《人民日报》2018 年 5 月 20 日。
⑤ 《习近平在全面生态环境保护大会上强调　坚决打好污染防治攻坚战　推动生态文明建设迈上新台阶》，《人民日报》2018 年 5 月 20 日．

立是国家治理现代化的前提，而治理能力是实现制度有效运转和发挥作用的基础。国家治理体系现代化只是完成了国家治理现代化的第一步，国家治理能力实现现代化，才能真正实现国家治理的现代化，发挥国家治理体系现代化的功效。生态文明领域的国家治理体系和治理能力现代化也体现了这方面的原则。当前，生态文明领域全面治理体系已经形成，四梁八柱的国家治理体系顶层设计方案已然就位，习近平生态文明思想不仅蕴含国家治理体系变革意涵，而且彰显了国家治理能力变革意涵，将体系变革与能力变革紧密结合，形成推动高质量发展的新质生产力动力变革，从根本上扭转了生态环境保护事业可能出现的半途而废、走"回头路"的情况。以人民为中心，顺应人民的要求是任何改革屹立不倒的根本保障。习近平生态文明思想以生态文明领域全面治理体系建构为前提和基础，搭建起全方位治理能力，实现生态文明领域国家治理体系和治理能力现代化相统一的完整系统。

正确、全面理解习近平生态文明思想的深刻内涵和体现的治理意涵，要"深刻把握绿水青山就是金山银山的重要发展理念，坚定不移走生态优先、绿色发展新道路；深刻把握良好生态环境是最普惠民生福祉的宗旨精神，着力解决损害群众健康的突出环境问题；深刻把握山水林田湖草是生命共同体的系统思想，提高生态环境保护工作的科学性、有效性"。①

习近平生态文明思想的治理意涵体现在推进生态文明建设的过程中，既要注意处理好速度、节奏和力度的问题，也要注意处理好生态环境与经济发展之间互动关系问题，同时要将生态文明建设与人类命运共同体建设紧密结合，将社会治理、国家治理、全球治理统一起来，坚持以人民为中心的生态文明建设导向，在生态文明建设中实现经济社会发展的深度转型与公平转型、创造体面劳动和高质量就业的联动发展，进而实现从工业文明向生态文明发展模式的转型。

---

① 《习近平在全国生态环境保护大会上强调 坚决打好污染防治攻坚战 推动生态文明建设迈上新台阶》，《人民日报》2018年5月20日。

二、新质生产力体现生态文明领域
国家治理体系变革意涵

党的十八届三中全会通过的《中共中央关于全面深化改革若干重大问题的决定》指出："全面深化改革的总目标是完善和发展中国特色社会主义制度，推进国家治理体系和治理能力现代化。"① 习近平总书记就新质生产力与国家治理变革的关系，进一步指出，"生产关系必须与生产力发展要求相适应。发展新质生产力，必须进一步全面深化改革，形成与之相适应的新型生产关系。要深化经济体制、科技体制等改革，着力打通束缚新质生产力发展的堵点卡点，建立高标准市场体系，创新生产要素配置方式，让各类先进优质生产要素向发展新质生产力顺畅流动。"② 实际上，"生产力是人类社会发展的根本动力，也是一切社会变迁和政治变革的终极原因。"③ 进一步全面深化改革，打通新质生产力发展堵点，加快新型生产关系的形成，意味着党对改革和全面深化改革的认识提高到一个新的发展阶段，"进一步全面深化改革要坚持马克思列宁主义、毛泽东思想、邓小平理论、'三个代表'重要思想、科学发展观，全面贯彻习近平新时代中国特色社会主义思想，深入学习贯彻习近平总书记关于全面深化改革的一系列新思想、新观点、新论断，完整、准确、全面贯彻新发展理念，坚持稳中求进工作总基调，进一步解放思想、解放和发展社会生产力、解放和增强社会活力，统筹国内国际两个大局，统筹推进'五位一体'总体布局，协调推进'四个全面'战略布局，以经济体制改革为牵引，以促进社会公平正义、增进人民福祉为出发点和落脚点，更加注重系统集成，更加注重突出重点，更加注重改革实效，推动生产关系和生产力、上层建筑和经济基础、国家治理和社会发展更好相适应，

---

① 《中共中央关于全面深化改革若干重大问题的决定》，《人民日报》2013年11月16日。
② 《习近平在中共中央政治局第十一次集体学习时强调 加快发展新质生产力 扎实推进高质量发展》，《人民日报》2024年2月2日。
③ 习近平：《发展新质生产力是推动高质量发展的内在要求和重要着力点》，《求是》2024年第11期。

为中国式现代化提供强大动力和制度保障。"①

(一) 新质生产力带动搭建生态文明制度全局治理体系

从国家治理体系和治理能力现代化的角度出发审视生态文明建设,并将生态文明领域国家治理体系和治理能力现代化全面实现作为到本世纪中叶建成社会主义现代化强国、实现现代化建成美丽中国的重要领域,凸显习近平生态文明思想国家治理意涵的闪光点和辩证性,将永不停步、永不止步的全面深化改革精神贯穿生态文明建设的始终,面向未来谋发展,这是中国生态文明建设给世界奉献的最好中国经验,即现代化是可以在"美丽"中实现的,而且还可以建构起全新的制度文明。

立足生态环境和生态系统具有的系统性、体系性,人与自然共生性特点,将山水林田湖视作一个生命共同体,将生态环境条块分割的治理格局从顶层设计的高度改革为系统性的全局治理体系。"用途管制和生态修复必须遵循自然规律,如果种树的只管种树、治水的只管治水、护田的单纯护田,很容易顾此失彼,最终造成生态的系统性破坏。"② 为此党的十九届三中全会通过的《深化党和国家机构改革方案》决定组建自然资源部,着力解决自然资源所有者不到位、空间规划重叠等问题。推进生态文明建设,"必须树立和践行绿水青山就是金山银山的理念,统筹山水林田湖草系统治理。"③ 自然资源部的设立"为统一行使全民所有自然资源资产所有者职责,统一行使所有国土空间用途管制和生态保护修复职责"④ 提供了有效、完备、系统的全面治理路径,既坚持了一切从实际出发,一切从生态系统构成的客观性出发,实事求是的推进顶层治理机制的原则,又充分发挥主观能动性做到主观与客观相统一,创造性地以全新的治理理念推动制度治理变革,为维持制度的可持续性、持久性,

---

① 《中共中央政治局召开会议 决定召开二十届三中全会 分析研究当前经济形势和经济工作 审议〈关于持续深入推进长三角一体化高质量发展若干政策措施的意见〉中共中央总书记习近平主持会议》,《人民日报》2024年5月1日。
② 习近平:《关于〈中共中央关于全面深化改革若干重大问题的决定〉的说明》,《人民日报》2013年11月16日。
③ 《中共中央关于深化党和国家机构改革的决定》,《人民日报》2018年3月5日。
④ 《中共中央关于深化党和国家机构改革的决定》,《人民日报》2018年3月5日。

治理的长期性、有效性奠定了治理体系现代化的基础。

立足生态环境保护的实际，实现从"末端治理"转向"源头防控"转变，改变长期以来生态环境保护运动式治理的模式，形成常态化、机制化、综合性治理新格局。从全局观、系统观进行统筹推进，打通生态环境保护的纵向环节、横向枝节，"为整合分散的生态环境保护职责，统一行使生态和城乡各类污染排放监管与行政执法职责，加强环境污染治理，保障国家生态安全，建设美丽中国。"① 《深化党和国家机构改革方案》决定组建生态环境部。生态环境部的设立是这一理念的体现。

自然资源部与生态环境部的设立，开启了生态文明制度和体系建设全局治理的新格局，生态文明领域国家治理的体系基本建立，明确了职责、理顺了关系、打破了利益格局，实现治理体系与自然生态系统的无缝对接，人与自然共生性体系的衔接，坚持"山水林田湖草是生命共同体，要统筹兼顾、整体施策、多措并举，全方位、全地域、全过程开展生态文明建设"② 的原则。

（二）建构生态文明制度一体化治理格局

党的十八大以来，特别是十八届三中全会以来，通过不断推进国家治理体系和治理能力现代化，国家生态文明建设，特别是生态文明建设领域的国家治理体系和治理能力现代化水平不断提升。在习近平生态文明思想的指导下，以全面深化改革的动能释放，深入推进生态文明体制、机制和制度建设，立起了生态文明领域国家治理体系的"四梁八柱"，生态文明制度体系建设向前迈进了一大步，办成了许多过去想办而没有办成的大事。

破除地域行政区划治理界限，实现依山、依河、依湖的一体化治理格局，构建起跨区域的全域生态文明治理体系。从"共抓大保护，不搞大开发"的长江经济带建设，到"一张蓝图绘到底"的国家生态主体功

---

① 《中共中央关于深化党和国家机构改革的决定》，《人民日报》2018年3月5日。
② 《习近平在全国生态环境保护大会上强调 坚决打好污染防治攻坚战 推动生态文明建设迈上新台阶》，《人民日报》2018年5月20日。

能区建设、国家公园体制试点，从河长、湖长到生态保护补偿制度的实施，充满改革创新意味的治理制度体系建立起来，为生态环境保护和中华民族永续发展搭建起绿色的制度长城。一体化治理制度体系的实现，打破了地区利益的间隔和行政边界的阻隔，遵循了生态自然的规律，尊重了生态流域的特点，将人为划定的界限统一于自然一体的规律分布，再次实现了治理体系与自然生态系统的无缝对接，坚持了一切从实际出发、实事求是的原则，制度创新的成果，更是制度创制的远见。

此外，中央环境保护督察制度将生态环境全局治理与一体化治理格局实现了自上而下与自下而上的覆盖，形成全面治理新格局。中央督察发挥监督的职能，人民的反馈发挥群众监督的优势，将党的领导与群众监督紧密结合，在生态文明领域搭建起上下左右联动整体性的生态文明治理体系，在人类生态文明制度体系建设中，这无疑是先进的、现代化的。

习近平生态文明思想国家治理的大意涵是坚持以人民为中心。坚持以人民为中心，尊重人类社会发展规律，自然世界的客观规律，才能建构起从全局治理、一体化治理与中央环境保护监察制度相结合的多层级生态文明领域全面治理体系。打破格局、触动利益，每一项制度的建立，每一项改革的推行，坚持的治国理政意涵是以人民为中心的发展思想，不断满足人民群众日益增长的优美生态环境需要。

三、新质生产力体现生态文明领域国家治理能力变革意涵

（一）新质生产力带动高质量增长模式形成生态文明建设可持续治理能力

以模式转换变革推动生态文明建设形成不可逆的可持续治理能力。"两山理论"为正确处理经济社会发展与生态环境保护问题提供了科学的路径。

经过改革开放以来长期高速增长的发展阶段，生态环境问题也日渐摆在我们的面前。在发展的过程中，"第一个阶段是用绿水青山去换金山

第十一章　新质生产力是绿色生产力,体现习近平生态文明思想的国家治理意蕴

银山,不考虑或者很少考虑环境承载力,一味索取资源。第二个阶段是既要金山银山,但是也要保住绿水青山,这时候经济发展和资源匮乏、环境恶化之间的矛盾开始凸显出来,人们意识到环境是我们生存发展的根本,留得青山在,才能有柴烧。第三个阶段是认识到绿水青山可以源源不断地带来金山银山,绿水青山本身就是金山银山,我们种的常青树就是摇钱树,生态优势变成经济优势,形成了一种浑然一体、和谐统一的关系。"① 在经过了不要绿水青山、只要金山银山的发展阶段,我们认识到绿水青山也是重要的。我们过渡到了绿水青山与金山银山都要的发展阶段,坚持发展与环境保护并重,但是依靠以牺牲环境为代价求得一时的经济发展带来的是金山银山的不可持续和绿水青山的消失,最终得到的金山银山是暂时的。面对资源、环境、模式带来的发展代价和后续发展的不可持续;面对人民对环境要求的提高和越来越难以忍受生态环境持续恶化的态度;面对地球作为人类共同家园,由于气候变化影响人类生存和发展带来的降低碳排放的客观要求;面对低碳科技带动的第四次工业革命崛起,及其掀起的全球新一轮科技革命的潮头,我们坚持以习近平新时代中国特色社会主义思想、习近平生态文明思想为指导,推动实现从高速增长模式向高质量增长模式的转变,这不是单纯速度的变化,而是真正的"脱胎换骨",是动能、结构的变革。"中国明确把生态环境保护摆在更加突出的位置。我们既要绿水青山,也要金山银山。宁要绿水青山,不要金山银山,而且绿水青山就是金山银山。我们绝不能以牺牲生态环境为代价换取经济的一时发展。"② 这一重要论述深刻阐明了生态环境与生产力、生态环境与经济社会发展之间的关系,是对生产力与生产关系理论的新发展,更是对人类发展模式的新认识,是人类从工业文明的高速发展向生态文明的高质量发展模式转变的理论基础和实践路径。

高质量增长模式的转换和变革为生态环境的保护和最终实现美丽中

---

① 习近平:《之江新语》,浙江人民出版社2007年版,第186—187页。
② 习近平:《在哈萨克斯坦纳扎尔巴耶夫大学演讲时的答问》,《人民日报》2013年9月8日。

国的目标提供了不可逆的路径和根本的可持续治理能力。"生态环境保护的成败，归根结底取决于经济结构和经济发展方式。经济发展不应是对资源和生态环境的竭泽而渔，生态环境保护也不应是舍弃经济发展的缘木求鱼，而是要坚持在发展中保护、在保护中发展，实现经济社会发展与人口、资源、环境相协调，不断提高资源利用水平，加快构建绿色生产体系，大力增强全社会节约意识、环保意识、生态意识。"① 深入推动模式转换的变革才能从根本上实现生态环境的保护，从根本上建成生态文明，以高污染、高能耗为代表的工业发展模式在追求数量增长到一定极限后是不可持续的，果断转变工业发展模式，实现由数量增长型向质量效益型增长模式的转变是生态环境保护、推动生态文明建设的治本之策，形成不可逆的生态文明建设可持续治理能力。通过模式转换，创新发展模式实现向高质量发展模式的转变，将实现中国科技发展的弯道超车，以低碳技术引领的高科技文明将成为新时代生态工业文明的显著标志，科学技术是第一生产力，生态环境也是生产力，二者紧密相连是高质量发展的重要表征，更是不同国家之间新一轮综合国力竞争的制高点，直接影响人类社会未来发展的规则和标准的制定。

（二）以人民为中心新型生产关系推动形成生态文明建设共享共建治理能力

以人民为中心推动生态文明建设形成全民共享共建治理能力。对环境保护和生态文明建设的认识，长期以来人们认为二者之间是相互矛盾的，而且矛盾本身是主流的，二者之间的统一是处于支流地位的。时至今日，在西方一些民粹主义者的论点中，也是认为二者是不可兼容的。要保护环境必然要以牺牲发展为代价，进而影响民众的福利。实际上，工业化以来的事实说明，工业化的发展确实改善了人的生存状况，工业化积累的物质财富也确实将人类文明和社会福利往前推进了一大步。但是同样带来的也有严重的污染。地球的环境承载量是有限的，再坚持走工业化文明的老路，人类将面临的是长期的、严重的生存危机，而且将

---

① 《习近平关于社会主义生态文明建设论述摘编》，中央文献出版社2017年版，第19页。

是不可逆的。正是看到了这一点，而且这一点也经过了气候变化以来的事例证明，人类才联合起来，经过系列艰难的谈判，达成了《巴黎协定》，希望可以起到挽救的作用。无疑，改变既有的发展模式，会存在发展的惯性，首当其冲的必然是工业化行业的就业和利润，利益受损是必然，但这个痛苦的过程是无可避免的，关键要看各国政府的治理能力能不能跳脱传统的治理思维，以应对这一变革。这一变革不再是"先污染后治理"模式中简单的对生态环境的治理和修复，而是整个体系真正的"脱胎换骨"，这是一种与传统的工业文明体系完全不同的一种文明体系，不再单纯是自然的受损而人类的获益，而是真正构建起人与自然和谐共生的体系。工业文明下的社会成员利益分享和调节机制要加速实现向生态文明条件下的利益分享和调节机制的过渡，这不但是发展的必然要求，也是生态文明对应人类社会内部结构调整的必然要求，建构以人民为中心的共享共治的治理机制是必然的出路，也是调动原有利益格局中的人，成为新生态文明发展的支持者和利益分享者的必然治理路径，是实现新发展模式可持续性、持久性的根本保障。

在中国的实践中，我们坚持辩证唯物主义与历史唯物主义相结合的治理辩证法，不拘泥于一时，立足于新质生产力这一绿色生产力的发展，加速形成绿色新型生产关系，将人民的需求作为治理和推动生态文明转型的唯一出发点和落脚点，让人人成为发展模式转型的受益者，不断增强人民在生态文明建设中的获得感、幸福感和安全感。"生态获得感就是要让群众切实感受到生态环境的整体改善，从绿水青山的保护中真真切切地看得见、摸得着金山银山；生态幸福感就是要让群众在山好水美中生活得更加幸福美好，在美好环境中感受美丽中国的韵味；生态安全感就是要让群众不因生态恶化而影响生存，不因生态恶化而损害健康。"[①]"良好生态环境是最普惠的民生福祉……要坚持生态惠民、生态利民、生态为民，重点解决损害群众健康的突出环境问题，不断满足人民日益增长的优美生态环境需要。"[②] 我们坚持辩证思维，将生态环境视作普惠的

[①] 马峰：《以更大的力度深入推进新时代生态文明建设》，《经济日报》2018年5月28日。
[②] 习近平：《推动我国生态文明建设迈上新台阶》，《求是》2019年第3期。

民生福祉和公共产品,是其他一切发展的前提和基础。树立好这个基础和前提,也就树立了新发展理念的前提和基础。随着人民生活水平的提高,我国社会主要矛盾的转化,人民对美好环境的要求明显提高,对生态环境的恶化持续恶化难以忍受,以人民为中心、顺应人民需求的变化是中国生态文明建设和发展的治理成功之道。将环境视作民生,而不是将环境视作发展的矛盾,就统一起了生态环境与发展之间的关系,明确了治理的基本路径,让人民成为生态文明建设的共享者、共治者。"生态环境是关系党的使命宗旨的重大政治问题,也是关系民生的重大社会问题。"① 这也是习近平生态文明思想的重要原则,体现了它的人民属性。在推进现代化的过程中,坚持人民发展视角的生态文明现代化,"我们要建设的现代化是人与自然和谐共生的现代化,既要创造更多物质财富和精神财富以满足人民日益增长的美好生活需要,也要提供更多优质生态产品以满足人民日益增长的优美生态环境需要。"② 在推进现代化过程中,从发展理念的角度,很好地将保护环境人民获益,建设生态文明人民获益两者做了很好的契合,解决了生态文明建设中利益格局转换和过渡的根本性问题,以人民为中心在生态环境保护与生态文明建设,工业文明向生态文明过渡、转换发展过程中成为唯一的治理标准,人与自然和谐共生的现代化路径不同于既往的任何现代化路径,它是让人民受益、生态受益的现代化路径,是人民共享共治的生态领域现代化治理路径。

(三)绿色生产力推动以生态环境保护和整治为切入点形成生态文明建设刚性治理能力

刚性治理能力就是树立底线思维、红线意识,强监管、硬治理,不留死角、不留漏洞,一张蓝图绘到底、一把尺子量到底。"用最严格制度最严密法治保护生态环境,加快制度创新,强化制度执行,让制度成为

---

① 《习近平在全国生态环境保护大会上强调 坚决打好污染防治攻坚战 推动生态文明建设迈上新台阶》,《人民日报》2018 年 5 月 20 日。
② 习近平:《决胜全面建成小康社会 夺取新时代中国特色社会主义伟大胜利——在中国共产党第十九次全国代表大会上的报告》,《人民日报》2017 年 10 月 28 日。

第十一章 新质生产力是绿色生产力，体现习近平生态文明思想的国家治理意蕴

刚性的约束和不可触碰的高压线。"① 转变发展思维的治理能力。在长江经济带建设中，明确以"共抓大保护，不搞大开发"作为基本原则，理念本身就是治理能力，是刚性的约束。这个原则立在这里，就定下了什么不能干的红线，什么可以干的绿线，大开发的刚性约束是不能被突破的。思维和理念的转变是对承担发展任务主要责任的地方政府的刚性约束，再走传统的发展的老路是不行的，必须转变思维和理念，走高质量的发展道路，这可以从根本上扭转生态环境持续恶化的趋势。

推进环境治理的责任治理能力。将打好污染防治攻坚战列为"三大攻坚战"之一，全面加强党的领导，将全面从严治党贯穿生态环境治理和打好污染防治攻坚战全过程，以铁一般的意志推动责任治理，建立刚性约束，这是政治责任。"打好污染防治攻坚战时间紧、任务重、难度大，是一场大仗、硬仗、苦仗，必须加强党的领导。各地区各部门要增强'四个意识'，坚决维护党中央权威和集中统一领导，坚决担负起生态文明建设的政治责任。"② 而且，"对那些损害生态环境的领导干部，要真追责、敢追责、严追责，做到终身追责。要建设一支生态环境保护铁军，政治强、本领高、作风硬、敢担当，特别能吃苦、特别能战斗、特别能奉献。"③ 树立牢固的政治责任，扎实打好生态环境保护攻坚战的责任治理底线，也是为生态文明领域全面治理体系的推进打下了坚实的制度执行基础。

习近平生态文明思想在生态文明领域治理体系和治理能力现代化方面顺应了时代变革要求，构建起了生态文明领域全面治理体系与全方位治理能力的完美契合。生态文明领域国家治理的全方面治理体系总结了改革开放四十年生态文明领域制度建设的经验，立足十八大以来历史性变革和探索的制度基础，从顶层设计的高度紧贴人类发展阶段的变革要求，搭建起面向生态文明路径的全面治理体系。它是兼有吸收各种制度文明成

---

① 《习近平在全国生态环境保护大会上强调 坚决打好污染防治攻坚战 推动生态文明建设迈上新台阶》，《人民日报》2018 年 5 月 20 日。
② 《习近平在全国生态环境保护大会上强调 坚决打好污染防治攻坚战 推动生态文明建设迈上新台阶》，《人民日报》2018 年 5 月 20 日。
③ 《习近平在全国生态环境保护大会上强调 坚决打好污染防治攻坚战 推动生态文明建设迈上新台阶》，《人民日报》2018 年 5 月 20 日。

果，又结合中国实际产生的创制性的生态文明制度体系成果。而生态文明领域国家治理的全方位治理能力，从根本上解决了从工业文明向生态文明过渡的机制路径、利益路径、执行路径的问题，以人民为中心的发展思想贯穿治理体系与治理能力建设的始终，是治理能力的总依据。

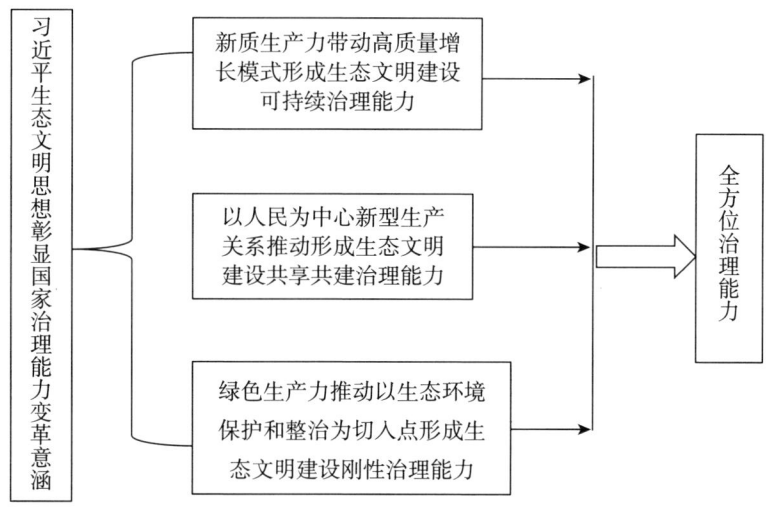

图 13-1　新质生产力体现生态文明领域国家治理能力变革意涵

四、新质生产力体现引领全球生态文明领域治理体系和能力变革意涵

习近平生态文明思想不但推动中国生态文明建设和发展，促动中国实现从高污染高能耗高排放的传统工业文明发展模式向绿色高质量发展模式转型，而且顺应时代变革发展要求，化被动为主动，紧紧抓住世界发展百年变局之机遇要素，顺势而为，不但为中国的发展打开了机遇之窗，而且努力探索出生态文明发展的新路径，贡献生态文明发展的新思路。正确处理了生态文明发展的环境保护与发展之间的关系，正确处理了新旧动能转换过程中的社会成员众利益分享和调节，正确处理了生态文明工业发展与传统工业转换的关系，正确处理了治理体系建设与能力

第十一章　新质生产力是绿色生产力，体现习近平生态文明思想的国家治理意蕴

建设的匹配，全面发挥了中国特色社会主义制度的独特优势。这些经验和智慧为世界其他国家实现发展的新路径，提供了生态文明建设的中国经验。习近平生态文明思想"共谋全球生态文明建设，深度参与全球环境治理，形成世界环境保护和可持续发展的解决方案，引导应对气候变化国际合作"。①

以习近平生态文明思想为指导，在推进中国国家治理体系和治理能力现代化与生态文明现代化的同时，将美丽中国建设与清洁美丽世界建设相连通，让中国发展与世界发展同频共振，在全球生态文明建设中引入人类命运共同体的思想，超越不同文明、国家和意识形态，将生态文明建设视作影响全体人类未来的重大国际公共问题加以处理，不拘泥于一国之利，而是聚焦全人类的利益，承担中国当承担的国际道义与责任，不但推动达成气候《巴黎协定》，而且推动实施细则的形成，在全球气候变化成果几近夭折、全球生态文明建设趋势不明、全球生态治理多边框架即将失效的背景下，坚持以规则为基础的多边框架，维系美国退出《巴黎协定》后的全球生态治理体系和《巴黎协定》的治理制度体系，为人类生态文明发展和稳定发挥了至关重要的作用，避免了整个体系的逆转和崩塌。"要坚持人与自然和谐共生，推动国际社会全面落实《巴黎协定》，加快构筑尊崇自然、绿色发展的生态体系。"② 中国成为全球生态环境治理体系的稳定力量，也是全球生态文明发展的基干力量。在全球生态文明治理体系和治理能力方面上，特别是国际规则的制定和维系上，中国生态文明建设的经验和力量，成为顺应全球变革的宝贵财富。

发展中国家，特别是广大非洲国家是全球生态治理体系的天然构成部分。中国推动生态文明建设，将绿水青山转化为金山银山的发展模式，为发展中国家实现生态文明工业化、现代化提供了现实的可行性路径。中国生态文明建设的推进，也成为中外关系发展的新内涵，中国走出去的新方向。实施绿色发展行动，成为中国与以非洲为代表的发展中国家

---

① 《习近平在全国生态环境保护大会上强调 坚决打好污染防治攻坚战 推动生态文明建设迈上新台阶》，《人民日报》2018年5月20日。
② 习近平：《顺应时代潮流 实现共同发展——在金砖国家工商论坛上的讲话》，《人民日报》2018年7月26日。

合作的典范。在绿色行动框架下，"中国决定为非洲实施50个绿色发展和生态环保援助项目，重点加强在应对气候变化、海洋合作、荒漠化防治、野生动物和植物保护等方面的交流合作"①，中非在推进环境合作中心建设、开展中非绿色使者计划、建设中非竹子中心、开展环境保护宣传教育合作等领域和方面深入推进，将全球生态文明治理体系和治理能力建设推高到一个新的水平，丰富了"南南合作"新内涵。

习近平生态文明思想立足全球新旧动能转换趋势，推出工业文明向生态文明过渡的中国路径。由工业文明向生态文明过渡，工业化是重要的方面。不能推动工业化的变革，生态文明的治理体系和能力也难以维系，这是根本因素。"未来10年，将是世界经济新旧动能转换的关键10年。人工智能、大数据、量子信息、生物技术等新一轮科技革命和产业变革正在积聚力量，催生大量新产业、新业态、新模式，给全球发展和人类生产生活带来翻天覆地的变化。"② 新产业、新业态、新模式很多是以绿色为特征，低碳为标准的。全新的生态工业文明和新科技革命与以往的工业或科技革命最大的不同点是低碳排外或无碳排放，绿色是它的显著标志。"人类曾经历农业文明、工业文明的数次飞跃，带来了社会生产力大发展，同时也伴生着蜕变的阵痛。今天，世界再次来到这样一个重要历史节点。在新一轮科技革命和产业变革大潮中，除旧布新必然导致产业变革，这个过程是艰难痛苦的。成功跨越蜕变，各国将得到发展新生机、新活力，给人民带来更好生活、更多福祉。"③

习近平生态文明思想是中国的也是世界的，在推动中国国家治理体系和治理能力现代化的同时，也深刻引领和助力全球生态治理的体系和能力现代化，给"南南合作"、"南北对话"提供了新内涵、新动能，带动全球新旧动能变革发展和新生态工业文明的发展，稳定了以规则为基

---

① 习近平：《携手共命运 同心促发展——在二〇一八年中非合作论坛北京峰会开幕式上的主旨讲话》，《人民日报》2018年9月4日。
② 习近平：《顺应时代潮流 实现共同发展——在金砖国家工商论坛上的讲话》，《人民日报》2018年7月26日。
③ 习近平：《顺应时代潮流 实现共同发展——在金砖国家工商论坛上的讲话》，《人民日报》2018年7月26日。

础的全球生态治理多边体系，稳固了全球生态多边治理能力。

习近平生态文明思想所体现的国家治理意涵是中国全面深化改革辩证法的体现，也是马克思主义生态观、人类生态文明建设先进思想、中国传统生态理念精粹、新中国成立七十多年改革开放四十多年生态文明建设探索经验、全球发展变革时代之需、之要的集合，以人民为中心的发展思想贯穿治理全过程，成为最鲜明的底色。

习近平生态文明思想的提出、发展和确立为时代变革发展大潮中的中国确立了变革发展、转型发展的方向，加快绿色发展，参与全球经济治理体系变革，必须加快推动高质量发展这一全新的发展模式，顺应时代发展变革，推进治理体系变革、治理能力变革，引领全球生态治理体系和能力变革，走出一条美丽中国与清洁美丽世界交相辉映的现代化发展之路。